ル・コルビュジエがめざしたもの

——近代建築の理論と展開

五十嵐太郎

青土社

ル・コルビュジエがめざしたもの

近代建築の理論と展開

目次

序

1. ル・コルビュジエは何者だったのか？ 13
2. ル・コルビュジエと日本 33

1 ル・コルビュジエがめざしたもの

1. 歴史の変わり目に飛翔するル・コルビュジエ 39
2. 都市計画という新しい問題系 43
3. 旅行が建築家に与えた影響 51
4. メディア・アーキテクトの誕生 57
5. プロモーション・ビデオとしての『今日の建築』 63
6. ル・コルビュジエを撮影した写真家たち——ルネ・ブッリを中心に 69
7. 近代における身体のイメージ 73

8. ルクーからル・コルビュジエまで――魔術的建築家たち　81

作品

9. 空中浮遊する住宅――サヴォア邸　103
10. インドへの贈り物――繊維業者会館　107
11. 建築と音楽の交差――フィリップス館　109
12. 空間をつくる屋根――ル・コルビュジエ・センター　117
13. モダニズム受容の記念碑――国立西洋美術館　121
14. モダニズムとパラモダンをつなぐ船――アジール・フロッタン　125

言説

15. 『建築をめざして』を読む――新しい時代の原理を提示した宣言の書　131
16. ル・コルビュジエをめぐる新世紀の言説　135
17. 過去の素描、色彩の鍵盤　139
18. 『世界遺産　ル・コルビュジエ作品群』を読む　143

19. ふたりのための建築レッスン――E.1027 145
20. 再評価されるアイリーン・グレイ 149
21. 『シャルロット・ペリアン自伝』を読む――二十世紀モダン・デザインの証言 153

2 日本のモダニズム

1. 日本の現代建築とル・コルビュジエ 159
2. 鎌倉近代美術館が誕生した一九五〇年代を振り返る 163
3. 前川國男の怒り 169
4. 丹下健三がもたらしたもの――その作品と門下生 175
5. 戦後公共庁舎のかたち 181
6. 見えない廃墟――建築のシンボル性について 187

7. 近代日本における慰霊の建築と空間 *193*
8. スローアーキテクチャーの歩み——代官山ヒルサイドテラス *219*
9. モダニズムを更新する谷口吉生 *225*
10. 空間論としての日土小学校 *235*
11. 最小限住居から九坪ハウスへ *239*
12. 一九五〇年代の国鉄建築はいかに優れていたか *265*
13. 東京タワーが意味するもの *273*

3 海外のモダニズム

1. 建築家R氏の部屋——テラーニの現代性を思考するためのモノローグ *281*
2. モダン・マスターズ *301*
3. 幽霊のような建築——バルセロナ・パヴィリオン *311*

4. 超豪邸としての近代建築——トゥーゲンハット邸 315
5. 時代を超越するプレチニック 319
6. ガウディ再訪 323
7. 北欧の建築を聴く 327
8. 奇蹟の光——キンベル美術館 335
9. ピロティ変奏曲 339
10. 地上から切り離されたユートピア 343
11. インドネシアのトロピカル・モダニズム 347

4 モダニズムの理論とその限界

1. 建築理論の系譜 351
2. 近代建築を広報した男——ジークフリード・ギーディオン 355

3. 起源への問いを通して近代を思考する歴史家――ジョセフ・リクワート　*369*
4. 生き生きとした日本の建築史――太田博太郎　*377*
5. デザイナーズ住宅批判の向こうにある社会革命――西山卯三　*387*
6. ジェイコブズと都市論の転回　*395*
7. ポストモダン建築論からジェイコブズを斜め読みする　*401*

あとがき　*413*

初出一覧　*i*

ル・コルビュジエがめざしたもの

近代建築の理論と展開

序

1.

ル・コルビュジエは何者だったのか?

ル・コルビュジエ建築の根本的な原理や思想は、あまりにも当たり前に現代社会を埋め尽くしています。ゆえに、彼の功績は、かえってわれわれには認識しづらいかもしれません。アヴァンギャルドな現代美術や現代音楽といった他のジャンルは、一般的に広く浸透したとは言いがたい。にもかかわらず、現在はどこにでも四角いビルが建ち、建築だけは、もはや意識するにも満たないほど世界的に日常化しています。

それだけ一般化した都市の風景のベースとなっているのが、モダニストが提唱した建築。近代の巨匠たち——ウィーンの華麗なるオットー・ワーグナー、アメリカの大地に根ざしたフランク・ロイド・ライト、特筆すべきガラス建築を創造したミース・ファン・デル・ローエ、そしてバウハウスにおいて近代的なデザイン教育のシステムを構築したヴァルター・グロピウスといった面々の中でも、マニフェストとして最も強い影響力を持っていたのが、ル・コルビュジエと言えるでしょう。

ル・コルビュジエは、サヴォア邸（一九三一）に始まり、ロンシャンの礼拝堂（一九五五）、マルセイユのユニテ・ダビタシオン（一九五二）、チャンディガール都市計画（一九五〇—六五）と、数々の画期的な建築を手がけました。一九一八年に画家のアメデ・オザンファンと共に、キュビスムを批判的に継承する新しい絵画運動として「ピュリスム（純粋主義）」を唱えました。その後オザンファンと総合芸術誌『エスプリ・ヌーヴォー』（一九二〇—二五）を創刊。そして「近代建築の五原則」を提唱し、さらに「住宅は住むための機械である（machines á habiter）といった名言を残すなど、単なる建築家の域に留まらない活動で知られています。

そうしたル・コルビュジエとは一体、何者なのか。ここでは、年代順に代表作を挙げながら、その原理と思想と辿っていきましょう。

古典主義に対抗する新原理ドミノシステム

ル・コルビュジエ。本名をシャルル＝エドゥアール・ジャンヌレとするこの建築家は、一八八七年、スイスで生れました。十四歳のときに地元の美術学校に入学し、教師のシャルル・レプラトニエの勧めにより建築を志すようになります。そして弱冠十八歳で、ファレ邸（一九〇七）を設計。オーギュスト・ペレの事務所などを経て、二十代のうちに建築家として本格的な活動を始めました。

ル・コルビュジエが、西洋の過去の建築様式にとらわれず、次々とエポックメイキングな作品を生み出すに至った重要な要因のひとつは、この経歴でしょう。当時、芸術界の権威と言えば、パリの伝統ある美術学校、エコール・デ・ボザールが王道。ここでは保守的な作品が理想とされ、装飾や比例にもとづく古典主義的な建築様式が、ロシアやアメリカに影響を与え、ひとつの世界的な潮流を生み出していました。

しかし、ル・コルビュジエは生涯を通して、このエコール・デ・ボザールに対して批判的な立場を貫きます。実際、ル・コルビュジエほか、モダニズムの建築家たちが国際コンペで落選し、古いアカデミズムに対抗すべく、一九二八年にCIAM（近代建築国際会議）という組織を結成しました。古いスタイルのルールに縛られること、これはル・コルビュジエが、最も敵対する考え方であったのです。

ル・コルビュジエは、のちの「近代建築の五原則」をはじめとする自身の理論への基盤となるルールを、一九一四年、二十七歳の時に考案しました。これが、建築の主要要素は「床＝水平のスラブ」、垂直の「柱」、上下をつなぐ「階段」のみだとする基本原理「ドミノシステム」です。

それまでの西洋の建築様式では、主に石や煉瓦を積み上げる手法が主流でした。しかし、このシステムは、建築を構成要素に分解し、それぞれを鉄筋コンクリートのパーツでつくり、好きなように建築を組み立てられるというもの。過去の常識と規範を革新する、完全にアンチ古典主義的な発見でした。

そして「ドミノシステム」は、いわば剝き出しの構造技術についての法則。非常に包括的で、自由度が高いシステムの原形です。これが、ル・コルビュジエならではのデザイン哲学を踏まえ、具体的に述べた「近代建築の五原則」へと結び付いていくわけです。

「近代建築の五原則」を具現化したサヴォア邸

近代以前の西洋の建築は、石や煉瓦を積み上げる構造を持ち、分厚く重々しい壁に囲まれ、内部は暗く閉ざされていました。外観には細密な装飾がなされ、富と権威を主張するかのようなつくりでした。

しかし、一九三一年、ル・コルビュジエが四十四歳の時に竣工したパリ郊外の街、ポワッシー

ル・コルビュジエ　サヴォア邸

にある住宅、サヴォア邸は、真っ白な直方体というべき建物が宙に浮いた構造。重さや装飾性、過去の法則から解き放たれた、軽い箱のような建築は、まさに驚異的でした。

これは一九二七年、ル・コルビュジエが提唱した「近代建築の五原則」――ピロティ、屋上庭園、自由な平面、水平連続窓、自由なファサード――が、いちばん顕著に表れた建築。この原則は、構造的な原理「ドミノシステム」を実際のデザインに置き換えており、ル・コルビュジエの類稀な造形感覚が反映されたものと言えます。

ピロティと自由な平面、光の溢れる屋上庭園

まず、細い柱で空中に持ち上げられた構造は、ピロティと呼ばれます。つまり、一階部分は壁から解き放たれ、パブリックな場になったり、建築は人の行き来など交通の邪魔になってはいけないという概念に基づいているのです。

一階にも、小さな空間部分はあるのですが、ここの壁は深い緑色で塗られている。それが周囲のグリーンに溶け込み、目には影のように映るため、浮いているように見えるというル・コルビュジエの計算がなされています。

次に、屋上庭園。それまでの建築の最上階は、暗くてジメジメしていて不衛生と言うべきか、太陽光があまり届かない屋根裏イメージがあったと言えます。が、ル・コルビュジエは、三角屋根をなくし、平らな屋上で太陽の光を浴びて健康的な生活を送ることに、重要性を見出していたのです。

「高貴な野蛮人」という言葉もありますが、つまり文明化した生活の中で（＝高貴な）、古代の人たちのように自然を謳歌する（＝野蛮な）というイメージを持っていたのでしょう。そこで、近代人が屋上で日光浴するという図式が生れたのです。

そして自由な平面。壁が構造から解放されたので、重厚な壁を持つ石積みの建築とはまったく異なり、間仕切りを自由自在に構成することが可能になったのです。サヴォア邸の内部には、フロアごとに壁のパターンが違う、それまでありえなかった、自由な空間構成が見られます。

独自のデザインを反映した連続窓とファサード

さらに水平連続窓。これも壁が構造から切り離されたことで可能になったデザインですが、わざわざ水平に連続しているところに、ル・コルビュジエのデザインの好みが表れているでしょう。縦長の窓が並ぶのではなく、パノラマ写真のように横長に続く窓。屋上庭園と同様に、ル・コルビュジエには太陽光をふんだんに採り入れたいという思考がありました。この横長の窓は、確かに太陽が移動しても、採光を確保できる形態と言えるでしょう。が、純粋に採光だけを優先して窓を考えたら、よりよい方法は他にいくらでもありそうに思います。つまり、最低限の採光を保証したうえで、自らが理想とする、水平のラインが続いていくような窓の形態を設定した。ひょっとすると、船の窓のデザインを意識しているかもしれませんね。建築自体が、浮いたり動いたりするというイメージから着想を得ているのでしょう。この原則は、構造的な法則に付け加えられた、ル・コルビュジエのデザイン哲学なのです。

これは、自由なファサードにもつながります。正面から見えるのは、水平、垂直のラインで構成された抽象的な構成のみ。シンメトリーを守り、様式が規定する装飾を駆使して、いかに正面を華麗に美しく見せるかをテーマとしてきた伝統的な建築とは、異なる方向性を打ち出しているのです。

というのも、例えばスペインのアントニオ・ガウディの代表作、カサ・ミラ（一九一〇）にも、いわばこの法則が当てはまります。あの直線を持たない波形のファサードや内部のぐにゃぐにゃした間仕切りも、壁が構造から切り離された自由なファサードであり、平面なのです。サヴォア邸がここまで衝撃的だったのは、装飾性を否定し、モダニズム的な思想から、ミニマムなデザインを打ち出したことにほかなりません。

五原則にない新概念、建築的プロムナード

最後に、これは五原則に入っていないのですが、サヴォア邸にはスロープという重要な特徴があります。室内のど真ん中から屋上庭園にかけて、横に長く伸びるスロープが設置されていますが、ここまでスロープを明確な意志を持ってデザインに導入したのは、ル・コルビュジエが最初ではないでしょうか。バロックの時代に壮麗な階段によって空間的な効果を演出することが始まったとすれば、モダニズムはスロープという装置を発見したのです。

これの意味するポイントは、空間に「建築的プロムナード」という考え方を持ち込んだこと。階段とは、ある意味、短い距離で人を効率的に上がらせる装置ですが、水平方向に長く歩かせる

スロープを取り入れることで、建築の中を散策するという行為が生れるのです。

今でこそバリアフリーという概念もありますが、ル・コルビュジエの時代にはまず、そんなアイデアはないでしょう。とするとスロープには、建築という空間を体験して欲しいという、ル・コルビュジエの願いが込められているのです。

このスロープは、ハーヴァード大学のカーペンター視覚芸術センター（一九六四）や、インド・アーメダバードの繊維業者会館（一九五六）、また日本にある国立西洋美術館（一九五九）にも応用されています。現代では、レム・コールハースが、ル・コルビュジエのスロープをさらに大胆に解釈したデザインを展開しました。

サヴォア邸　螺旋階段

サヴォア邸　スロープ

人体の寸法から生まれたモデュロールを発表

一九二七年に「近代建築の五原則」を提唱したのち、ル・コルビュジエは次なる理論を探り始めました。それが、人体のプロポーションと黄金比を組み合わせた独自の寸法体系、「モデュロール」です。

人体における比例を応用させて、何かの法則に置き換えることは、レオナルド・ダ・ヴィンチで知られるように、ヨーロッパでは古来から探求されてきたテーマです。ル・コルビュジエは一九四三年に研究を開始し、一九五〇年にはその理論を体系化した著書『モデュロール』を発表しました。

ただし、このモデュロール自体が、ル・コルビュジエの作品に重大な影響を及ぼしているとは考えにくいように思います。例えば工業生産のシステムに結び付いているのであれば、非常に合理的だとは思いますが。あるいは、ヨーロッパに近代以前からある、比例のもたらす普遍的な原理に対して、憧れや興味を持っていたのかもしれません。

おそらくル・コルビュジエは、設計において何を基準にすればいいかという、根拠や基盤が欲しかったのでしょう。ただ、何かの比例に従うと美しく調和の取れた造形が生れるという考え方は、他の近代建築家にはありませんでした。そうした側面がル・コルビュジエの多様性と言うべきか、複雑なキャラクターをつくりあげています。

都市計画の第一歩、ユニテを建設開始

さて、このモデュロールを基準にして設計された建築が、マルセイユに建設されたユニテ・ダビタシオンです。これはフランスにおける戦後の都市計画の一環で建てられた、巨大な集合住宅。ここにはル・コルビュジエの住宅の基本理念と、合理主義的な考え方がいかんなく発揮されています。

これは、モデュロールから導き出されたサイズの部屋によって構成されていますが、重視すべきなのは、むしろその空間の構造。上下を逆にした二つのL字型の居住ユニットを縦方向にペアとして、立体的なパズルのように組み合わせているのです。こうしたアイデアは、弟子の前川國男や、オランダのMVRDV、千葉学といったのちの建築家の作品にも継承されており、現代の集合住宅においても、さまざまな居住ユニットの構成のバリエーションが探求されています。

このL字型の居住ユニットは、一般的な箱型ユニットを中廊下の両側に積み重ねた場合と異なる点として、ま

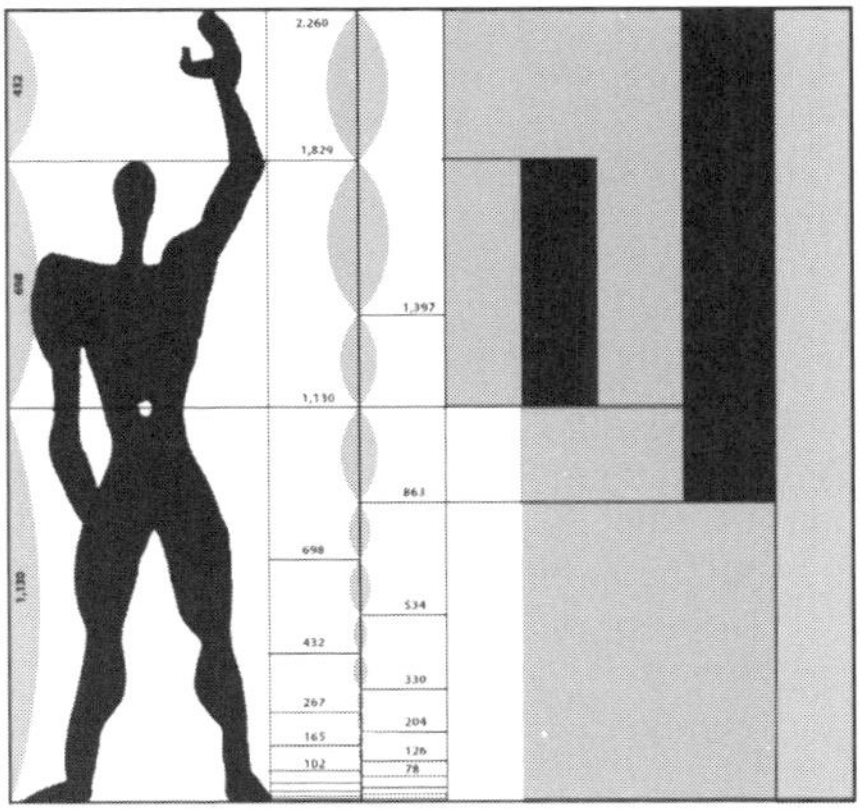

ル・コルビュジエ
モデュロール・マン

ずは両サイドからの眺望を得られること、さらに端部では吹き抜けが生じ、倍の天井高を確保できるという利点があります。また二つのL字のボリュームのあいだにできる隙間を共用の廊下とするなど、空間を効率的に活用するためのデザイン的なチャレンジだったと言えます。

この集合住宅によって、ル・コルビュジエの都市構想の一部が具現化されました。ル・コルビュジエが理想とする都市とは、高層ビルに人間に必要な住宅や施設を集中させ、その他のエリアに緑地化したオープンスペースをつくるというもの。日本で言えば、例えば六本木ヒルズの構想がこれに基づいた形態を取るなど、現代にも綿々と引き継がれている構想です。

一九三五年、ニューヨークを訪れたル・コルビュジエが「摩天楼は小さすぎる」と言ったというエピソードがありますが、それも単なる見栄ではなかったようです。つまりニューヨークは高層ビルが、まだごちゃごちゃと建っている状態。しかしもっと超高層化すれば建物の絶対数は減り、その分だけ緑を増やせるという独自のアイデアに基づいた挑発だったのです。

合理主義を具現化した機能の集合体、ユニテ。

さて、ユニテ・ダビタシオンは、住居ユニットを立体的に組み合わせながら、商店や保育園なども入れて、小さな都市として構成されたアパートです。近代の都市計画に重要な特徴のひとつに、各エリアのシングル・ファンクションがあります。つまりそれぞれを住宅、オフィス、レクリエーションなどとゾーンに分けるというのが、機能的な空間のデザインとされていました。

ここでル・コルビュジエは居住スペースに加え、幼稚園や体育館など、生活に必要な要素をひとつの建物に詰め込みました。つまりは「オールインワン建築」です。全体がピロティで持ち上げられ、屋上は船の甲板のようでもあり、大型の客船も想起させるでしょう。ユニテのアイデアは、のちにフランスのルゼ＝レ＝ナント、ブリエ＝マン＝フォレ、フィルミニ・ドイツのベルリンにつくられた集合住宅にも応用されていきました。

またユニテ・ダビタシオンの造形的な特徴として、サヴォア邸に比べて、ピロティの柱が象の足のように、かなり太くなっています。これは細くてムダの一切ないミニマルな造形から、マッシブな量塊的な造形への興味の変化の現れとも言えるでしょう。そしてこれはのちに建てられた、ロンシャンの礼拝堂の有機的な曲線につながる前触れだったのです。

ユニテ・ダビタシオン　屋上

ユニテ・ダビタシオン　外観

ユニテ・ダビタシオン　ピロティ

建築に曲線美を与えた画家、ル・コルビュジエ

サヴォア邸の完成から約二十年後の一九五〇年。ル・コルビュジエは、もうひとつの代表作であるノートル・ダム・デュ・オー礼拝堂、通称「ロンシャンの礼拝堂」を手がけ始めます。直線を意識し、無重力感を強調する造形とはまったく異なる、きわめて有機的な姿を持つ教会が完成したのは、一九五五年。これには建築界も騒然としました。

サヴォア邸から一変。その間に、ル・コルビュジエには、どんな変化があったのでしょうか。ひとつには、若い頃から描いていた絵画の影響が挙げられます。サヴォア邸の完成を間近に控えた一九三〇年、ル・コルビュジエはイヴォンヌ・ガリと結婚します。その頃から、美しい曲線に満ちた女性像を描くようになりました。

時はさかのぼり一九一八年、ル・コルビュジエは、師匠ペレの紹介で、オザンファンと出会います。二十世紀に入ってからの美術界で全盛期を迎えていたのは、対象をバラバラに解体し、単純化・抽象化したのち、画面の中で再構成するというキュビスムでした。ふたりはこれを批判的に乗り越えるべく、物体を正確にとらえ、調和を取りながら文字通り純粋に、幾何学的に配置するピュリスムを唱えたのです。

そして一九二〇年には、オザンファン、詩人ポール・デルメとともに、雑誌『エスプリ・ヌーヴォー』を創刊。それまでのシャルル＝エドゥアール・ジャンヌレという本名に代えて、これを機に、ル・コルビュジエと名乗るようになりました。

しかし、そののち、一九三〇年代には、それまでのピュリスムの静物画とは打って変わって、有機的な曲線を意識した、鮮やかに彩られた裸婦像などを描くようになります。それらは、あたかもオブジェのように画面の中で絶対的な存在感を持ち、どっしりと絶妙なバランスで配置されている。そういった感覚が、やがて建築へと派生していったのではないでしょうか。

神聖な光に満ち溢れたロンシャンの礼拝堂

その造形は、カニの甲羅をかたどったとも言われていますが、過去の幾何学的なデザインの片鱗はどこにも見られず、建築全体が、まるで呼吸する生き物のような柔らかさと温かみを帯びています。それでもロンシャンの礼拝堂は、ル・コルビュジエを語るうえで欠かせない存在であり、サヴォア邸に並ぶ代表作として語り継がれています。

かつてのヨーロッパのロマネスク時代の教会は、分厚い壁で覆われていました。この礼拝堂もその手法に倣い、ボリューム感のある白壁に囲まれています。そしてランダムに空けられた四角い採光窓には、赤や黄、青といったカラフルな色ガラスを配置。これは、絵画で培った鮮やかな色彩感覚の表れと言えるでしょう。のちにルイス・バラガンやスティーヴン・ホールらも、それぞれに光の操作を発展させました。

このような造形に至った理由のひとつに、この建築が住宅ではなく、内にこもり祈りを捧げるための宗教建築だったことが挙げられます。連続窓や屋上庭園から、ふんだんに光を採り入れる建築というよりは、むしろ神聖な空間をどう演出するかが重要で、自由度が高い。その結果、彫刻のような造形の内部において、小さな窓から変換された光が幻想空間を導き出すという、高貴な祈りの場が生れたのです。

変容する近代建築の先駆者としての作品

また、一九五〇〜六〇年代にかけて、建築界では「ブルータリズム」が流行ります。つまりツルツルの抽象的な表面ではなく、ザラザラの物質感を出すという流れが生れます。このロンシャンの礼拝堂は、まさに素材感を強く打ち出した、ブルータルな建築です。

近代建築に限らず、音楽でも美術でも、何かの潮流がそのままの形で続行することはありえません。例えば、ルネサンスがマニエリスムになり、バロックになるように、少しずつ変化を遂げながら様式のフレームがズレていくのです。軽くてミニマムなデザインに始まったモダニズムも、やがて構造的なダイナミクスや素材感を重視した、力強い近代建築へと変革していきました。

シンボリックな構造表現主義の流れは、一九五〇〜六〇年代に台頭してきたオスカー・ニーマイヤーやエーロ・サーリネン、そして丹下健三らが受け継いでいますが、まずはル・コルビュジエによるソヴィエト・パレス（一九三一）のコンペ案が先手を切ったと言えるでしょう。誰かのコピーはコピーでしかない。モダニストとして、常に先鋭的でなければならない。ル・コルビュジエには、そんな使命感があったのかもしれません。

唯一、実現した都市計画、チャンディガールへ

その後、一九五〇年から、ル・コルビュジエはインドのチャンディガールの都市計画に携わるようになります。これは唯一、ル・コルビュジエが生きている間に実現した都市計画。高等裁判所、総合庁舎、国会議事堂、そして「影の塔」と呼ばれるモニュメントなどから構成されています。

これらの建物でも、光と影が重要なテーマとなっています。まずは特徴的な、立体的なボリューム感を出した造形。「ブリーズ・ソレイユ」と呼ばれる窓枠の日除けは、太陽の動きに伴って光と影をつくり、彫りの深い外観を与えます。さらに「オンジュラ・トワール」と呼ばれる縦長の窓の仕切りが、独特のファサードを生み出しています。また「影の塔」は、いわばブリーズ・ソレイユだけで形づくられたオブジェ。まるで日時計のように、時間によって異なる表情を見せる、純粋に光と影のためにつくった機能がない究極的な建築です。ル・コルビュジエは一九二三年に出版した著書『建築をめざして』でも、光と影の戯れが幾何学的な造形を生み出すと述べていますが、そういった思いが時代を経て、どんどん前面に押し出されてきたと言えるでしょう。

ラ・トゥーレット修道院とカップ・マルタンの小屋

晩年となっても、ル・コルビュジエはさらなる作品を生み出し続けます。そして一九五九年、七十二歳の時に完成したラ・トゥーレット修道院では、外に飛びだす筒から光をシンボリックに

取り入れるなど、近代における聖なる空間を提示しました。そしてある意味、もっとも謎の多い建築でしょう。

宗教的空間と住居スペースが共存し、敷地は傾斜しており、建物自体も複雑な造形となっています。サヴォア邸やロンシャンの礼拝堂に比べると、ラ・トゥーレット修道院は、さまざまに異なるルールが同時並行しているように思えてなりません。じつはル・コルビュジエの作品の中でも、最も読み解く部分の多い建築だと思っていますが、時代を経ても多義的に読める、つまり解釈し切れないところが、ル・コルビュジエの魅力でもあるのでしょう。

そしてル・コルビュジエの晩年を語るうえで忘れてはならないのが、六十四歳の時に建てた、南仏のカップ・マルタンの休暇小屋（一九五二）です。これは夏の休暇のための八畳ほどの小さな小屋で、晩年は妻イヴォンヌとここで過ごしたそうです。

これは居住空間というよりは、風景を眺めるための場所です。そして数々の名作を手がけた巨匠の、究極のプライベート空間であり、最後の居場所であったと言えます。「どうだ！」と発表するタイプの作品ではない。「住宅は住むための機械である」と言ったル・コルビュジエですが、最後にこんなに簡素で慎ましい空間に辿り着くとは、さすがに感慨深いものがあります。

二十世紀の建築の基盤を築いたデュシャン的存在

「建築か、革命か。革命は避けられる」。これは、著書『建築をめざして』の最後を結ぶ言葉です。

ル・コルビュジエは、建築と同じく、都市全体のことを日々、考えていました。産業革命後、都市に人が流入して肥大化し、さまざまな社会問題が勃発した。そんな近代を迎えた頃、その諸問題は建築的手法で解決できると考えたのです。劣悪な都市環境がこれ以上進むと、革命が起こってしまう。しかし、建築をきちんとつくれば避けられる。彼は、そう言ったわけです。

二十世紀以前の建築家とは、基本的には、いわば頼まれ仕事をこなす立場でした。しかし、ル・コルビュジエは建築において、単なる造形の操作のみならず、空間のボリュームを操作し、プログラムの再編成も提案しました。そして当時の社会問題を、新しい建築をつくることで解決

チャンディガール　州議会議事堂

チャンディガール　影の塔

ラ・トゥーレット修道院

の糸口を示した、最初の人となったのです。二十世紀の建築家の仕事のあり方そのものを発明した人物とも言えるでしょう。

美術の巨匠になぞらえると、多様なデザインを展開したという意味ではピカソ的でもありますが、新しい概念を創造した点において、ル・コルビュジエは、建築界のマルセル・デュシャンのような存在。パイオニアであると同時に、思想家であり、メディアを駆使してさまざまな理論を展開した啓蒙家であり、建築も絵画もデザインも手がけた唯一無二の総合芸術家であるのです。

2.
ル・コルビュジエと日本

二〇一六年七月、トルコで開催されたユネスコの委員会において、建築家ル・コルビュジエが二十世紀のモダニズムの運動に大きな影響を与えたことが評価され、彼が世界各地で設計した住宅や宗教施設など、十七件が同時に世界遺産入りしました。地域としては、フランス、日本、ドイツ、スイス、ベルギー、インド、アルゼンチンの七ヵ国にまたがっています。それに伴い、東京・上野の国立西洋美術館が日本に存在する近代建築としては初めて世界遺産に選ばれました。これはレトロな赤煉瓦の洋館とは違い、いまやめずらしくない鉄筋コンクリートの公共施設なので、現代から見ると、それほど変わった建築に思えないかもしれません。しかし、これは一九五九年の完成当時を想像すると、おそらく海外のスター建築家による先端的なデザインだったはずです。

国立西洋美術館は、代表作のサヴォア邸と同じく、展示室を持ち上げたピロティ、室内を散策するスロープがあります。ほかにも、彫刻的な外観の造形、リズミカルに並ぶ窓ガラスの桟、上部からの採光、巻貝のように成長する美術館のアイデアなど、ル・コルビュジエが得意とした手法が数多く取り入れられました。日本の場合、半世紀以内にほとんどの施設を建て替えてしまいますが、幸い国立西洋美術館は増改築しながらも、きちんと保存し、使い続けたおかげで、歴史的な価値が認められるようになりました。

美術館の実施設計にあたっては、日本人の弟子、前川國男、坂倉準三、吉阪隆正、三名の建築家が協力しました。彼らは順番に一九二〇年代末、一九三〇年代の初頭、そして一九五〇年代の初めに、ル・コルビュジエの事務所で働きました。交通やメディアが発達していない時代において、ル・コルビュジエは著作を通じて、ブラジル、イタリア、インド、韓国、アメリカなど、世界各地に信奉者を生みだしましたが、とくに日本で大きな影響を及ぼしました。実際、彼は膨大な著作を刊行したのですが、ほとんどが邦訳されています。インドネシアを訪問したとき、ル・コルビュジエのどの本が翻訳されているかを質問したら、全然ないという回答をきいて驚いたことがあります。出版不況になっても、ル・コルビュジエの翻訳や関連本は刊行されており、それだけ日本では彼の人気が高いと言えるでしょう。

前川國男は、古典主義やゴシックなど、西洋の様式建築に代わるモダニズムを日本に根付かせた人物です。古い建築にしがみつこうとするデザインと彼が対決した姿勢に、ル・コルビュジエの影響が感じられます。前川は同じ上野公園において西洋美術館の向かいに東京文化会館、さらに東京都美術館も手がけました。戦前、彼は上野の国立博物館のコンペでモダニズムの案を提出し、和風の屋根をのせた帝冠様式の案に負けたのですが、戦後はル・コルビュジエとその弟子が次々とモダニズムを実現したことは興味深い歴史です。

坂倉準三は一九三七年のパリ万博の日本館で高い評価を得ましたが、細い柱で軽やかに建築を持ち上げるピロティ、浮遊感のあるスロープなどに、ル・コルビュジエの影響が認められます。鎌倉の神奈川県立近代美術館（一九五一）も、高床になったピロティの形式がル・コルビュジエ譲りですが、柱が池から立ち上がっています。大地と切り離すル・コルビュジエの手法が、ここではむしろ池とのつながりを演出するかたちで使われています。また彼は単体の建築だけではなく、身体スケールの家具から渋谷や新宿などで都市スケールのプロジェクトまで、幅広いデザインを展開しました。

吉阪隆正はヴェネツィアの公園に国際展のための日本館を設計しました。これもピロティをもちますが、高低差のある敷地にたち、地形と絡む建築になっています。ル・コルビュジエと同じピロティの形式を使いながら、大地と切断するのではなく、自然のランドスケープと関わろうとする姿勢がユニークな部分です。また彼の手がけた八王子の大学セミナーハウス（一九六五）も、ヘンなかたちをした建築群が山の斜面にはりついており、大地から現代の集落が生えているような雰囲気です。四角錐をひっくり返した本館、大きく弧を描く松下館、そして連なるユニット・ハウス群など、様々な造形が目を楽しませる建築ですが、後期のル・コルビュジエのデザインの自由さにも通じるかもしれません。

ほかには、大阪万博で空気膜構造によるユニークな富士グループパビリオン（一九七〇）を設計した村田豊も、坂倉事務所を経て、晩年のル・コルビュジエに師事していました。また丹下健三は直接の弟子ではないですが、高校生のときにル・コルビュジエの作品集と出会い、建築を志しました。彼が設計した広島平和記念資料館（一九五五）のピロティは、桂離宮などの古建築と重ねながら、モダニズムと日本的なものの融合に取り組んだものです。

現代の日本建築家もル・コルビュジエを語っています。槇文彦はインドで生前のル・コルビュジエと出会い、「私の建築にとっての〈泉〉のようなもの」と述べています。安藤忠雄も、若き日にル・コルビュジエに触発され、彼にならって、建築の世界旅行に出ました。ちなみに、愛犬をコルビュジエと名付けました。伊東豊雄は、せんだいメディアテーク（二〇〇一）を情報化時代の「新しいドミノシステム」として構想しました。

このようにル・コルビュジエは日本と深いかかわりをもち、まさにこれをテーマにした展覧会が開催されたり、書籍も刊行されています。西洋美術館が世界遺産に選ばれたことで、日本においてモダニズム建築の歴史的な価値が広く知られるきっかけになることを期待しています。なぜなら、すでに姫路城などの古建築や東京駅などの洋風建築は重要性が認められていますが、まだモダニズムは単に古い建築だとしか思われていません。例えば、一九六四年の東京オリンピックのときに建設された丹下健三の国立代々木競技場は世界的に高く評価されていますが、次は多くの日本人がその意義に目を向けることが必要ではないでしょうか。

1

ル・コルビュジエがめざしたもの

1. 歴史の変わり目に飛翔するル・コルビュジエ

二十世紀を迎えたとき、ル・コルビュジエは十四歳の少年だった。

それからおよそ二十五年のあいだに、彼は新しい時代の建築と都市の原理を提出している。一九二三年に『建築をめざして』を刊行し、「住宅は住むための機械である」と宣言した。この本は各国の若い建築家にむさぼるように読まれ、近代建築の重要なマニフェストの書としての地位を獲得する。一九二五年には、彼の代表的な都市論『ユルバニスム』が出版された。同書では、おそろしくクリアなヴィジョンによって、理想的な近代都市がイメージされる。そして一九二六年に近代建築の五原則（ピロティ、屋上庭園、自由な平面、自由な立面、水平連続窓をもつ独立した骨組）が提唱された。すべて三十代後半の仕事である。パリに移住したル・コルビュジエは、まだ実作は少なかったが、刺激的な著作とアンビルトのドローイングを通じて、圧倒的な影響力をもち、急速に建築界のスターダムを駆けのぼった。

新しい世界がル・コルビュジエという固有名に注目する。

建築家も若かったし、時代も若かった。

ル・コルビュジエが、『建築をめざして』の最後を「建築か、革命かである。革命は避けられる」と結んだように、二十世紀の社会的な変容は切迫していた。都市部の人口が急増し、中産階級が台頭する。二つの大戦からの復興と再建も大きな課題だった。近代の建築家はこれに応えなければならない。かつての建築家は、宗教や公共の施設、または宮殿や豪邸を設計していればよかった。それ以外はアカデミックな建築家の仕事とみなされなかったからである。しかし、近代建築家が新たに要求されたのは、都市問題の解決や個人住宅と集合住宅のプロトタイプをつくることだった。ゆえに、近代の建築家が旧来の建築と断絶したことを、単に様式を否定したというデザインの問題に還元するべきではない。彼らは、社会の問題に向き合い、これまでとは違うビルディングタイプに取り組んだ。そして時代の変化にあわせて、新しい職能を生んだのである。

ル・コルビュジエが巨匠になりえたのは、大きな歴史の変わり目と遭遇しながら、上記のパラダイム・シフトに対し、明快な指針を与えたからだ。一九二二年、彼が三百万人のための都市計画を出品したとき、「二〇〇〇年のことを心配しているのですか？」と尋ねられたという。人々には、それほど未来は遠かったが、ル・コルビュジエにとっては今すぐ実現すべき現代都市の提案だった。彼は繰り返し、クロノスを急き立てながら、新しい社会の到来を語る。『人間の家』（一九四二）では、「建設の時を告げる鐘は鳴った」と書いた。『伽藍が白かったとき』（一九三七）では、中世において「思いがけない形態のシステム」を誕生させたゴシックの大聖堂の革新を評価し、二十世紀にも「偉大な時代が始まった」と述べている。逆に古いシステムは破棄されなければばならない。彼が憎んだのは、ボザールやアカデミーなど、現実に目をそむけ、機能不全を起こしている硬直化した組織だった。

二十一世紀の情報革命が社会を根底から変えることを信じれば、ル・コルビュジエにならって、二十世紀の枠組みを決定したル・コルビュジエを破棄すべきかもしれない。

もはやル・コルビュジエに学ぶことはないのか。そうではないと思う。例えば、都市の理論を構築することへの意志。彼が比類なき強度をもつのは、秀逸な作品を設計したからだけではない。彼は感動的なまでに美しい名文の数々を残したが、扇動的なマニフェストや詩情あふれるテクストよりも、明晰な論理をデザインしたことが重要なのだ。藤岡洋保が指摘するように、弟子の前川國男を含む、日本の近代建築家は、ル・コルビュジエの都市計画の理論にあまり注目しなかった。今ならば、近代都市計画の限界を知っていたとか、場所の文脈が違うとか、好意的に解釈できるだろう。だが、これは理論よりも、美学的なレベルで模倣しようとしたからだ。イメージとしての合理主義である。むろん、建築のレベルでは、一九三〇年という早い時期に谷口吉郎が、ル・コルビュジエの理論と「貴婦人化」するデザインの矛盾を厳しく批判しており、しっかりと思想をつかまえていた。

現在、ル・コルビュジエの理論やデザインをすべて鵜呑みにして、そのまま応用することはできないだろう。彼による一部の試みは思いきりのよさゆえに、見事な敗北を喫した。しかし、その態度は間違っていない。われわれは二十一世紀を生きるための論理構築を求められている。ゆえに、機能不全に陥った既存の組織を疑い、対抗することを見習うべきかもしれない。十九世紀であれば、アカデミックな建築を学んでいなかった技術者のギュスタブ・エッフェルやジョセフ・パクストンが手がけた万博の建築を通じて、二十世紀につながる道を切り開いたように、技術の変革期には、建築の外部に可能性がある。ル・コルビュジエも当初はアウトサイダーだったし、自動車や飛行機を建築のモデルとした。そして新しい建築家像を確立すること。これは新しい仕事を発生させる。ネット時代におけるコラボレーションがそれにふさわしいと断言はできないが、彼もすべてをひとりでやったわけではなく、ピエール・ジャンヌレ、シャルロット・ペリアン、アメデ・オザンファン、ヤニス・クセナキスなど、異分野の作家を含めて、多くの共同作業を実践した。

一九三九年に丹下健三は、「Le Corbusier は今や現代の classic を創りつつある」という見解を示している。実際、ル・コルビュジエは様式としての古典主義を否定し、自らが二十世紀の古典になった。古典とは、思想・文学におけるプラトンやシェイクスピアと同様、いつの時代にも新しい意味と様々な解釈を生むものである。一九七〇年代は、ホワイトと呼ばれた建築家たちがフォルマリズムを志向し、モダニズムの言語を複雑化するネオ・コルビュジエ的な造形を展開した。ポストモダンの時代には、彼の両義性が注目される。一九九〇年代には、メディア論とジェンダー論の視点からの再読が進んだ。井上章一が、法隆寺や桂離宮をめぐる評価を分析したように、歴史的な存在は時代の鏡となって、現代にも影響を及ぼす。

ル・コルビュジエが去って、半世紀以上が過ぎた。

だが、今なお彼は、新しい生命を獲得しようとしている。

2.
都市計画という新しい問題系

近代とは未曾有の大都市が出現した時代だった。社会の体制と交通体系が大きく変貌し、これまでの都市の概念が通用しないとすれば、新しい原理を構想するしかない。ル・コルビュジエはこの問題に明快な解答を与え、それゆえ単体のデザインに終始した他の建築家とは一線を画することになった。磯崎新は、ル・コルビュジエが蛮勇をふるってメトロポリスに挑戦し、敗北したという(1)。一九六〇年代にユートピアの死が目撃されたからだ。

ここでは、いかにル・コルビュジエが都市の計画に挑戦したのかを、時代順にみよう。

直角の都市

一九二二年、ル・コルビュジエは、サロン・ドートンヌ展に「三〇〇万人のための現代都市」計画を出品した。健康のメタファーを積極的に用い、時代遅れの古い部分を改造しなければ、都市が麻痺し、社会の細胞が壊死し、商工業が窒息すると警告しながら。

「現代都市」の基本的な骨格は、高速交通のための十字に直交する東西と南北の幅四〇メートルの幹線道路と、それに四十五度ずれた道路のグリッドが重なって構成される。都心には、航空機のためのデッキと地下に駅が設置される。二・四キロ×一・五キロの中心部には、二十四本の十字形平面の高層ビルが林立し、そのあいだが緑の公園になっており、緑地と密度の増加を同時に実現する。その周囲は、六階建てのイムーブル・ヴィラの集合住宅群やイギリス式の庭園が囲む。つまり、都市の機能をはっきりと分類し、秩序ある配置を行うことが提示された。

ちょうど一九〇〇年の前後にトニー・ガルニエが夢想した機械時代のユートピア「工業都市」は、おそらくル・コルビュジエに刺激をあたえた。一九一八年に『工業都市』が刊行される以前に二人は出会い、ル・コルビュジエはガルニエをほめそやす手紙を出しており、彼の都市計画案も早い時期に知っていたと考えられている。また『エスプリ・ヌーヴォー』誌や『建築をめざして』（一九二三）で「工業都市」を紹介していた。しかし、ル・コルビュジエの計画が「工業都市」に類似しているわけではない。ル・コルビュジエの方が、形態の抽象化が進み、ビルの高さも都市の密度も圧倒的に高いからだ。ガルニエのドローイングの方が細かい部分を具体的に描いているが、ル・コルビュジエの計画には整然とした理論が付随していた。

都市計画の指針を最初に表明した著作は、『ユルバニスム』（一九二五）である。同書の第1部は総論、第2部は「現代都市」のケーススタディ、第3部はパリのプラン・ヴォワザン（一九二五）を扱う。その都市論は壮大な文明論と世界観に支えられ、力強い言葉にあふれている。彼は前書きで「敗北主義者であってはならない」と述べ、「是認された多くの観念を覆すこと」を決意する。「人間は機能的に秩序を行使し、人間の行動と思考は直線と直角によって支配されること」を確認し、「創造の最も高い段階において、われわれは最も純粋な秩序に向かう」と書く。そして「現代の感情は、幾何学精神、構成と統合の精神である。正確さと秩序がその条件である」と定義し、そこから都市の原理を導いた。すなわち、中世都市の曲がったロバの道をたたきつぶし、直線の近代都市を建設することである。

『ユルバニスム』の第2部に記された「現代都市」の基本原理は、以下のようなものである。「1．都市の中心の充血を散らすこと、2．密度を高めること、3．交通手段を増すこと、4．植え込み面積を増やすこと」。建物は「高層に建てなければならない、の一句に明日の必要が要約される。超越幾何学が、すべての設計を命令し、規定し、最も小さい無数の結果まで導かなければならない」。これが大量生産の要求に応える。そして敷地は交通の障害が少なくなるから、「平らな土地が理想的な土地である」。彼は、建築家が不規則な敷地を好むのはおかしいとまで述べていた。これらは革命のための革命ではなく、都市の問題を「解決することによって革命をするのだ」という。ル・コルビュジエは、数学の明晰さが都市を支配し、デカルト的な摩天楼が出現することを夢見た。

ル・コルビュジエは、紙の上において、新しい都市を創造するとともに古い都市を破壊した。「現代都市」は特定の敷地を想定しなかったが、一九二五年の国際装飾博覧会におけるエスプリ・ヌーヴォー館の展示では、パリの中心を舞台としたプラン・ヴォワザンに発展する。道路の幅も、建物の高さも、既存の都市のスケールと圧倒的に異なり、プロジェクトの実現は、パリの破壊を前提にしていた。彼の考えでは、主要なモニュメントを除くと、現代的な都市は歴史的な都市と共存しない。ノルベルト・フーゼは、ル・コルビュジエが誇った交通システムの細部を検討すると、袋小路になった大通りが出現したり、シンメトリーにこだわったことで、不必要に大きい道がつくられるなど、矛盾が少なくないことを指摘する。これは機能性だけではなく、抽象的な美学も重視されていたことを物語るだろう。

プラン・ヴォワザンでは、十字平面の高層ビルがシテ島の北部に規則正しく林立する。これは一九二一年の『エスプリ・ヌーヴォー』誌で発表した二五〇メートルに到達する六十階建ての高さのビルが三〇〇メートル間隔で並ぶ、塔状都市の頃から好んだ形態だった。が、プラン・ヴォワザンでは、外気と光に接する部分を増やすための、表面のひだ状のくびれが強調された。いずれの計画も、高速道路をグリッド状に配し、パースでは飛行機が描かれている。高層ビルの足元はどれも道路のほかは緑地になっており、都市は巨大な公園のようだ。

つまり、鉄とガラスの現代的なビルを考えながら、記念建造物を視覚の要所としつつ整然とした美しい幾何学のパターンをあたえ、都市の骨格は意外と古典的な構成をもつ。彼は、ルイ十四世、ナポレオン一世、オースマンの系譜を継承していると自負した。だからこそ、プラン・ヴォワザンは、外科手術と称して老朽化した不衛生な街区を駆除し、都市の中心部を再生するために、古い街区を白紙の状態に返して、新たな秩序をもつ業務地区を移植する。かくして「平たく詰め込まれた都市」がなくなり、「大気と光の中に明るく輝く垂直の都市が立つ」。

ル・コルビュジエの理想都市は少しずつ変化をしながら、何冊もの著作で宣伝された。

一九三三年、彼が立役者となったＣＩＡＭの第四回会議では、社会問題に対処する近代都市の理論が主要なテーマとなり、『アテネ憲章』（一九四三）としてまとめられる。そして一九三五年の「輝く都市」では、プラン・ヴォワザンのヴィジョンを修正しつつ、発展させた（ＳＤ選書の『輝く都市』は、この理論を戦後に要約した別名の書物を翻訳したもの）。

八束はじめによれば、業務中心ではなく、住宅と余暇の機能が重視されたこと、また住宅がヒエラルキーをなくし、すべて一体化されたことに新しさがある。(2) ゆえに、労働者が平等な権利をもって都市に再統合されるイメージだったという。複雑に折れ曲がる集合住宅が続く住宅地区が中心に設定され、業務地区とのあいだに駅と空港が配置された。ちなみに、マルセイユのユニテ・ダビタシオン（一九五二）は、「輝く都市」理論の最初の実現とされている。都市の全体的な構造としては、リジッドな求心性の強いプランがよりフレキシブルな線状都市に変化したことが指摘しうるだろう。しかし、理性を信奉する直角の都市だったことに変わりはない。

曲線の都市

一九二九年に彼は南アメリカで講演を行い、そのときにサン＝テグジュペリの操縦した飛行機から眺めた複雑な地形に魅了された。ゆえに、リオデジャネイロの都市計画（一九二九）は、自然の風景を模倣したかのように、くねる線状都市が湾沿いに連続する。屋上が自動車専用の高架道路、下部が事務所や住居群となり、交通問題と住宅不足が一挙に解決されるという。当初の直線的な都市から大きく作風が変化し、蛇のようにうねるロマンティックな都市像が提出された。それが暴力的な都市への介入であることは以前と同じだが。またヨーロッパに戻る船上、彼は黒人の踊り手だったジョセフィン・ベーカーの歌に感動し、親密になり、裸体のスケッチを描いている。彼女のしなやかな肉体がもつ曲線は、自然の大地と重なりあい、後に展開される有機的なデザインの着想源になった。

一九三〇年から一九四二年まで、市長の招きによりル・コルビュジエはアルジェの都市計画にかかわり、六つのプラン・オビュを制作した。最初のプロジェクト、オビュAでは、巨大な直線の構造体が海浜の業務地区と丘の上のヨーロッパ人居住区を結び、高架道路が離れた郊外とつなぐ。コンクリートで支えられた標高一〇〇メートルの高速道路は、カスバ（旧市街）の上空を横断し、海岸に沿って弾道（オビュ）のように曲がりくねり、その下には十八万人のための居住施設が配置された。が、造形が優先し、理論的な強度は弱まっている。結局、アルジェの案はすべて拒否され、実現していない。研究者のザイネップ・セリックは、ル・コルビュジエの計画と植民地政策の関連や、異国の都市を女性の身体と同一視するオリエンタリズムを批判している。

第二次世界大戦後、彼は南フランスの街サン・ディエの再建計画（一九四五—四六）にとりくみ、全長一二〇〇メートルの工場、一万五〇〇〇人の住宅地、行政施設と文化施設が集中する中心部を提案したが、パリに関する積極的な都市計画は出していない。最も大規模なプロジェクトが実施されたのは、チャンディガールにおける都市計画（一九五〇—六五）だった。挫折にめげず、実現への粘り強い交渉を続けた姿勢には見習うべきものがある。だが、そこは皮肉なことに高速道路網を必要としない場所だった。現在、彼のヴィジョンを誇大妄想と笑うことは簡単である。しかし、彼が世界の二十世紀都市のプロトタイプを形成したことは否定できない。もっとも「現代都市」が完全に実現したことは一度もなかった。彼の固有名をエクスキューズに用いながら、当初の理念を断ち切り、矮小化しつつ形態を複製したのが、二十世紀だったともいえる。

集中型と分散型

二十一世紀にエコロジーの問題は、確実に重要度を増している。そこでル・コルビュジエを都市と自然の関係から再考してみよう。ハワードの「田園都市」(一八九八)に始まる近代の都市計画は、都市と自然の両立を問題としてきたが、ル・コルビュジエの「現代都市」とフランク・ロイド・ライトの「ブロードエーカー・シティ」(一九三四―三五)が両極に位置づけられるのではないか。前者は超高密度のビルを確保して緑の場所をつくり、後者は全体を低密度化させて都市と自然を混在させる。ともに工業化社会における人間と自然の関係を考察し、正反対の答えが示された。ロバート・フィッシュマンも指摘するように、両者はそれぞれ集中型のモデルと分散型のモデルを提出した(3)。この二つのモデルは、一極に集中するグローバル・シティ論と郊外に分散するエッジ・シティ論など、様々な変奏がなされている。

が、エコロジーの観点から、どちらの方が自然への負荷が少ないかと言えば、局所的に高密度化させる方がよいのではないか。ライトの「ブロードエーカー・シティ」は、アメリカ的な自動車社会が前提になっており、分散しただけ自然を侵食する恐れがある。こうした意味でル・コルビュジエの提案は、そのまま通用しないまでも、完全に死んだものと片づけるべきではない。

集住によるエネルギー利用の効率化も評価できる。最近の都市論でも、コンパクト・シティなど密度への関心が高まっており、そこからル・コルビュジエの読み直しができるのではないか。ただし、圧倒的に人口が減少した場合、ライトのモデルを採用しても、自然への負荷は小さなものになるだろう。経済史の川勝平太が、望むべき日本の未来像として美しいガーデン・アイランド構想を唱えていたが、このイメージはライトに近い。

ともあれ、ル・コルビュジエは、リセットされた都市の初期条件に対し、ひとつの指針を構築した。二十一世紀の都市も、新しい社会条件の出現と情報化などによって、大きく変動するだろう。そのとき、旧来の方法を応用して対症療法的に向き合うだけではなく、問題の核心をつかみ、根本的な治療が行われてしかるべきだ。が、それは必ずしも大規模な建設を伴う外科手術に直結するわけでもないだろう。今なお、変容する状況に対して新しい原理を生もうとしたル・コルビュジエの態度から学ぶべきことは少なくない。

（1）磯崎新『ル・コルビュジエとはだれか』王国社、二〇〇〇年。
（2）八束はじめ『ル・コルビュジエ』岩波書店、一九八三年。
（3）R. Fishman, *Urban Utopia in the Twentieth Century*, MIT Press, 1982.

3. 旅行が建築家に与えた影響

イニシエーションとしての旅

旅行は、ル・コルビュジエに啓示をもたらした。「アンドリノープルのトルコ、聖ソフィア寺、またはサロニカのビザンチン建築、それから小アジアトルコのペルシャ文化。パルテノン、ポンペイ、そして円形劇場《コロシアム》。そして私は建築の啓示を得た。建築は光線の中における巨大なフォルムの芸術」であると告白している。[1] とりわけ、「パルテノンの出現は私を打ちのめした」[2]。彼は「このおどろくべき『機械』」を全身で感じる。「おお！　光！　大理石！　モノクローム！」。彼は様式としてギリシアの古典主義ではなく、還元された建築の裸形をつかむ。生れ育ったスイスを離れ、地中海において、光のなかのオブジェとしての建築が発見された。光と影がくっきりと浮かぶ、ヴォリューム感のあるル・コルビュジエの独特な造形は、こうした原体験から来ているものだろう。

ル・コルビュジエにとって旅行が重要だったことは、旅のノートが大切に保管され、後に刊行されたことからもうかがえる。旅は他者との接触を招く。異文化の衝突は新しい文化を生む。かつて戦争や侵入など、集団の移動が共同体の新しい様式を生んだ。しかし、近代とは交通手段の発達により、移動距離が飛躍的に増えた時代である。二十世紀の前半、速度は急速に進歩した。最高速度をみると、飛行機は一九〇六年の時速四六キロから一九四七年の時速一〇四〇キロに、競走用自動車は一八九九年の時速一〇〇キロから一九四七年の時速六五五キロになっている。ゆえに個人が移動し、その作風を変貌させる機会も増えた。ル・コルビュジエも例外ではない。彼は南米を飛行機でまわり、自然の風景に感動して曲線を使いはじめたり、各地の土着的な建築を観察し、デザインに取り入れた。

旅の軌跡をたどろう。一九〇七年、ル・コルビュジエは二十歳のとき、ファレ邸（一九〇七）の報酬で初めて大きな旅行をする。イタリアでは、カルトゥジオ会の修道院に感激し、中世と初期ルネサンス建築の装飾をスケッチした。続いてブダペスト経由でウィーンに出向き、パリへ行く。そこでオーギュスト・ペレの事務所で働き、リヨンではトニー・ガルニエと出会う。一九一〇年にはドイツを旅行し、ペーター・ベーレンスの事務所において多くの近代建築家と知り合いになる。一九一一年、美術史を専攻する友人とともに、約六ヵ月に及ぶ「東方への旅」を実行し、ボヘミア、ルーマニア、ブルガリア、トルコ、ギリシア、イタリアを訪問した。「旅行という学校」（ジャン＝ルイ・コーエン）を経て、故郷で幾つかの作品を手がけ、一九一七年からはパリに永住した。五年近い放浪の時代が終わる。

これは彼にとってのグランド・ツアーである。だが、十八世紀以降のいわゆるグランド・ツアーでは、ボザールの優秀な学生がイタリアを訪れ、古典の素養を高めたのに対し、ボザール自体を否定したル・コルビュジエは違う目的と旅行先が必要だった。ゆえに彼は、トルコを訪れ、古典主義のオリジナルであるギリシアとローマ時代の建築に敬意は表するが、ルネサンス以降の古典主義を評価しない。様式のカタログ化につながるヴィニョーラを批判しても、パルテノンは別格だった。ルネサンスは様式の模倣に過ぎない。彼が求めたのは、手本とすべき「様式」では

ル・コルビュジエ
リオデジャネイロの計画、1929年

ル・コルビュジエ
スレイマニエ・モスクのスケッチ

なく、建築の「原理」だった。パルテノンは美しい原理だからこそ自動車と接続可能となる。一方、堀口捨己は同じ場所で敗北感を味わい、日本的なるものに回帰した。近代の建築家はアクロポリスの丘に立ち、パルテノンを参照点として自らの進路を決めた。

旅行とメディア

『東方への旅』では、多くのスケッチを収録していたが、ル・コルビュジエはすべて純粋に生の体験をしたわけではない。ザイネップ・セリックによれば、ヨーロッパの外部に関しては、絵葉書、ガイドブック、小説によってあらかじめ見たい風景を確認していたという(3)。アルジェリアの娘のスケッチは、現地で購入した絵葉書をなぞって何度も描かれた。青年期の東方への旅でも、一部の建築や風景のスケッチが、現地で制作されたのではなく、自らが撮影した写真をもとに描かれたことが指摘されている。カメラのイメージが複製されたのだ。この旅行では、スレイマニエのモスク、ピサ、ハドリアヌス帝のヴィラなどを含む、三百点のデッサンを描き、スケッチブックは六冊になったが、同時に五百点の写真を撮影している。旅を始めた一九〇八年の初頭から、彼は写真を撮るようになっていた。

一九二〇年代以降、ル・コルビュジエの世界旅行は、自らの構想の宣伝と実現のための手段になった。南米では講演を行い、アメリカでは憧憬を覚えつつも、摩天楼が小さすぎる臆病者の国だと挑発し、アルジェとインドでは大胆な都市計画を提案する。一九五五年には国立西洋美術館の設計のために日本を訪れた。このときに彼は奈良や京都をまわっている。もっとも、ブルーノ・タウトのように桂離宮に感激したり、日本の古建築とモダニズムの共通性を指摘するようなことはせず、あまり関心を示さなかった。

移動手段の思考

ル・コルビュジエは旅行を通して、新しいテクノロジーに接し、その恩恵を受けていた。自動車、客船、飛行機など、移動するヴィークルが近代建築の重要なメタファーになったことも興味深い。船はただの乗り物ではなく、様々な場所になり得た。『プレシジョン』（一九五九）の原稿をまとめる場所にもなったし、ジョセフィン・ベーカーなど思わぬ人物と出会う社交の場にもなった。そして一九三三年の夏、CIAMの会議場にもなり、「アテネ憲章」はパトリス号船上で誕生している。が、とりわけ重要なのは、飛行機だろう。

一九〇九年、ル・コルビュジエはパリの下宿で初めて飛行機の轟音を耳にし、一九二八年に初搭乗する。彼は、飛行機の文明を讃え、「三〇〇万人のための現代都市」（一九二二）の計画では中心に飛行場を設置した。飛行機は視覚体験の強烈な変容を生む。「鳥瞰によって、精神の行動に重要な革新――明晰な展望」がもたらされ、「平面（二次元での知識）が最高度に詳細化され、断面は現れない」[4]。『四つの交通路』（一九四一）では、陸路、鉄路、水路に続く、第四の空路を論じ、「新しい交通路の高さによって初めて都市計画にその責務の緊急さと広大さを自覚させ、……壮麗さのあらゆる可能性を秘めた事物の新たな次元をも自覚させることができた」という。空からのイメージが都市のヴィジョンを切り開く。「飛行機は、高所にたって、新しい意識状態、現代の意識状態を創設する」[5]。

ル・コルビュジエはサンパウロに到着し、「中心地に向かってまず地上すれすれに飛んでくれたまえ。都市のプロフィールをつかみたいのだ」とパイロットに頼んでいる。そして「宇宙的とも言うべき光景」を眺め、「すべてが幾何の図面のように明確になる」と、「もっと多くのことが理解できる」という[6]。確かに、南米旅行時の計画のスケッチは、飛行機の窓から見た構図になっている。もはや顕微鏡をのぞくように装飾を観察する必要はない。彼は、飛行機という新しい時代の視覚形式を認識していたからだ。

(1) ル・コルビュジエ『今日の装飾芸術』前川國男訳、鹿島出版会、一九六六年。
(2) ル・コルビュジエ『東方への旅』石井勉他訳、鹿島出版会、一九七九年。
(3) ザイネップ・セリック「ル・コルビュジエ、オリエンタリズム、コロニアリズム」『10+1』10号、一九九七年
(4) ル・コルビュジエ『三つの人間機構』山口知之訳、鹿島出版会、一九七八年。
(5) ル・コルビュジエ『四つの交通路』井田安弘訳、鹿島出版会、一九七八年。
(6) ル・コルビュジエ『プレシジョン』井田安弘、芝優子訳、鹿島出版会、一九八四年。

4. メディア・アーキテクトの誕生

自動車は高架の自動車道路を速やかに走る——摩天楼の堂々とした連なり。近づいてゆく。二四基の摩天楼の空間における掛算。それらの広場の左に右に、奥に、公共施設——空間を囲んで、博物館と大学。直ちに最初の摩天楼の裾につく。摩天楼の間にあるのは、苦悩するニューヨークの細い光の裂け目ではなく、広い空間である。……

自動車は時速一〇〇キロの高架道路を離れて、静かに住居街区の中を走る。屈曲型住区が建築的見通しを遠く伸ばす。庭園、遊び場、運動場。どこにも空が上にあり、遠く拡がる。テラス屋根の水平線が、空中庭園の線に縁どられた鮮やかな平面を際立たせる。……すでに遠く青空に霞む摩天楼は、総ガラスの幾何学的な大きな面を立てている。(1)

映像

これはル・コルビュジエが描写した理想の「現代都市」である。読んでいると、頭の中に明瞭なイメージが浮かぶ。まるで映像を見ているように。それは一連の風景が自動的かつ受動的に展開しているからだ。ふらふらと歩く人間のまなざしではなく、計算された運動を行うカメラの視線。映像作家としてのル・コルビュジエの感性がうかがえよう。また『伽藍が白かったとき』（一九三七）の終章は、彼がマンハッタンを去るとき、船から見た感動的な風景を連続する八枚のスケッチによって、きわめて映像的に再現している。

ル・コルビュジエの「建築的プロムナード」とは、空間の表情や風景の変化を眺めながら歩くための建築的な仕掛けである。ボザールの様式建築は、外観の調和や装飾ばかりを重視し、こうした人間の移動が生む豊かな経験が考慮されていない。だが、空間のシークエンスは、静止した透視図法の世界に生気をあたえる。ビアトリス・コロミーナが指摘するように、メイヤー邸（一九二五）やギエット邸（一九二七）では、絵コンテのように、一連のパースが描かれていた。彼女によれば、ル・コルビュジエの住宅における主体は、映画俳優、旅行者、写真家である。彼が推奨した水平の連続窓も、視点を固定する息苦しい縦長の窓とは違い、眼の運動を誘発するものだ。そして窓のラインに沿った人間の移動も発生させる。

写真

メディア論的な分析により、新しいル・コルビュジエ像を提示したのは、コロミーナの『マスメディアとしての近代建築』(2)だろう。ル・コルビュジエにとっての住宅は、窓＝レンズが風景を切りとるカメラであり、住むとは「写真に住むこと」だった。彼は「私は見ることによってのみ生きている」という。近代が最も特権化させたのは、視覚のメディアである。それを最大限に活用したからこそ、ル・コルビュジエは偉大な近代建築家になりえた。彼は写真を修正し、自らの建築を理想的な敷地に置いて、メディア化している。そして作品は写真を媒介して、海外にいち早く影響をあたえた。例えば、谷口吉郎の佐々木重雄邸（一九三三）のように、木造ながら、白い箱の建築が登場する。材料が変わっても、視覚的な情報の遺伝子のみが伝達された。

ル・コルビュジエは複数の写真家とかかわった。第二次世界大戦前は、彼がカメラのアングルを指示し、アルビン・サラウンが多くの作品を撮影する。ル・コルビュジエは、多くの肖像も撮られたが、一九三〇年代の初頭、ブラッサイによる肖像は、知的な雰囲気を演出した。一九四七年、美しい構成が特徴のリュシアン・エルヴェが、専属の写真家に任命される。そして一九五〇年代の末、マグナムの写真家ルネ・ブッリは三千枚のネガを持ち込み、晩年のル・コルビュジエとその作品をドキュメント風に撮影するようになった(3)。

ところで、コロミーナ以降、近代建築を扱うメディア論は増加したが、それは一九九〇年代の現代建築が情報環境の急激な変化に遭遇したことと無関係ではない。この時期、コンピュータとインターネットなど、デジタル・メディアの可能性が初めて本格的に試されたことは、近過去におけるメディアの革命への関心をうながした。ゆえに、諸メディアの差異を熟知しつつ、その利用の仕方を考えたル・コルビュジエは、二十一世紀においても重要な参照点となるだろう。新しいメディアの決定的な活用法は建築を変えるだろう。

ル・コルビュジエは優秀な編集者だった。彼は工業製品のカタログを収集し、その写真を引用しながら、『エスプリ・ヌーヴォー』誌のエディトリアル・デザインを行う。その記事をまとめた『建築をめざして』(一九二三)は、詩的な短文の連続や重複におとらず、挿入された図版とテクストが相乗効果を起こす。図版は文章の内容と必ずしもきれいに対応するわけではない。とりたてて詳しい説明もなく羅列される写真の数々、送風機、荷役機、穀物サイロ、エンジン、発電所のタービン、時速二六三キロの競争用自動車……。特に終章は、行間から建築に接続されるテクノロジーのイメージを視覚的に刷り込む。テクストだけではなく、メディアや編集の力を駆使した建築の新たな戦略である。

『建築をめざして』は、コラージュの書物である。例えば、商船アキタニア号とノートルダム聖堂、凱旋門、オペラ座の図版が並ぶ(彼にとって船は重要な建築のメタファーだった)。そしてパルテノン神殿とドゥラージュの自動車の衝撃的なツー・ショット。本来は異なる範疇のものが、テクストの空間において唐突に出会い、賛美すべきものとして同居する。また『ユルバニスム』(一九二五)には、「新聞の切抜き」という章があり、新聞記事のスクラップによって構成されている。彼によれば、新聞が都市の体温を伝えるからだ。

ル・コルビュジエは文章を大量生産した。一九三〇年、彼がフランスに帰化したとき、新しいアイデンティティ・カードの職業欄に「文筆家」と記入している。トム・ウルフによれば、一つの建物をつくるごとに四冊の本を出すとライトに揶揄されたほどだ。(4) この表現は極端にしても、生涯に四十冊以上の本を刊行し、二つの雑誌を編集し、六つの詩画集を制作し、実施作品の数に肉薄する。レム・コールハースは、刊行物のエディトリアル・デザインにこだわり、建築自体が編集的であるという意味で、ル・コルビュジエの正統な継承者といえよう。

彼は膨大な史料を意図的に残し、また彼をめぐって膨大な言説が紡がれてきた。メディアのなかで自己増殖を続けるル・コルビュジエ像は、かえって彼を見えにくくしている。それゆえ、ジャック・リュカンは、生誕百周年の記念刊行物において百科事典という形式を採用した。事典ならば、読者を次々と別の項目に転送し、無限の読みに開かれる。これは「記事をめぐる『プロムナード』」だという。ル・コルビュジエが残したアーカイヴは、事典を作成させるための誘惑、いや罠だったのかもしれない。

(1) ル・コルビュジエ『ユルバニスム』樋口清訳、鹿島出版会、一九六七年。
(2) ビアトリス・コロミーナ『マスメディアとしての近代建築』松畑強訳、鹿島出版会、一九九六年。
(3) A. Rüegg (ed.), René Burri Magnum Photos, *Le Corbusier*, Barkhäuser, 1999.
(4) T. Wolfe, *From Bauhaus to Our House*, Picador, 1993.

5. プロモーション・ビデオとしての『今日の建築』

自動車は、走るための機械である。

飛行機は、飛ぶための機械である。

住宅は、住むための機械である！

今から建築家のル・コルビュジエとピエール・ジャンヌレによってつくられた3つのヴィラをお見せしよう(1)。


この文章は、一九三〇年に制作された『今日の建築』というフィルムの冒頭であらわれる字幕である。ピエール・シュナルが監督を担当したが、ル・コルビュジエとの共同作品だと指摘されているものだ。もう少し詳しく説明すると、「自動車」・「飛行機」・「住宅」という単語だけが先にあらわれ、続いて凱旋門に向かって走る自動車や、サヴォア邸の映像が登場しつつ、「……ための機械である」と表示される。この十分程度の短い作品は、いわば『建築をめざして』の要約と言えるような内容をもつ。同書からのマニフェスト的な文章も引用されている。

二〇〇三年、中部大学において建築学会の大会が開催されたことにあわせて、「ル・コルビュジエとその映像をめぐって」と題し、富永讓、米田明、林美佐を招き、シンポジウムを行った。筆者と建築家の中村研一によって企画されたものである。最初のきっかけは、ビアトリス・コロミーナが『マスメディアとしての建築』の「窓」の章で、窃視者の映像として『今日の建築』を論じたことにより、よく知られるようになったが、実際に見たことがないということだった。[2] そこで映像を所有するMoMAに問い合わせ、おそらく日本初の上映が実現した。

『今日の建築』は、音がないサイレントの映像だが、様々なイメージがリズミカルに展開する。前半は住宅、後半は都市を扱う。さて、届いたフィルムを上映すると、デルファイ研究所がリリースしたル・コルビュジエのビデオにも、『今日の建築』の幾つかの場面が収録されていたことが判明した。特に都市の部分はかなり重複している。しかし、断片化された映像が本来どのようなシークエンスになっていたかを確認できたことの意義は決して少なくない。ゆえに、その内容を簡単に見ていこう。

住宅としては、主にガルシュ邸(一九二七)、チャーチ邸、サヴォア邸が(一九三一)紹介される。まず車にのって、ル・コルビュジエがガルシュの住宅(一九二九)に到着する。大きく張り出した庇を見上げるショット。モダニズムのデザインを強調したものといえよう。「住宅の単純な美学は、近代の自動車の美学と一致していることがわかる。細長い窓によって、照度と完全な換気が実現する」という字幕。そしてスクリーン越しにテラスの女性を眺め、ル・コルビュジエは階段をのぼり、遠くを見つめる。ここはコロミーナも注目しており、ル・コルビュジエと女性が決して同じ場所にいることはなく、前者が室外と接続した見る主体、後者が室内にとらわれた見られる対象に固定されていることを指摘していた。

続いて、ヴィル＝ダヴレーのチャーチ邸。「近代の建築家は、快適さの要求と住宅の外観を両立させることができる。今日の建築は、「テラス―庭」を提案する。別館は、庭園において、少し離れたところに位置する。建築と自然は相互に価値を認めあう。都市に出かける前の、ちょっとした体操」。ここで男女がテラスに登場し、楽しげに運動を始めるという、いささかユーモラスな（?）シーンになる。健康的な肉体への賛美。屈伸運動を見上げる印象的なアングルは、レ

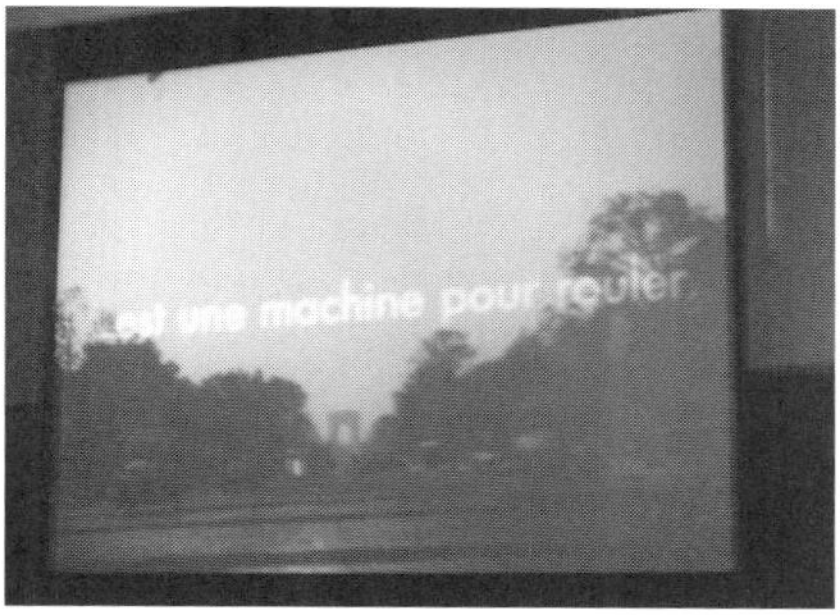

凱旋門に向かって自動車が走る冒頭のシーン

屋上で体操するシーン

自動車が住宅に到着する

ニ・リーフェンシュタールのベルリン・オリンピックの映像とよく似ていよう。ちなみに、シュナルとリーフェンシュタールは、ほぼ同世代である。

そして「ピロティのある邸宅」、すなわちサヴォア邸である。「どうして、家に風を通し、湿った地面から救いださずにいられるだろうか。人工の光の助けを借りずに、食堂で行われた撮影。緩い傾斜のスロープによって、ソラリウム（サンルーム）に導かれる」。サヴォア邸の内部を貫くスロープをのぼる女性の映像が印象的であり、ジェンダー論として格好の分析事例となるだろう。コロミーナは、「彼女ははじめから住宅の内部におり、家の中に籠絡されている。……「部屋着」を身に着け、ハイヒールを履いているので、上っていくのに手摺を摑まねばならない。スカートと髪が風にそよぐ。なんとも弱く見えよう。そのうえカメラだけでなく、住宅そのもの、つまりサッシュのバーもまた彼女の身体を分割している。……彼女がこちらを見ることはない」と指摘している。

『今日の建築』では、「標準的な住宅のタイプが作られ、最小限の原価で最大限の快適さを保証した」ペサックの集合住宅（一九二四）も映した後、ル・コルビュジエが近代の都市計画のレクチャーを行う。以下に、字幕を抜粋する。

今日、パリでさえ中心部のいくつかの通りでは、二十世紀なのに、まるで中世のまっただ中にいるかのように人間は生きている。ル・コルビュジエは、パリを西から東へ突き抜けることと、都市の中心部を占める古い地域を取り壊すことを提案する。そこには中庭のない鉄とガラスの摩天楼が建てられるだろう。四〇〇メートル離れた摩天楼の間を高速道路がつなぐだろう。またイムーブル・ヴィラが、古いあばら屋にとってかわるだろう。サン・ルイ島、パレ・ロワイヤル、ルーヴル美術館、サン・ドニ門、サン・マルタン門の間に、ビジネス・シティーがそびえ立つ。自由な空間は歩行者と子供に残されるだろう。四〇〇メートルごとに、摩天楼は四万人の職員を収容する。こうしてパリは再び現代都市になるだろう。

文章からうかがえるように、ル・コルビュジエの都市論を映像化したものといえる。ただし、実現されていないだけに、黒板に描かれたドローイングや模型の活用にとどまり、映像として興味深いのは、やはり実現された住宅をいかに撮影しているかだろう。これに関して、ジェームス・ワードがガルシュの住宅に関する同時代の映像を三つとりあげ、詳細に論じていた。(3) ひとつはシュナルの『今日の建築』だが、残りの二つは一九二八年に撮影されたシュタイン家のホーム・ムービー的な映像と、アベル・ガンスの監督したフランス初のトーキー映画『世界の終わり』(一九三一)である。

ジェームス・ワードによれば、数分の家族の映像は真新しい近代住宅をとらえながらも、庭の植物がその抽象性を弱めている。またガンスの映画は、最近のハリウッド・スペクタクルのように、彗星接近による世界の終わりを迎えるなかで、退廃的なパーティがガルシュの住宅で行われるという設定だった。しかし、監督が裕福な階層をアール・デコのデザインで表現したことから、様式のズレが生じているという(中村研一氏が『世界の終わり』の英語版のビデオを取り寄せたところ、残念ながら、肝心のシーンはカットされていた)。これらに比べると、『今日の建築』は、ル・コルビュジエ自身が効果的に出演しながら、映像によって近代建築の美学を称賛している。

実際に『今日の建築』のフィルムがどのような目的で制作され、どのように使われたのかはよくわからない。だが、今風に言えば、『建築をめざして』のプロモーション・ビデオと言えるのではないか。一九三〇年という近代建築を推進すべき時点で、そうした映像が成立したことに、ル・コルビュジエのメディアに対する先見性がうかがえる。

(1) 翻訳は、五十嵐ジャンヌ+太郎による。以下、特記なき引用は、『今日の建築』の字幕からのもの。
(2) ビアトリス・コロミーナ『マスメディアとしての近代建築』松畑強訳、鹿島出版会、一九九六年。
(3) J. Ward, *Les Terrasses*, in *Architectural Review*, March, 1985.

6. ル・コルビュジエを撮影した写真家たち——ルネ・ブッリを中心に

一九九〇年以降、ビアトリス・コロミーナの労作『マス・メディアとしての近代建築』によって、ル・コルビュジエと写真の関係が注目されるようになった。同書は、以下の視点を挙げている。第一に、如何に彼が作品の写真に手を加えたか。第二に、彼の作品における、まなざしとジェンダーの問題、第三に、いかに既存の写真が彼に影響を与えたか。第四に、彼が既存の写真を編集し、再利用したこと。そして第五に、彼自身の認識構造がカメラと同型であること。そもそもル・コルビュジエは、一九〇八年から写真を撮りはじめていた。有名な『東方への旅』では、三百点のデッサンを描いたのに対し、五百点もの写真を撮影している。

意外なことに、コロミーナは、ル・コルビュジエという主体の意志から離れるからなのか、彼が複数の写真象と関わったことにはあまり言及していない。例えば、第二次世界大戦前、アルビン・サラウンは指示されたアングルで多くの作品を撮影したり、ブラッサイはル・コルビュジエの肖像を撮影した。戦後は、後述するように、ルシアン・エルヴェとルネ・ブッリが積極的に関わっている。彼らの作品や活動は、建築家がすべてをコントロールできない。ゆえに、写真家という他者の眼を通したル・コルビュジエ像が浮かびあがるだろう。

ルシアン・エルヴェは、一九一〇年にハンガリーで生れ、フォト・ジャーナリストとして活動していた。しかし、一九四九年にマルセイユのユニテ・ダビタシオンを取材したのを契機に、彼はル・コルビュジエに関心を抱き、六五〇枚の写真を郵送し、「あなたは建築家の魂をもっている。そして建築をどう見るべきかを知っている」という返事をもらう。(1) その結果、ル・コルビュジエが作品集を制作するにあたり、パートナーに選ばれた。このような経緯で、エルヴェが公式のル・コルビュジエ像を流布させたのである。

エルヴェは35ミリのカメラを使い、ル・コルビュジエの建築における光と影の戯れを的確にとらえ、芸術的な建築写真を撮影した。林美佐が指摘するように、斜めに傾けた構図で仰ぎ見る視線が多い。(2) 彼の写真には、普通の建築写真がそうであるように、あまり人がいない。人がいたとしても偶然ではなく、建築と同様に、人間の姿勢や配置が計算された構図に収まっている。時間が凝固した静謐なイメージが漂う。ちなみに、エルヴェは、マルセル・ブロイヤーやオスカー・ニーマイヤーらの作品も撮影した。

同じフォト・ジャーナリストでありながら、エルヴェと対照的なアプローチでル・コルビュジエ本人とその作品を撮影したのが、スイスの写真家ルネ・ブッリだった。(3) 彼は一九三三年に生れ、チューリッヒの美術学校でハンス・フィンスラーに学び、正確さと客観性を重視した撮影法を修得する。だが、彼は同時に、美しい静物画のような写真に反発を覚え、乱雑さや人の雰囲気があるルポルタージュ写真を撮影し、一九五〇年代後半には写真家集団のマグナムに参加した。ブッリは、学生時代にパリのスイス館やユニテをたまたま撮っていたり、一九五五年に仕事でロンシャンの礼拝堂の落成式を撮影したが、ル・コルビュジエの作品と日常生活を精力的に記録したのは一九五九年からである。ブッリのおかげで、晩年の巨匠のドキュメントが数多く残ることになった。発表されたイメージに対し、ル・コルビュジエからクレームがついたこともあったが、互いにプレゼントを贈りあうような関係でもあった。

ブッリの作品は、機械の目が記録したような竣工写真ではない。アオリによって垂直線を厳守し、理想の図面を模倣する建築写真は、どこか非人間的である。実際にわれわれが見ている世界とは違う。だが、彼の場合は人間の目で、その場で対象を見ているような雰囲気をもつ。息づかいや呼吸が聞こえてくるような写真である。しばしば手前に画面をさえぎる障害物が入り、臨場感が強調されることが、その一因なのかもしれない。例えば、カップ・マルタンの小屋は、画面の下半分にピントのあわない足元の植物が無造作に映り、建物に歩いて近づく途中に感じる印象に近い。ラ・トゥーレットのプロジェクトの打ち合わせの写真では、不意に右横から手が割り込んでおり、撮影者が奥からル・コルビュジエをのぞき込んでいることがうかがえる。アトリエの写真でも、周囲の障害物のために視界が狭くなり、盗撮のような構図になっているが、これはル・コルビュジエが仕事を邪魔されるのを嫌ったからだ。

またブッリの写真は、静的な構図ではない。人や動物が生き生きとしている。動きのある建築写真。例えば、ユニテの屋上で手をあげている園児の集団や、竣工から約三十年が過ぎ、老朽化したサヴォア邸の屋上庭園を横切る猫。いわゆる建築写真にとっては、まだ使い手が入らない、竣工直後が最良の瞬間である。ある写真家は、「建築家にとっての建築写真は、すなわち竣工写真といっても過言ではない」と指摘する。[4] だが、彼は、人が使っている状態、あるいは居住者の痕跡に関心が向く。例えばロンシャンの写真も、光と影の調和という建築的な主題よりも、教会の前に人があふれかえる集会の雰囲気がとらえられた。つまり、手垢のついた建築を撮っているのである。

（1）『ルシアン・エルヴエによるル・コルビュジエ』ギャルリー・タイセイ、一九九三年。
（2）林美佐「『ル・コルビュジエ』を創造した写真家」（『10 + 1』No. 10、INAX出版、一九九七年。
（3）René Burri, Magnum Photos, *Le Corbusier*, Birkhauser, 1999.
大島哲蔵「素顔のル・コルビュジエ（本当に？）」（「建築文化」二〇〇〇年十二月号、彰国社。
（4）高井潔『建築写真術』学芸出版社、一九八八年。

7. 近代における身体のイメージ

機械の身体

ル・コルビュジエの言葉「住宅は住むための機械である」はあまりにも有名だ。では、彼がそこで暮らす人間をどのように考えていたのか。つまり、彼の言説からモダニズムの時代における身体像を考察したい。また本稿では、彼の身体イメージが、次世代の建築家によって、どのように継承されたかを概観する。

現代社会において、ル・コルビュジエは「機械が人間と密接に仕事をしている」という(『建築をめざして』鹿島出版会)。その際、機械と人間の関係は以下のように考えられていた。「人間は自分のいわゆる人工四肢、すなわち機械を工夫する」(『今日の装飾芸術』鹿島出版会)。すなわち、「生まれたての赤ん坊」はあまりに無防備であるがゆえに、人間は身体の機能を補綴するものを必要とする。「「人工四肢」というものは人間の手足の延長として人間の機能つまり「機能型」に適応しなければならない」。例えば、眠ることは寝具を、調理することはキッチンを、走ることは自動車を生みだす。「「人工四肢」は必要型に応じた「定型物」である。腰かけるための椅子。仕事をするための机」。

いわゆる道具も含む、広義の意味での機械である。機械は幾何学によって成立するという。なるほど、歯車やシリンダーは円であるし、ピストンは直線運動を行う。住宅もそうした道具の一種である。「建造の規範は、人体およびその運動のかたちと大きさによって決定される」(『輝く都市』鹿島出版会)。ル・コルビュジエは、これを「人体幾何学的規範」と呼ぶ。古典主義が、比例を通じて、身体と建築を重ねあわせていたとすれば、モダニズムでは、機能主義的な幾何学によって、身体と建築が物理的に連動する。

もっとも、人間へのまなざしも無垢のままではなく、大きく変容していた。いみじくも、ル・コルビュジエが「「機械」は人類全史において絶大なる重大性をもった現象であり、人間の精神そのものが今や「機械」によってその新しい鋳型に鋳こまれようとしている」と述べたように(『今日の装飾芸術』)。そもそもは身体の延長として機械が規定されていたが、逆に機械という身体の外側から人間を再定義する転倒が起きている。

近代的な人間とは何か。「人間は幾何学的動物である」(『新しき芸術』河出書房新社)。「人間は目的をもつゆえ真直ぐ進む」(『ユルバニスム』鹿島出版会)。ゆえに、ふらふら歩くろばとは違い、直線の街路がつくられるのだ。「人間は、一般に、厳密に引かれた道を機械の歯車のようにたどるように見える」。ル・コルビュジエは、人間の「機能」を居住、仕事、心身の育成、交通の四つに分類し、そこから都市デザインを導く。だが、それは都市という工場の歯車として人間を位置づけることにつながりかねない。「人間は機能的に秩序を行使し、人間の行動と思考は直線と直角によって支配される」。

ル・コルビュジエの著作は、新しい機械の時代におけるグローバリズムとメディアの変容を積極的かつ肯定的に語る。前に進め、後戻りをするな。古くさいアカデミズムをあざ笑え。そうした意味において、資本主義がもたらす倫理なき世界と正面から向きあうレム・コールハースは、彼の正統的な継承者であるといえるだろう。

男性の身体

機械のように働くことだけを想定していたわけではない。近代都市において、「労働者は家に帰ると、スポーツ着になり、家の前にはチームや指導者が待っている」（『プレシジョン』鹿島出版会）。妻子も同様である。現代技術の支援を感じながら、機械時代の人間の心を満たすこと。ル・コルビュジエは、スポーツを日常生活に組み込む。

一九三〇年にピエール・シュナルとル・コルビュジエが共同制作したフィルム『今日の建築』は、映像によって『建築をめざして』の内容を紹介したものだが、やはり運動をアピールする。例えば、チャーチ邸を紹介しつつ、「建築と自然は相互に価値を認めあう。都市に出かける前の、ちょっとした体操」の字幕とともに、男女がテラスに登場し、楽しそうに運動を始める。これは健康的な肉体を賛美するダイナミックな映像によって表現される。長谷川章の『世紀末の都市と身体』（ブリュッケ）によれば、世紀末から裸体文化の運動が登場し、一九二〇年代にはオブジェとしての男性的な身体美が注目されるようになった。ル・コルビュジエも、こうしたドイツの健康な身体の理想化を共有している。

モダニズムの建築において、太陽の光を多くとり入れ、風通しをよくして、健康であること、清潔であることは重要な価値だった。例えば、住宅の屋上庭園のスケッチにおいて、ボクシングをしているムキムキの男が描かれている。人間的な尺度と数学を組み合わせたル・コルビュジエの寸法体系「モデュロール」でも、肩のがっしりとした男性の身体を基本的な単位として考えていた。また彼は、アメリカとヨーロッパの人間を比較して、以下のように論じている。

（アメリカの）女たちも男たちも清潔で、はちきれそうに健康だ。清潔は、アメリカの国民的な美徳である。垢も埃もない。……非の打ちどころのない使用人たちは、真白なワイシャツの袖をまくっている。食物は、ぴかぴか光るセロファンに包まれる。……（ヨーロッパの）何百年の文化をもつ人々は、そのことを証明するために、壁の亀裂や金属の錆を保存する。そしてさらに悪いことには、錆の趣味や古物の愛をつくりだし、そのために近代的な「金具」を槌で打ち出し、アパートの新しい板壁を褐色に汚す（『伽藍の白かったとき』岩波文庫）。

言うまでもなく、真白でピカピカに光るアメリカに未来の姿を見ている。それは薄汚れた古い装飾にこだわらず、健康だからだ。ところで、こうした理想的な身体像は建築の比喩にも使われている。「ルイ十五世、十四世、十六世様式、またはゴシック様式などは建築にとって、婦人の頭に飾る羽毛のようなものだ。それは時に綺麗かも知れないがいつでもというわけにはゆかず、またそれ以上のものではない」(『建築をめざして』)。装飾的な要素を排除すること。一九二〇年代の建築はまだ着物をきた状態だったと述べているように、ヌーディスト的な近代建築が求められていた。「百姓は装飾を好み、壁画を描く。文明人はイギリス式上下服を着、画家の絵や本を持っている」。そして装飾は単純な人々に適し、調和や比例は知的で洗練された人々を引きとめるという。こうした議論において建築と身体を同一視している。

機械の身体と健康な身体。一見矛盾するようだが、ル・コルビュジエは、近代人が現代都市のテクノロジーの恩恵を受けながら、豊かな自然も享受し、運動を行う身体をもつと考えた。こうしたイメージは、しばしば「高貴な野蛮人」として説明される。「丸裸の人間！　刺繍の胴衣を着けぬ彼は「考えること」を欲する」(『今日の装飾芸術』)。それから半世紀後、建築家集団アーキグラムは、さらに新しい未来の身体を提示した。「電子のアボリジニー」(一九七一)というドローイングである。四つん這いの裸の男がテレビの画面を凝視するというものだ。インターネット以前に、人間が映像の世界に没入する状況を示唆している。「高貴な野蛮人」のように、「電子のアボリジニー」も現代的なテクノロジーと、原始的なイメージの言葉を連結しているのは興味深い。

女性の身体

一九九〇年代のジェンダー論的な建築読解では、モダニズムの父、男根中心主義的なル・コルビュジエ像が指摘された。その第一人者であるビアトリス・コロミーナの『マスメディアとしての近代建築』は、女性／内部的なアドルフ・ロースと、見る機械としての男性／外部的なル・コルビュジエを対比的に描く。後者の住宅において、女性は室内に閉じ込められ、一方的に眺められる対象である。ダイアナ・アグレストも、ル・コルビュジエを含む、近代における建築・都市の言説が、自然と女性を抑圧したことを批判している（『圏外からの建築』鹿島出版会）。

画家としてのル・コルビュジエは、たくましい女性の裸像を繰り返し描いている。妻のイヴォンヌ・ガリも豊満なジプシー娘だった。デッサンは女性ばかりだ。衣服をまとうことはない。せいぜい水着である。逆に数少ない男性のスケッチは、着衣だったり、モデュロール・マンのように規範を示す身体である。女性は、直線の幾何学から逸脱する身体をもつ。一九二九年、南米行きの客船において、一世を風靡したダンサーのジョセフィン・ベーカーと同じ客船にのり、彼女のスケッチも描いた。そして一九三〇年代以降、ル・コルビュジエのデザインは変化し、やわらかい曲線を多用する。ザイネップ・セリックの指摘によれば、女性へのオブセッションによって、彼はアルジェの街を女性の身体にたとえたり、その都市計画に流れるような曲線をもつ形態を使う。実際、ル・コルビュジエはカスバの女性に魅了され、そのヌードを幾度も描いている。

女性らしさと結びつけられる装飾はきっぱりと否定するが、衣服を脱ぎすてた裸体は積極的に学ぶべき対象とされる。ル・コルビュジエの影響を受けたブラジルのオスカー・ニーマイヤーも、女性のヌードをかたどる線を描きながら、それが直接的に建築のデザインにつながることを明言していた。ただし、ル・コルビュジエの場合、女性を抑圧しつつも魅了されるという独特のジレンマが感じられるが、ニーマイヤーは驚くほど素直に女性を賞賛している。ちなみに、磯崎新は、アンディ・ウォーホルのパロディを行うがごとく、マリリン・モンローのボディ・ラインを建築の輪郭に引用した。

ところで、ル・コルビュジエは、女性の身体の近代化が男性よりも先行したと評価している。「勇気と熱意と独創精神をもって女性は衣装革命をやってのけましたが、これは現代の奇蹟であります。実にお見事！」（『プレシジョン』）。女性が古い衣服に従うと、現代生活やスポーツをあきらめざるをえない。事務所や店舗で迅速に動けない。自転車や地下鉄にも乗れない。「そうした時、女性は髪を切り、スカートの裾を切り、袖を切ったのです。帽子も被らず、腕を露わにし、足も自由にして出かけたのです。これで五分で身支度が完了。それでいて美しく、優美なる魅力で我々を魅了」する。もうコルセットは存在しない。しかし、男性は困ったことに、いまだにナポレオンの軍隊の将軍のようだと嘆く。もちろん、ル・コルビュジエが女性の身体を隠す、旧来の衣装を嫌ったのは、機能主義的な理由だけではないだろう。

その後、女性の身体イメージは、伊東豊雄によって、新しい曲面を迎えた。一九八五年、東京遊牧少女の包《パオ》というインスタレーションにおいて、ふわふわとしたテントの中にベッドと女性の生活を意識した少数の家具だけがある新しい居住の姿を提示したのである。力強い男性的な身体としての建築ではない。おそらく、ふくよかでもない。ふらふらとして、コンビニに通う少女のような身体に流動的な現代の感性が見いだしている。ル・コルビュジエは、健康な身体をつくるための矯正装置として近代建築を構想した。ゆえに、自然のなかで日光を浴びる屋上庭園で体操をするような近代人を想定している。ところが、一九八〇年の日本では、か弱い少女がイメージされ、建築は高度に情報化された都市生活に溶け込むための装置に変化した。もはや存在感のある身体としての建築というべきではないかもしれない。その軽さゆえに、身体なき、衣服としての建築である。

8.

ルクーからル・コルビュジエまで——魔術的建築家たち

——奥様、いにしえ燔祭の時代にあっては、真の信仰は、犠牲の獣の大きさ、その肥たる脂身に示されるのではなく、供する者のひたすらなる祈念、その熱情にこそあらわれるものでありました。それでなくては、百頭の牛を屠る大贄を前にして、わずかひと握りの香木の煙がなんの意味をもちえましたろうか。今こうしてわたくしが祭壇にぬかずいておりますのも、良心にかけて真理の光を愛するこの身の、徳望いや高き奥様に寄せる敬慕の念のあればこそでございます。

——ピタゴラスの黄金の太もも、パンドラの箱、メディアの魔法の物語、いずれも、われらが錬金の秘術によるものでな、牡牛はすなわちわれらの炉、常時あかあかと火を燃やしておる。水銀は竜。竜の歯は昇汞、純白にして堅固、咀嚼力を保持する。

ジョンソン『錬金術師』一六一〇年

狂牛

涎をたらし、ひざをがくがくと痙攣させて、のたうちまわる狂牛。やがてその獣たちはがっくりと腰を落とし、その最期の断末魔に苦しみもがき、死を迎える（図1）。この時、すでに牛は中枢神経を侵され、脳はスポンジ状になっているという。猿を媒介して感染するエボラ・ウィルスに続き、いやそれ以上に人類を震憾させた世紀末の奇病。多発するイギリスを中心に全ヨーロッパを恐怖に陥れたＢＳＥ（牛海綿状脳症）、狂牛病である。幸いなことに、多くの人はこれをＴＶの中の映像でしか知らない。だが、狂牛病が人間に感染し、世界に蔓延するという不安から、現在、

図１　専用の炉で完全焼却し、処分される牛

図２　『ルドゥーからル・コルビュジエまで』表紙

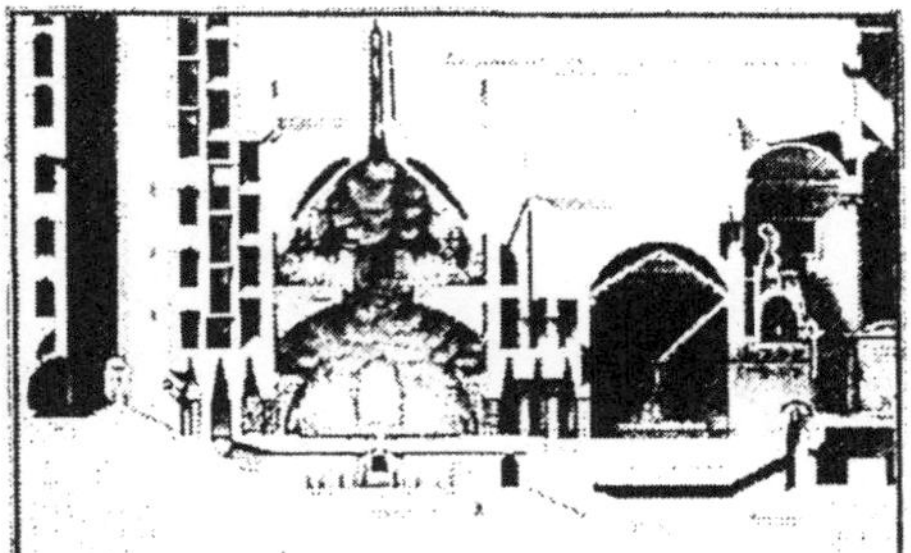

図３　J.J. ルクー「ゴシック住宅の地下」

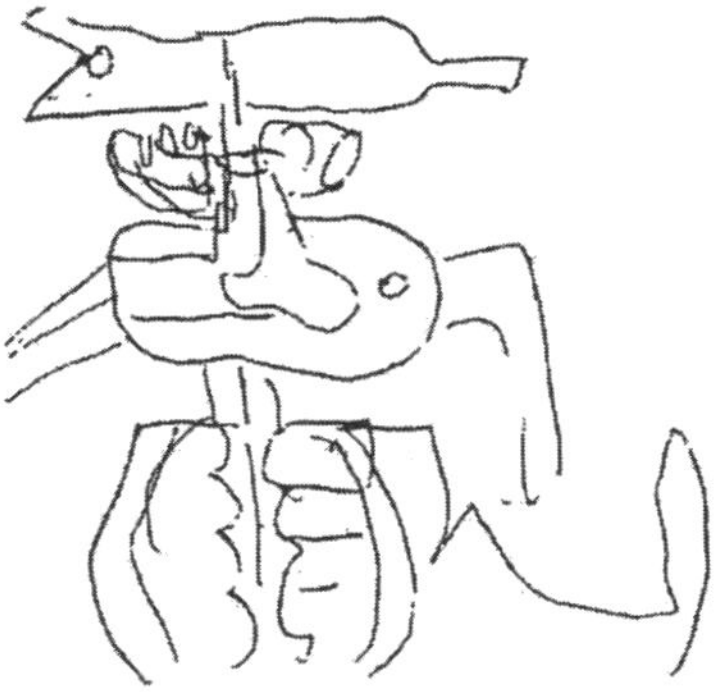

図 7　インド上空、飛行機の中で
ピンを90 度回転させたときに
「牡牛」の絵画が生まれたという

図8　R. クラウスによれば、M. エルンスト「来るべき思春期」(1921)は、横たわるヌードの商業写真を90 度回転させたものに重ね書きをしている

図 4　J.J. ルクー
「新鮮な牧草地にたつ牛小屋」

図 5　聖牛アピス

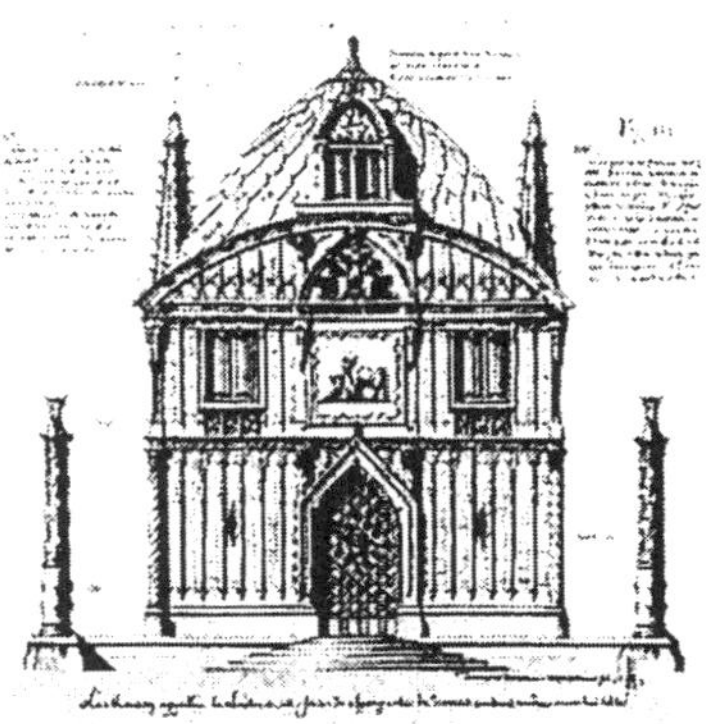

図 6　J.J. ルクー「乳製品加工場」

人類の生存のために、四六〇万頭以上もの牛について、空前の規模で処分（正確には大殺戮と言うべきだろう）が行われている。今や牛のイコンは、なにかしら尋常ならぬものを意味するのだろうか？　果たしてそれは人類の存続を脅かすのか？　長きにわたり、人類から屠られてきた運命に対して、犠牲の獣が復讐を開始したかのように。あるイギリスの新聞はこう報道している。「カタストロフへのカウントダウンが始まった」、と。

牛小屋

一九七〇年代の前半、澁澤龍彦は、幾何学的な建築の系譜を研究した『ルドゥーからル・コルビュジエまで』（一九三三）に対して、「エミール・カウフマン以来、ルドゥーを理性の時代の建築家、近代建築の先駆者、未来を志向した機能主義的思考の祖と見なす意見が、かなり一般的になってきているようであるけれども、もちろん私には、こうした意見は嗤うべき俗論だとしか思えない」と述べている(1)（図2）。おそらくこれは、日本において建築の外側で、しかもカウフマンを批判的に紹介したかなり早い事例だろう。澁澤はその象徴主義やユートピア的な気質を主張したいがために、ルドゥーを機能主義に還元して理解することを拒むのだが、そもそもル・コルビュジエを機能主義者としてのみ解釈する一枚岩的な前提には、さしたる疑いはなかったようである。だが、その後、ル・コルビュジエの象徴主義にも関心は向けられ、その重層的な肖像を描くことが試みられてきた(2)。近代主義者としてのル・コルビュジエ像が分裂し、そのイメージが反転したとき、当然、先駆者の系譜にも置き換えが生じなければならない。とすれば、カウフマンの題目は「ルクーからル・コルビュジエまで」と書き換えられるのではないか？　ル・コルビュジエの位相がズレると、ルドゥーはルクーに代わり、それゆえ『ルドゥーからル・コルビュジエまで』の内容は二重にシフトする。ジャン・ジャック・ルクーは、フランス革命期を生きたルドゥーの同時代人なのだが、もっと謎めいた存在であり、深く神秘思想に傾倒していた。(3)ル・コルビュジエが太古からの豊饒な象徴体系を相続していたことは、数々の図像の類似性からほぼ間違いないと思われるが、やはり実証的に本人の文章などからすべてを論じるのは困難である。そこで本稿では、むしろいくつかの先行研究を紹介しつつ、多くの図版によって新たなイメージの旅を構成することにしたい。

まず、ルクーとはいかなる人物だったのか？　例えば、あまりゴシック的なデザインとは言えない、「ゴシック住宅の地下」（図3）は、フリーメーソンの入会儀式を描いている。ルクーの説明によれば、志願者は断面図の左から右に進む。最初に地底を垂直のシャフトまわりの螺旋階段で下り（土の試練？）、三つの頭をもつ番犬、ケルベロスがいる「勇敢の門」をくぐり、火の試練を受ける部屋に入る。そこは火の精を中心に燃えたぎる火のかまど、鉄製の拷問器具が吊り下げられているのだ。

そして水で満たされた部屋では水の試練を、次に風の吹きつける部屋では空気の試練を受ける。最後は記憶と忘却の杯が置かれた部屋で、賢知の像に対面し、人間の過ちを忘れて、真の知を得るという。ここでは明らかに、火、水、空気などの要素を重視したヘルメス主義的な思想がうかがえる。図面には次のような書き込みがある。「この道をひとりで振り向かずに進む者、火と水と空気によって清められる。そしてもし死の恐怖を克服できたなら、地中の世界より出て、再び光を見るだろう。また賢者にしてもっとも勇気ある人達の集まりへの仲間入りが認められる権利を得るだろう」。これは十八世紀に流行したJ・テラソン作の秘教的な小説『セトスの生涯』(一七三二)の文章を少し変えて引用したものであるが、[4] この他にも「賢知の神殿」や「地下室とプルートの住いに導く玄関」など、ルクーの図集『市民建築』は秘教的なしるしにあふれている。それはルクーのパトロンだった裕福なフリーメーソン、ブーヴィル伯爵の影響なのかもしれない。

有名な牛の形をした巨大な牛小屋(図4)も、絵だけを見れば、ハンバーガーのかたちをしたバーガーショップのように、今日のポップ建築を先取りしたものと言えよう。しかし、いくつかの秘教的なイメージ源が言及されている。G・メトキンは、ルクーがインド宗教の本を読んだことが関係しているのではないかと考えているが(ヒンズー教では牛は聖なる動物だ)、他にはそれを女神ハトルに通じるエジプトの天国の牛ではないかと推測した意見もある。[5] また三宅理一は、当時ペルネティが著した『ヘルメス神話辞典』(一七五八)では、むしろエジプトのオシリス神が牡牛で表現されていることから、「牛小屋」が単に牧歌趣味ではなく、そうした象徴性を含意したものだと指摘している。[6] 確かに聖牛アピスとは、古代エジプトの重要な象徴獣であり、二十五歳に達すると水死させられ、新しい牛がアピスになることによって、オシリスの輪廻を伝達するものと考えられていた(図5)。実際、ルクーの建築にはあからさまなエジプト趣味が随所に認められ、さらに彼が古代の神話に関心を抱いていたことは残された文章からも察しがつく。興味深いことに、牛はヘルメス主義的な四大元素(地、水、火、風)の地を表現する、古代の象徴でもある

（「ゴシック住宅の地下」に足りない地の要素を「牛小屋」が補足するのか[7]）。

また牡牛は春分の際に太陽を象徴するものであり、一年の破壊者、あるいは開始者と呼ばれている（中国でも立春に土で作った春牛を宮中で鞭打つ行事がある）。

さらに人の獣性を表すとも信じられたことから、古代のユダヤ教、ミトラ教やドルイド教では、牛を祭壇で犠牲に捧げていた。聖書の記述にも、しばしば牛は犠牲の動物として登場する（『創世記』十五―九など）。ともあれ、牛崇拝は古代世界に共通した現象であり、ギリシアにおいては、牛はデミウルゴスの父性的創造力を表現する男根の象徴だった。

それでは「牛小屋」は何が起源なのか？　だが、そもそもルクーは折衷的な思考法を持っていたのであって、その「牛小屋」のもとをひとつに限定する必要はない。むしろ複合的な要因が想定されるだろう。ところで十八世紀の建築家ヴィエル・ド・サン・モーは、牛像をいただいた柱がイシスの表象であると考えていたらしいが、多数の牛のイコンをちりばめたルクーの「乳製品加工場」にも、牛頭を載せた一対の柱があり、何らかの関連性が認められるかもしれない（図6）。

――牡牛のしるしは私の六十歳代に出現した。
――母と母の保有する結晶体がここでは造型的な合体を試みる。錬金術ですぞ。
ル・コルビュジエ『二つの間に』一九六四年

『太陽の賛歌』の邦題をもつ、カミュの創作ノートでは、ル・コルビュジエに対する好意的な記述が見られる(8)。だが、『異邦人』（一九四二）の主人公の名、ムルソーが「死」と「太陽」の合成語だったように、太陽を謳歌した建築家に理性の表象としての強烈な光だけを見るべきではない。同時にル・コルビュジエは影の場所、すなわち非合理的、あるいはシュルレアリスティクな相貌、「機械の中の幽霊」(9)（図7〜9）を持ち、二千年以上にわたって西欧で培われていた（闇の）精神史と言うべきものを引きずっているからだ。

ブルトンはシュルレアリスムと錬金術の類似をその宣言で主張していたが、ともに異質な要素を融合しながら新たな意味を生む作業であり、ル・コルビュジエはシュルレアリスムというブリッジを介しても錬金術的な思考に接続されるかもしれない。「二つないしは十の言葉が合体されて、それらの出会いと、種々の観念連合の発生から、それらの間に関係性をつくり出すこと、それが芸術家のなすべき発見である」。言葉の錬金術。ともあれ、過激に主張される悪しき過去との断絶の一方で、意識的（あるいはユングの考えるような、無意識的）な過去との連続の現れこそが、ル・コルビュジエの解釈に奥行きをあたえているものなのだ。

シンボリズムの観点からは、すでに開いた手や樹木のモチーフに対して、ラスキンの思想や諸宗教の影響が指摘されている(10)。だが、ここでは古来、ヘルメス主義者や手相術師によって、手が宇宙と人間を媒介する役割を担わされ、人体という小宇宙の中のさらなる小宇宙を表象する特別な部分だったことを付け加えておこう(11)（図10・11）。事実、ル・コルビュジエは神秘学の書物を多く読んでいたのである。[12] こうした伝統的なヨーロッパの知を背景にしていることは、むろん彼を機械時代における数の神秘主義者たらしめる、『モデュロール』(一九五〇)の冒頭におけるピタゴ

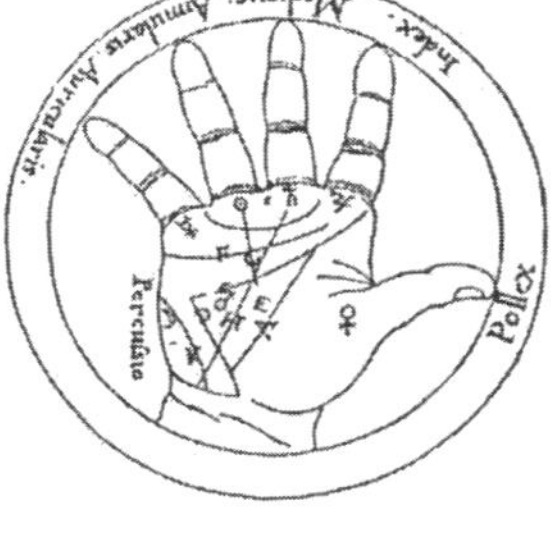

図11　R. フラッド『大小両宇宙研究』1613年。手の線の概念図

図9　ホメロス『イリアス』の本の上に直接、コルブが牛を重ね書きしたもの。リトグラフのためのエスキス。彼の死によって出版されず

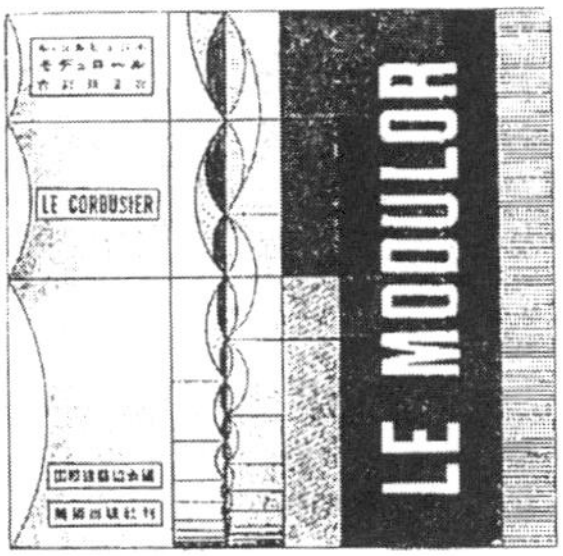

図12　『モデュロール』日本語版表紙

図10　開いた手、チャンディガール

ラスへの言及からもうかがえる[13]（図12・13）。また『建築をめざして』（一九二三）に示された、純粋な立体が並ぶ図版も、ピタゴラスやプラトンによる世界構造としての幾何学的立体と似てなくもない（図14・15）。ちなみに、錬金術の三物質、すなわち水銀、硫黄、塩とは、それぞれ球、角錐、立方体によって象徴されるが、プラトン立体よりもさらにル・コルビュジエの純粋形態に類似している[14]。

錬金術との関係で言えば、『直角の詩』を中心に分析したリチャード・A・ムーアによる一連の研究が知られている。これは一九七七年に行われたジョージア州立大学の展覧会『ル・コルビュジエ：後期のイメージとシンボル 1947-1965年』に端を発し、彼の手によるカタログが出版され、後に学位論文でまとめられたものである[15]。それまで欠如していたル・コルビュジエの図像学研究を開拓した、画期的なムーア論文の一部はすでに邦訳されているので多くは繰り返さない

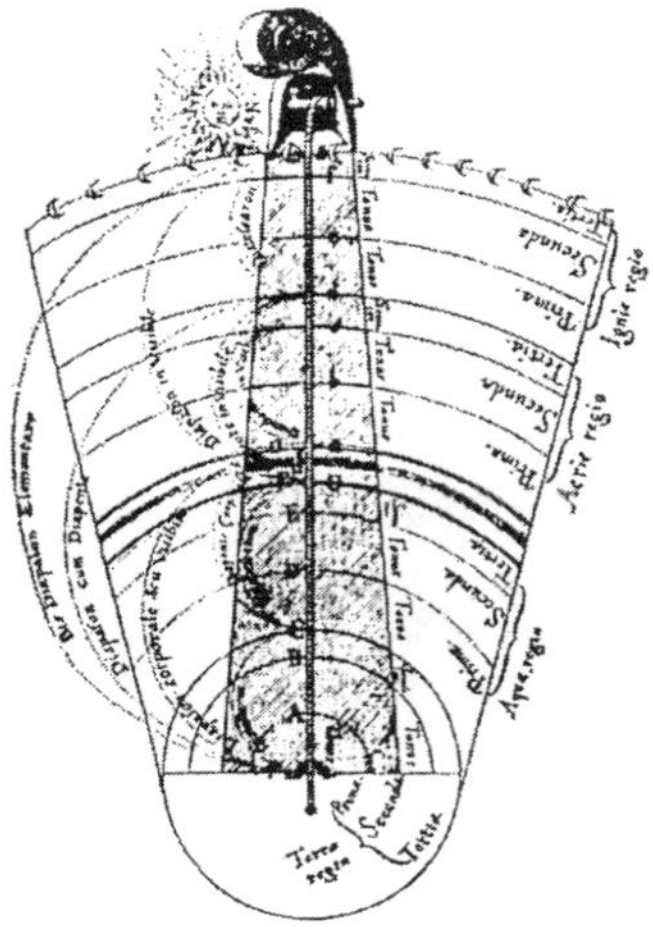

図13　R. フラッド『宇宙の音楽』
宇宙の調和と比例

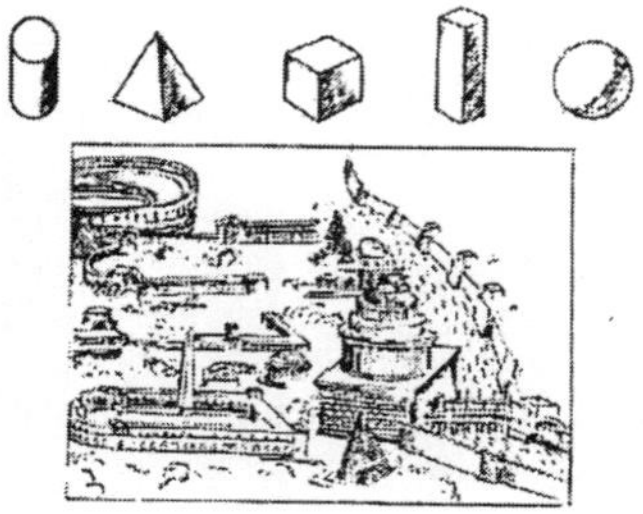

図14 『建築をめざして』の
「ローマの教訓」で示された幾何学形

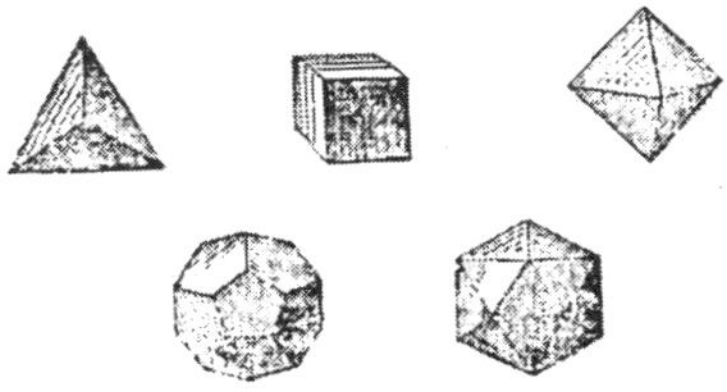

図15　5つのプラトン立体

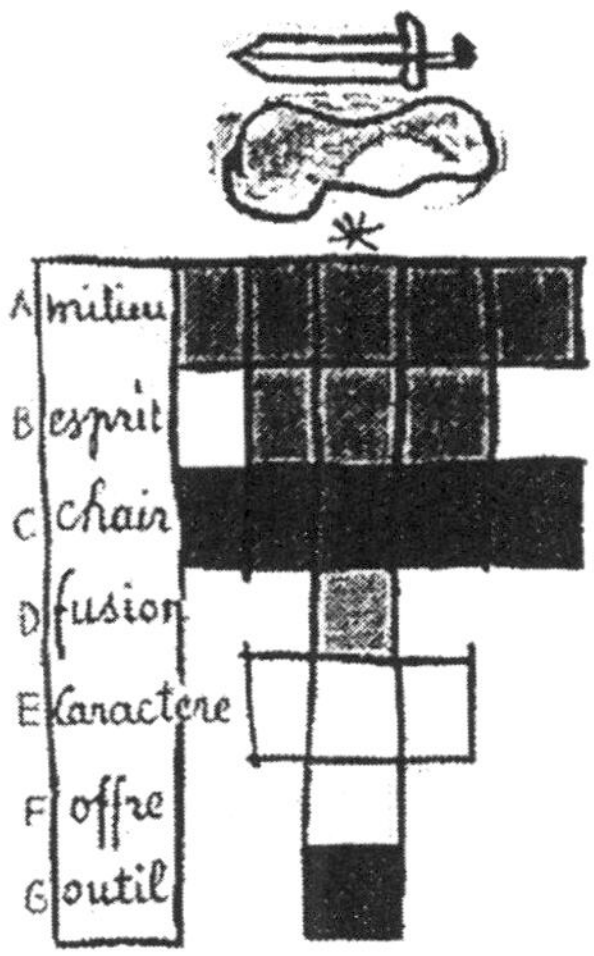

図17 『直角の詩』の全体構成図

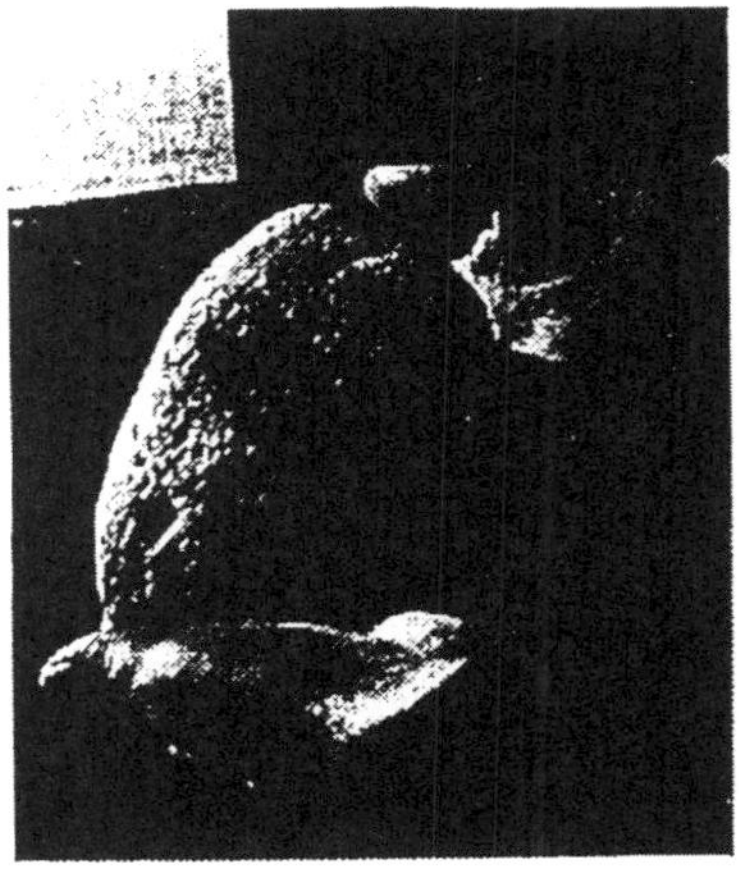

図16　写真「ル・コルビュジエの手の中の石」(1951)は、賢者の石に見えないだろうか？

図18 『直角の詩』の表紙

が、少しばかりその成果を紹介しよう。ヨーロッパの錬金術研究は一九三〇年代から活性化し、ユングを中心にチューリヒで進められたが、一九三三年以降、ル・コルビュジエとチューリヒの知的コネクションは強いものであり、『エスプリ・ヌーヴォー』にもその影響が現れていたという。

そしてル・コルビュジエが錬金術的思考に魅せられたのは、それが宇宙論的な構えをもつことの他に、互いに相反するものを融合したり、四元素を変容させながら、賢者の石を得る過程にあったと、ムーアは示唆している（図16）。それを最もわかりやすく表現したのが、挿絵付きのテクストと十九枚の図版より構成された『直角の詩』（一九四七―五三）である。分析によれば、七年かけて七部で構成された詩は、神秘の数字である七つの霊的階層に対応し、さらに詩の全体構成を逆転投影した表紙のデザインは、太陽／月、青／赤という男女の二元論を示している（図17・18）。これが錬金術の作業を象徴した二項対立と共通することは、例えば、十六世紀から十七世紀に活躍したヘルメス学の思想家ジャン・デスパニエによる、「『太陽』は、大いなる作業における男性である。なぜなら、能動的にして形成的な精液を与えるのはこのものだからである。『月』は女性で、これはまた子宮とも、自然の容器とも呼ばれる」という記述から確認できるだろう[16]（図19・20）（ちなみに中国の陰陽五行も同様の構造をもつ）。そしてルクーにも、作品の無意識の願望として、男女の結合イメージが反復して現れていた。[17] ともあれ、こうした錬金術的な思考は、（浅田彰風に言えば、疾走する）メルクリウス（＝ヘルメス／水銀／水星）の二重性に連鎖反応をするものである。

図21　『直角の詩』のC1「肉体」で
描かれた、牡牛の頭

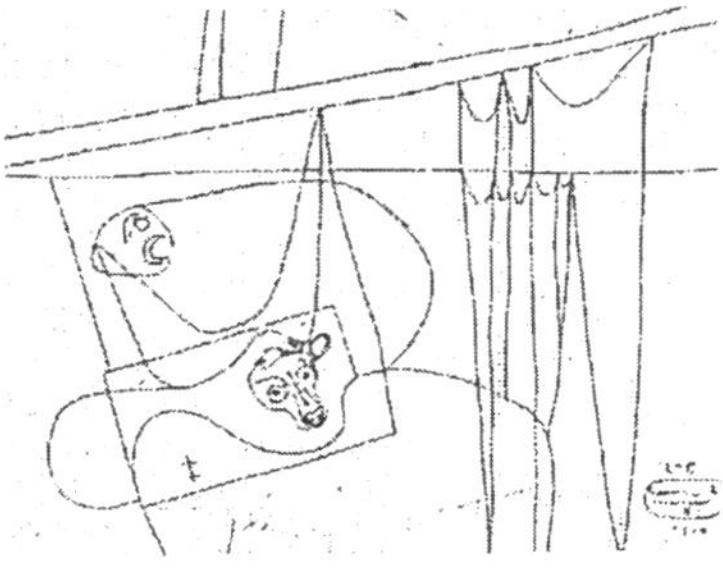

図22　ル・コルビュジエ
「ミノタウロスの誕生Ⅱ」(1954)

図19　J. デスパニエ『自然哲学再興』(1623)。太陽（男）と月（女）の結婚＝金属の結合

図20　ル・コルビュジエ
「二人の肖像、太陽と月」(1928)

かくしてムーアの分析は果てしない読解に突入してゆくので、すべてを錬金術、占星術、ギリシア神話に結びつける解釈を鵜呑みにするわけにはいかないが、ル・コルビュジエがそうした古代からのイメージを想起せざるをえない側面を有していたことも否定できない。状況証拠が多いなかで、本人の証言を探すのならば、例えば、『直角の詩』の中央に位置するD３の「融合」における「金属が融合するがままにしておいてください。もろもろの錬金術は大目にみてやってください」という言葉がある。

ところで『直角の詩』には、「描かれて、描きなおされているうちに、小石と根っこからなる、牛は牡牛になった」と記されているように（図21）、ル・コルビュジエは生涯、幾度も牛のモチーフを反復しながら用いていた。当然、彼はその力強いフォルムに興味を持っていたと思われるが、それだけではないだろう。前述したように、歴史的に、牛が担う意味はあまりにも多く、また大きい。ムーアによれば、スイス学生会館の壁画（一九四八）には、牡牛とそれに交わる月の女神パーシパエが描かれ、両者の子ミノタウルスが再生する自然を象徴しているのだという（図22）。そして一見、これほど牛らしくない絵『牡牛』（一九五二―五七）の連作が描かれたり（図23）、牡牛の角を思わせる造形を有する、ロンシャンの礼拝堂（一九五五）、フィリップス館（一九五八）、チャンディガールの州会議事堂（一九六四）がつくられたのは、どれも彼の晩年のことだった（図24）。

――ここではアジアのめざめが表現されている。異なった土地からきたもの、脈絡のない要素。石の御神体。銅製の戦士。老衰した水牛。やすらかに家のまえで。

ル・コルビュジエ『二つの間に』一九六四年

水牛の国、インドへ

一九六一年九月二十五日、ル・コルビュジエは議事堂に制作するエナメル壁画の件について、ネルー首相に手紙を送っている。「私はこの扉で表現するのに使えそうな象徴的な記号に関する情報を、チャンディガールにて集めようと努めました。けれどもほとんど情報を得ることはできず、概して大昔のしるしをもっぱら入手しただけでした。その結果、我々の現実をしるすものが議事堂には良いのではないかと思うようになり、それはあなた、ネルー様こそが知っておられ、表現できるのです。多くは必要ありませんが、現在の倫理、社会、そして政治に関わるものを少

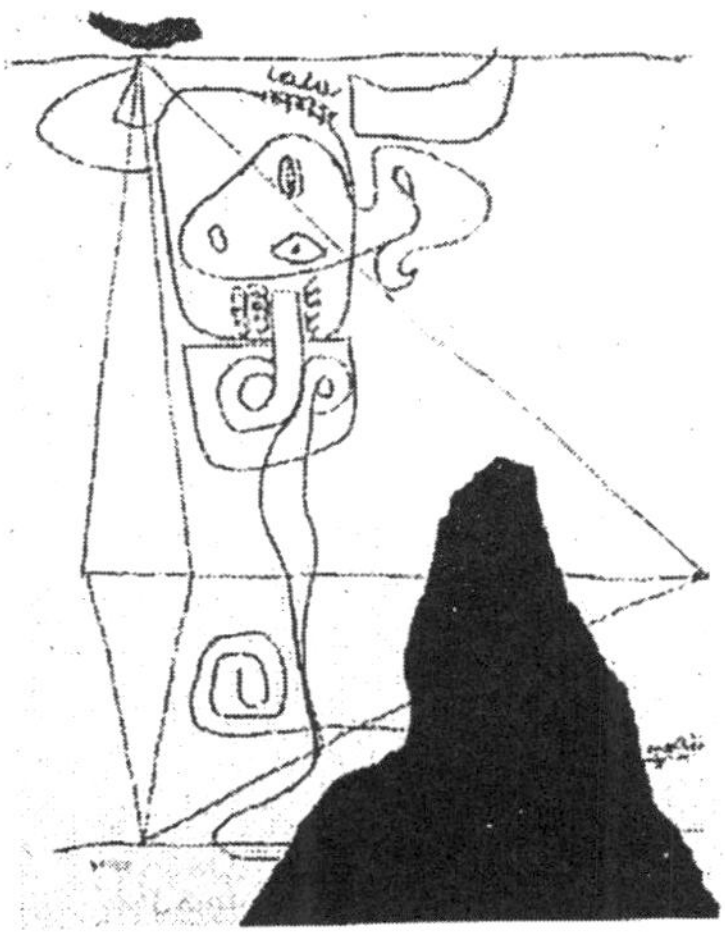

図23　ル・コルビュジエ「牡牛Ⅰ」(1954)

図24　チャンディガールの議事堂。牡牛の頭のような屋上の突起物。柱間にエナメル壁画が見える

しばかり求めています。あなたからのわずかの言葉、できればその記号の線画（すでに存在しようとたぶん存在しなくとも）で十分なのです」。これを受けてネルーは友人に相談したが良い案を得られず、若干の資料を同封した返事を十月十七日に出している。結局、ネルーの手紙がどれほど役立ったかは定かでない。

だが、これはル・コルビュジエがシンボルのデザインや現地インドの象徴体系に関心を抱いていたことを示す格好のエピソードだろう。これ以前にも、彼は「首都の真中に、一方では都市のデザイン、もう一方ではあなたの哲学的な思想を表現するような記号を備えつけるべきです。それは知られるに値する記号であり、チャンディガールの創造の鍵なのです」という助言によって、いくつかのレリーフを設けていた[18]（図25）。もっとも先に設計を依頼されていたマシュー・ノ

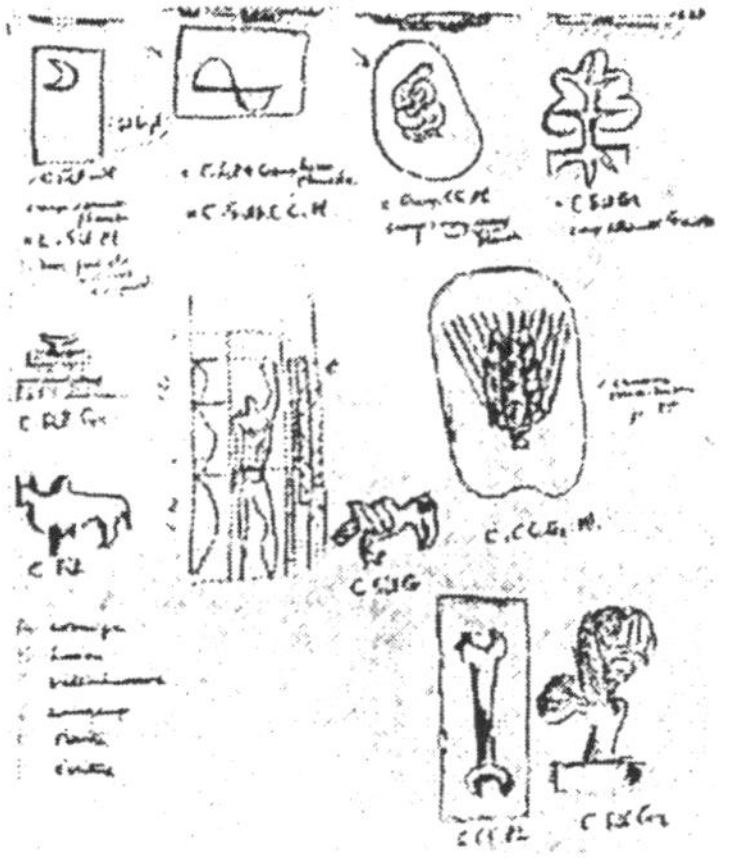

図25　チャンディガールにおける記号のスケッチ。月、太陽の軌道、蛇、樹木、牛、鳥、モデュロールマン、松カサなど

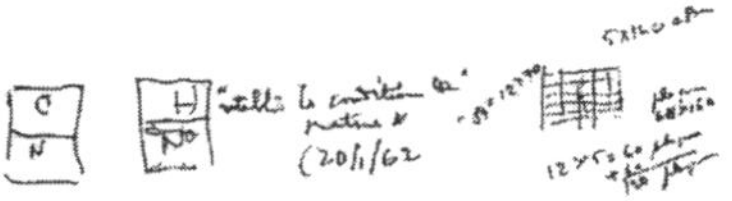

図26　エナメル装飾のダイアグラム

図27　シャイブル市内の牛。雑踏のなか、哲学者のような趣で立ちすくむ。が、たぶん何も考えていないだろう

図28　ガンジス川の水牛

図29　ル・コルビュジエによる
牛のスケッチ

図30　ロンシャン教会堂の扉絵スケッチ

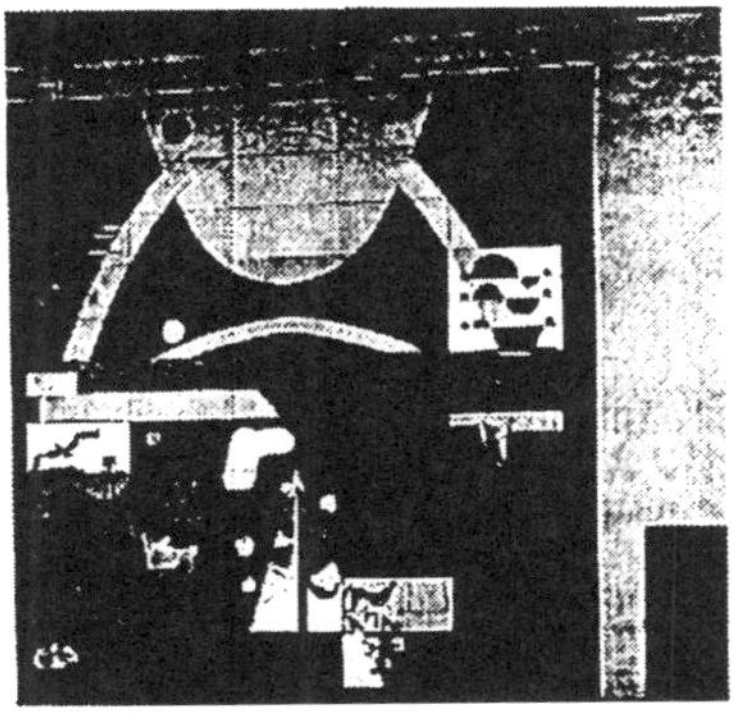

図31　エナメル壁画の外面

図32　J. デスパニエ『自然哲学再興』(1623)。7つの円に囲まれた、錬金術の木

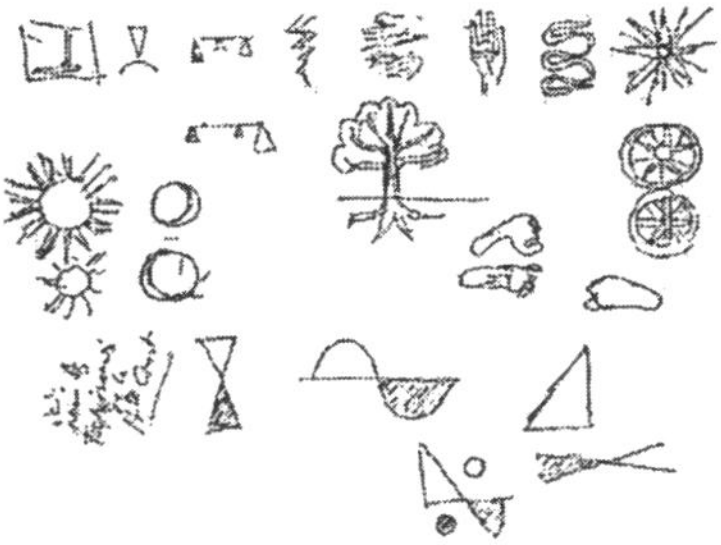

図33　チャンディガールにおける
ル・コルビュジエの記号

ヴィッキとアルバート・メイヤーも、インドの象徴としてのチャンディガールの重要性を説いており、人体、インド神話、カーストなどになぞらえた、都市の骨格を考えていたようである（計画は悲劇的な飛行機事故で中断した）[19]。

ともあれ、ネルーとのやりとりの後、ル・コルビュジエは自身で構成を練り、一九六二年一月二十日にはエナメル壁画の全体計画が決定する（図26）。扉は四場面に分かれ、外面上部がC（宇宙 cosmos）、外面下部がN（自然 nature）、内面上部がH（人間 homme）、内面下部がNo（数字 nombres）を表す。そして巨大な扉の内／外は、おおむね夜／昼に対応し、内外に五十五枚（＝5×11）ずつ、計一一〇枚にも及ぶエナメル装飾のパネル（七〇センチ×一四〇センチ）を取り付けるものだった。壁画はジャン・プティの助けを借りて三月に作られ、パリで展示した後、マルセイユから船によって、ル・コルビュジエの愛してやまなかった牛を神聖視する国、インドに運ばれる（図27〜29）。そして彼の個人的な内面世界と象徴的な神話世界を表出したエナメルは、五月二十五日にボンベイを経由し、六月十八日には安住の地、チャンディガールにたどりつく。

エナメル壁画に関しては、モーエンス・クルストラップが詳細な分析を試みている[20]。彼はパリの壁画、スイス学生会館、ロンシャンの図像にも、ムーアと異なる独自の解釈を行い、それらが宇宙・神話的なレベルで抽象的に描かれた、コルブと妻イヴォンヌの二人の肖像だという（図30）。エナメル壁画では、外面上部に大きく描かれた太陽の軌道など、『直角の詩』と共通するモチーフが少なくない（図31）。ここでは、牡牛は外面下部で進化する諸動物のひとつとして河のそばに、そして内面上部では山羊や月の女神と並置されている。注目すべきは前面の中央にある樹木だろう。「錬金術では、樹木はヘルメス哲学の象徴である」[21]（図32）。例えば、十四世紀の錬金術師、ニコラ・フラメルは『賢者の術概要』で、「水銀は一切の金属の樹木」と論じていた。[22]やはりムーアは、白黒で半分ずつ塗られ、七つの幹に分かれたそれを錬金術の木と考え、クルストラップの場合は、宇宙の象徴（七つの幹は、太陽と月、五つの惑星）として、その背後の白い三角形がヒンズーの神話における世界軸のネル山ではないかと推察している。そして樹木のちょうど扉の裏側に位置する、内面の中央下の松かさも、世界のへそを意味するものだ。かくしてル・コルビュジエはいくつかの象徴体系における記号を操作し、戦後に分裂したインドの新たな首都として建設されたチャンディガールの役割を表現しようと試みたのである。

彼が用いたシーニュの数々、太陽、月、星、世界、牛や獅子（四福音書の表象）、運命の輪（＝インドの法輪?）、蛇、正義の天秤……（図33）。これらの記号を眺めていると、タロット・カードを

図34　タロットの図像

思い出さないだろうか（図34）。その起源にエジプトとインドの古代文明が関係していると言われる、タロットの世界だ。[23] おそらく偶然ではあろうが、両者の記号はかなり類似している。確かにル・コルビュジエの一面は、タロット・プレイヤーのように、記号というカードを操る、一種の魔術使いだったと見なせるだろう。ところで、タロットの最後の絵札、すなわち二十二枚目のカードは愚者／道化ではなかったか？　故郷を喪失し、旅をする愚者。エマイユの制作は、確か巨匠の死の三年前のことだった。そしてカード・ナンバーが零の、頭陀袋を背負う愚者には、もうひとつの呼び名がある。「彼は彼岸の故郷に帰った」というものだ。

◎この場を借りて、R・ムーアの学位論文を快くお貸し下さった、加藤道夫先生に謝意を表したい。

（1）澁澤龍彦「幾何学とエロス」『胡桃の中の世界』河出書房新社、一九八四、p. 105。
なお、A. Vidler, *Claude-Nicolas Ledoux*（The MIT Press, 1990）は、フリーメーソン思想の影響も論じており、カウフマンとは異なるルドゥー像を描いている。

（2）C・ジェンクス『ル・コルビュジエ』（佐々木宏訳、鹿島出版会、一九七八）や八束はじめ『ル・コルビュジエ』（岩波書店、一九八三）など。

（3）J. S. Curt, *The Art and Architecture of Freemasonary* (Batsfort, 1991) またルクーについて詳しくは、五十嵐太郎「Parasitical Notation」（『10+1』23号、INAX、一九九五）を参照されたい。

（4）P. Duboy, *Lequeu, an Architectual Enigma*（The MIT Press, 1987）モーツァルトの『魔笛』や

一八一四ルノワールの文章にも同じ箇所の引用が認められる。これについては、マンリー・P・ホール『フリーメーソンの失われた鍵』（吉村正和訳、人文書院、一九八三）が詳しい。ところで、そもそものゴシック建築とヘルメス主義の関係については、主に彫刻を論じているが、最近版を重ねた一九二五年の書 Fulcanelli, *Le Mistère des Cathédrales* (Société Nouvelle des Edition Panvert, 1994) を参照されたい。

（5）前者はG.Merken、*J.J. Lequeu et L'Architecture Revée* (Gazzete des Beax-arts, 1965)、後者は坂崎乙郎『幻想の建築』（鹿島出版会、一九六九）による。

（6）三宅理一『エピュキリアンの首都』學芸書林、一九八九、pp. 156-157。

（7）マンリー・P・ホール『秘密の博物誌』大沼忠弘他訳、人文書院、一九八三、pp. 160-161。

（8）A・カミュ『太陽の賛歌』高畠正明訳、新潮社、一九七四、p, 167。

（9）A, Gortin, *The Ghost in the Madhine: Surrealism in the Work of Le Corbusier* (Perspecta l8, 1982) が、ル・コルビュジエの構図やフレームにシュルレアリスム的傾向を指摘する。

（10）R. Walden, ed., *The Open Hand: Essays on Le Corbusier* (The MIT Press, 1977) に収録された、M. Partcia, M.Sekier "Le Corbusier, Ruskin, the Tree, and the Open Hand" が、ラスキンの『ドローイングの要素』などが影響した可能性を論じている。また手を中心としたシンボリズムについては、S・V・モース『ル・コルピュジエの生涯』（住野天平訳、彰国社、一九八九、pp, 293-298）も参照されたい。エジプトの象形文字、ヒンズー教や仏教にも言及している。

（11）グリヨ・ド・ジヴリ『妖術師・秘術師・錬金術師の博物館』林瑞枝訳、法政大学出版局、一九九二。

（12）J-L・コーエン「ル・コルビュジエの建築における足跡」川村玲子訳、『ル・コルビュジエ展』一九八九。

（13）R. Wittkower, *Systems of Proportion* は、ピタゴラス―プラトン的な系譜に位置づけながら、『モデュロール』が非ユークリッド幾何学との調和を試みたと評価している。また R. Wittkower "Le Corbusier's Modulor"（In the Foot Steps of Le Corbusier, Rizzoli. 1991）でも、ル・コルビュジエの比例を歴史的な文脈から考察している。

（14）マンリー・P・ホール『錬金術』大沼忠弘他訳、人文書院、一九八四、p. 48。

（15）学位論文の R. Moore "Le Corbusier and the Mecanique Spirituelle: an Investigation into Le Corbusier's Architectural Symbolism and its Background"（1979）の特に14～16章を参照されたい。14章を中心にこの部分を書き直したのが、R・A・ムーア「『直角の詩』における錬金術と神話のテーマ」高橋誠訳（多木浩二・八束はじめ編「ユリイカ＝総特集 ル・コルビュジエ」青土社、一九八八）である。なお、約半分の註とそれに伴いいくつかの重要な情報が割愛されているから、"OPPOSITIONS"19/20（1980）のコルビュジエ特集号の原文にあたることは無意味ではない。

（16）J・デスバニエ『自然哲学再興／ヘルメス哲学の秘法』有田忠郎訳、白水社、一九八一、pp. 131-158。なお、これは解説本によらず、当時のテクストを邦訳で読める、白水社のヘルメス叢書の一冊。

（17）M・ガニュバン「逸脱のパトロジー　ジャン・ジャック・ルクーの場合」三宅京子訳、『imago』青土社、一九九〇年九月号。

（18）Le Corbusier 1910-65 (Les Edition D'Architecture Zurich, 1967, p. 229.

（19）L. J. Vale, *Architecture, Power, and National Identity*（Yale Univ.Press, 1992.

（20）M. Krustrup, *Porte Email: Le Corbusier Palais De L'Assemblee de Chandigarh*, Copenhagen, 1991.

（21）C・G・ユング『心理学と錬金術』池田紘一他訳、人文書院、一九八三、p.48。

（22）N・フラメル『象形寓意図の書／賢者の術概要』有田忠郎訳、白水社、一九八一。

（23）R・ベルヌーリ『錬金術　タロットと愚者の旅』（種村季弘訳、青土社、一九七四）C, P, Hargrave, *A History of Playing Cards*（Dover, 1966.

9. 空中浮遊する住宅——サヴォア邸

サヴォア邸は、ル・コルビュジエのもっとも有名な住宅である。オースマンの時代に整備された集合住宅が並ぶパリの中心部ではなく、郊外ゆえに可能な戸建ての家だ。一時は廃墟同然の状態になっていたが、文化大臣のアンドレ・マルローが重要な建造物に指定し、修復されてからは、白く輝く壁面が周囲の緑に映え、忘れがたい印象を与えている。明るい陽光を浴びて、住宅はふわっと浮いているように見える。それは彼が唱えた近代建築の五原則のひとつ、ピロティを使っているからだろう。一階に柱が並び、建物本体を持ち上げ、二階の高さに主要な壁面が位置する。地震の多い日本の感覚だと、頼りない、か細い柱に思われるかもしれない。一階の柱列の奥には、湾曲するガラスの空間があるのだが、向こうが透けて見えるし、壁の部分も影に隠れて、存在をあまり主張しない。一階は駐車場も持つが、半円のラインは車の回転半径から機能的に導かれたものだ。他には使用人室や洗濯室がある。

近代以前のヨーロッパの石造や煉瓦造は、壁を中心とした建築なので、どうしても一階は重々しくなってしまう。しかし、鉄筋コンクリート造ならば、一階を開放的なピロティにすることができる。ル・コルビュジエは、そのことに気づき、わかりやすいかたちにデザインして表現した。近代建築は、伝統という重力から逃れ、軽く浮き上がろうとしたのだ。彼は、クルマ、客船、飛行機など、二十世紀に登場した動く機械が好きだった。そして新しい建築のモデルとみなしていた。もちろん、建築そのものは動かない。でも、サヴォア邸のように、大地から切り離されたイメージを表現することはできる。

サヴォア邸に入ってみよう。一階のホールの左側に巻き込む階段、正面にはスロープ（斜路）が見える。この二つの装置が上下方向の移動を担当する。変わっているのは、スロープだろう。これは建物のちょうど真中を貫く、歩くための空間だ。かなりの面積を占めているから、わざわざ設けた重要な見せ場だと考えられるだろう。二階に行くだけなら、階段を使えばよいのだから。しかし、ル・コルビュジエは、建築の中を散歩するというアイデアを持っていた。そこでスロープを通じて、連続的な空間の体験を演出したのである。今風に車椅子のためだとか、バリアフリーを考えたわけではない。

スロープはゆるやかに上昇するので、一階分を上がるのにも距離をとる。突き当たりのところで折り返し、同じだけ歩いて、ようやく二階だ。これをもう一度繰り返して三階に到着するが、今度は屋外を歩くことになる。つまり、階段が効率的に垂直方向を登るのに対し、スロープは大きく水平方向にも歩かせる空間的な装置なのだ。二階の一部は屋上庭園になっているが、それを眺めながら斜めに移動していく。実はスロープをゆっくり移動する人も、眺められる対象になっている。それゆえ、いわゆる階段室のように閉ざされた空間にはなっておらず、様々な場所から見えるよう、スロープは住宅の中心に位置する。三階は、曲面の壁をもつ日光浴のための屋外空間だ。ちなみに、こうした屋上庭園も、五原則のひとつである。

二階の北側は、居間と厨房、東側と南側は、夫人、子供、客人の部屋、化粧室などが配されている。外側はほとんど白一色だが、内部は積極的に色彩を用い、空間に暖かみを与えている。また二階では、西側に屋上庭園、東側に小さなテラスを置き、半屋内半屋外の空間を挿入することによって、住宅に変化を与え、さまざまな視線の関係を発生させている。サヴォア邸では、残りの五原則として、横長の窓、自由な平面、自由なファサードも実現した。横長の窓は、部屋を横断し、さらに屋上庭園にも続く。構造の要となる柱は、規則正しく並ぶが、壁はそれと独立して、自由に配置されている。一見単純な白い箱だが、複雑な操作を行っている。一九二六年に定式化した五原則の理論を、自分の作品によって明快に示したのが、この住宅なのだ。

まさにマニフェストとしての建築である。

10. インドへの贈り物――繊維業者会館

インドのアーメダバードは、織物工業によって発展した都市である。この産業で裕福になった富豪が、ル・コルビュジエやルイス・カーンのパトロンになり、住宅や美術館を依頼し、繊維織物業協会の建物（一九五六）はそのシンボル的な建物になった。ファサードにおいては、ほぼ全面をおおう打ち放しコンクリートの格子とブリーズ・ソレイユが印象的である。ギリシアと同様、インドでは強烈な日差しが建築を照らす。ゆえに、繊維織物業協会の建物も、彫りの深いコンクリートの造形が光と影の明快な対比を生む。一方、両方の側面は煉瓦の壁である。

これは居住施設ではないが、ファサードをはがすと、彼の初期の住宅作品を思わせる構成をもつ。実際、作品集においても「個人住宅」に分類されており、その最後に登場していた。(1) ここは現地の有力者の家族が集うヴィラ的な機能をもち、屋上には娯楽のためにレストランや庭園に挟まれたプールがある。全体は三層の箱になっており、主要階は二階に設定され、内部の集会所は壁が有機的な線を描き、屋根が湾曲する。デボラ・ガンズは、ガルシュの住宅（一九二七）と比較し、両側面が空白になって前後の対話を生むこと、均等な柱割にもかかわらず複雑な内部をもつことを共通点とみなした(2)。

最大の特徴は、ファサードの中央を分断する斜路と階段だろう。特に斜路は、主要階から突き出て、駐車場の近くにまで到達する。ル・コルビュジエの生涯において、「建築的プロムナード」を演出する斜路は様々な使われ方をしたが、ここでは外部と内部をつなぐアプローチとして用いられた。晩年、カーペンター視覚芸術センター（一九六四）にも、同じ機能の斜路が認められ、ゆるやかなカーブを描く。こうした斜路は、レム・コールハースが建物全体を変容させるモチーフとして再解釈し、その弟子ＭＶＲＤＶの作品にも継承された。

繊維織物業協会の建物は、サバルマティー川沿いに位置しており、斜路の反対側のファサードでは格子のスクリーンを通して、水浴する牛のほか、織物工業に従事する労働者が綿を染めたり、乾かしたりする様子が眺められる。こうした風景は意図的に選択されたものであり、カメラとしての建築になっている。なお、パリのアトリエで働いていた弟子のバルクリシュナ・ドーシは、インドにおけるル・コルビュジエの仕事を手伝った後、この地アーメダバードに残り、大学で教鞭をとりながらいくつかの作品を手がけた。

（1） W, Doesiger (ed.), H, Girsberger (ed.), *Le Corbusier 1910-60* Editions Girsberger Zurich, 1960.

（2） D. Gans, *The Le Corbusier Guide* Princeton Architectural Press, 1987

11. 建築と音楽の交差――フィリップス館

建築家にして音楽家

ル・コルビュジエがブリュッセル万国博覧会フィリップス館の設計を引き受けた際、所員の若きギリシア人ヤニス・クセナキス（一九二二―二〇〇一）に担当させた。クセナキスは、数学的才能によって幾何学的な建築をつくると同時に、そのパヴィリオンのために作曲も行う。異なるジャンルの芸術家のコラボレーションは珍しくないが、ここでは特異な才能をもつひとりの人物が建築家と音楽家とを兼ねていた。彼は特に確率論と群論に長け、その知識はかたや建築に、かたや現代音楽の作曲に生かされる。ル・コルビュジエはクセナキスをこう評した。エンジニアと作曲家と建築家とがひとりの人間に統合された、と。

まずクセナキスの経歴に触れておこう。彼は一九二二年にルーマニアのギリシア人の家庭に生まれ、一九三二年にギリシアに移った。一九四〇年にアテネ工科大学で工学を学び、その後反ナチ活動に身を投じ、一九四七年にパリに移住する。そして一九五〇年代にル・コルビュジエの事務所で主に構造設計者として活動した。彼が携わった主な作品は、ラ・トゥーレット修道院（一九五九）やナントのユニテ・ダビタシオン（一九五五）などである。

一方、この時期にクセナキスは建築実務の傍ら、当時の音楽家とも交流し、音楽活動を開始する。パリ移住の翌年にはアルチュール・オネゲルとダリウス・ミヨーに、一九五〇年にはオリビエ・メシアンに師事し、五〇年代から実際に作曲活動を始めた。そして一九五八年のブリュッセル万博のフィリップス館では設計を行うとともに、その内部で演奏する楽曲をつくり、音楽家としてもかかわる。これは彼にとって最初期の音楽作品であると同時に、最後の主要な建築作品となった。その後ル・コルビュジエの事務所を去り、一九六〇年代からは本格的な音楽活動に入る。空間的な仕掛けを使う現代音楽家として知られるが、晩年も友人の住宅などの設計をたまに手がけていた。

双極放物面の建築

次にフィリップス館の設計経緯について見よう。最初は、ル・コルビュジエが「電子詩とそれを入れるビン」という美しいイメージを提示した。電子詩とは、色と光と音とリズムから構成される、当時の先端技術を用いた二十世紀の総合芸術であり、これによってフィリップス社の技術がアピールされる。この基本的なコンセプトをもとに、現代音楽の作曲家エドガー・ヴァレーズが作曲を担当し、フィリップ・アゴスティーニとジャン・プティはル・コルビュジエが選んだ手の骨や核の雲などの映像をモンタージュしたフィルムを制作した。クセナキスも「コンクレP

H」という間奏曲を作曲する。八分間の電子詩と二分間の間奏曲は、ちょうど鑑賞時間と観客入れ替えの1サイクル分になっていた。

クセナキスは設計に際し、直線をうねるように回転しながら導く双曲放物面や円錐曲面を採用した。こうした幾何学的な形態は古来から数学者には知られていたし、力学でも二十世紀以前より使われていたが、建築では二十世紀半ばまで応用されていない。コンクリートという新しい素材は平面だけでなく、連続した曲面も自由自在に実現可能であるものの、実際は木造や石造を模倣するにとどまっていた。そこで彼は、高度な幾何学的造形の実現と、コンクリートの特性を生かしたデザインという二点において、新たな挑戦を試みたのである。

クセナキスは形態を五つの変数をもつ関数として考えた。第一の変数は、二本の捧AとBの距離である。続いて、棒に点を等間隔に打ち、棒Aにおける点の間隔をa、棒Bにおける点の間隔をbとする。これが第二、第三の変数である。そして棒Aと棒Bのなす角をそれぞれ変数ϕとωとする。五つの変数を変化させると、棒Aと棒Bの点と点を直線で結んでつくられる曲面が変化し、それがフィリップス館の空間を覆う壁面や天井になる。こうして第一案は、高度に幾何学的な手法により、デザインと構造が決定され、双曲放物面（HP）と円錐曲面を組み合わせて内部空間を覆う。模型はワイヤーでつくられた。

二番目の習作では、より実際的な検討が加えられ、全体を双曲放物面にすることに変更された。これは構造計算や施工上の作業を単純にするためである。また構造家のベルナール・ラファイエやベルギーのストラベド社と共同し、技術的な改良がなされた。その結果、双極放物面は五〇センチ角の偏菱形のユニットに分割され、プレキャストでつくられることになった。また一部の曲面は、構造的なバランスを保つように凹面から凸面に変えることで、当初四本計画されていた全ての柱は取り除かれ、純粋に曲面の組み合わせで構造的に自立した形態が成立した。コンクリートの表面はすべて銀色のアルミニウムによりおおわれ、あたかも連続した曲面のように仕上げられた。かくして、フィリップス館は、壁・柱・屋根が一体化し、しかも単純な水平平面や垂直平面がない、ねじれた連続的な形態を実現した。なお、この八年後に同じ構造を用いたのが、丹下健三の東京カテドラルである。ただし、教会は十字形の平面のパヴィリオンはねじれたS字形のプランだった。

真の三次元空間へ

ル・コルビュジエは、クセナキスの音楽的な素養や数学的なセンスを評価し、ラ・トゥーレット、窓においてマリオン(垂直材)を使いながらモデュロールにもとつぐ音楽的な割り付けをするよう依頼している。そこでクセナキスは、自身が作曲した「メタスタシス」(一九五四)のリズムを用いてピンチがうねるように変化していく。窓の分割を行う。実は、この曲が三年後のフィリップス館の構想につながっている。ちなみに彼は、ラ・トゥーレットの別の窓において、仕切られた窓を対位法的にさまざまなパターンで組み合わせるスタディも試みていた。対位法とは、バロック音楽などに使われる手法であり、基本的なメロディーを構成する者の順列組み合わせを変えながら、さまざまな旋律を展開させるものだ。

フィリップス館の模型

「メタスタシス」は多様なグリッサンドの連続面とピチカートの不連続面から構成される。グリッサンドとは、音程の上昇や下降を連続的に行い、不連続だった十二音階をつなぐ奏法だ。弦楽器では指の動きによって音を連続的に変化できるが、管楽器では不可能であるし、変化が複雑になればコンピュータでなければ正確な演奏は困難だろう。ただし、単位時間当たりの音程の変化が一様であるグリッサンドならば、一般的な記譜法で表現できるし、従来のオーケストラによる演奏も可能である。この曲は、少しずつずれたグリッサンドを集積しながら、変化する音形が複雑にねじれたひとまとまりの組織として楽曲が生成する。

この曲は五線譜だけでなく、グラフ上にも書き記された。古典的な五線譜に記譜された音は不連続な点であり、ひとつの音は同じ音程でしか連続しない。これをY軸を音の周波数（音高）とし、X軸を時間とするグラフに記述すれば、一定の長さで水平にのびる直線となる。グラフに放物線のような曲線を描くことはできるが、これは一般的な五線譜には記譜できない音形である。が、一定の速度で音程が変化をするグリッサンドは、グラフでは傾きをもつ一本の直線となる。そして「メタスタシス」の異なるグリッサンドの組み合わせは、グラフにおいて直線が集積しつつ、全体では双曲放物面のような形を示す。実際、それはフィリップス館の立面のように見えるだろう。

クセナキスは「真に三次元の建築」を実現しようとした。その根底には、建築に対する次の考え方がある。つまり、普通の建築は垂直な壁面を持ち、各階はほぼ同一の平面形を反復する。このような建築は、いわば二次元の紙の上の平面図として設計され、外の輪郭に沿って垂直な壁を建ち上げたものだ。したがって、三次元の世界に存在はしているが、壁や床の各部分は二次元の平面から成立しており、二次元平面の組み合わせに過ぎない。

一方、真に三次元の立体とは二次元には還元できない。例えば、双曲放物面や円錐曲面である。すなわち、壁や天井が一連なりの曲面により構成された建築こそが、クセナキスのいう「三次元の建築」だった。フィリップス館では、この双曲放物面が三次元空間に展開する。双曲放物面の特質は、曲面でありながら、交差する直線の集積で成り立っていることだ。つまり、正円を内包する球や円錐などの曲面と大きく異なる性質をもつ。当時の技術では、複雑にねじれた三次元の造形は、設計上も施工上も容易ではない。だが、双曲放物面は構成要素を直線に還元できるために、コンクリートを打設する際、その枠に垂直な材を用いている。すなわち、フィリップス館の造形は、「メタスタシス」のグリッサンドのアイデアを空間的に展開したものといえよう。

空間と時間をつなぐもの

古代ギリシアの数学者は、すべての物事は数であると語った。アウグスティヌスにとって建築と音楽はともに数の子供だった。中世の学問体系において音楽は理科系とみなされた。ギリシアの精神を受け継いだクセナキスは、「音楽と建築の間で断絶はない」、あるいは「音楽とは動く建築である」と書いている。近代以前の西洋では、建築と音楽が数や比例を通して結びついていると考えられてきた。数や比例が世界を構成する秘密をもつと信じられていたからである。こうした意味では、ル・コルビュジエは近代人でありながら、モデュロールにこだわり、ピタゴラス的な数秘主義者の末裔だった。『モデュロールⅡ』（一九五五）の最後では、クセナキスの「メタスタシス」とラ・トゥーレットを紹介している。理性的な数への信仰が、ル・コルビュジエとクセナキスの接点だった。

だが、クセナキスは過去に向いていたわけではない。彼は、図形的な記譜法に挑戦しつつ、建築と音楽に新しい次元を加えた。クセナキスの前衛的実験は時代の限界という刻印を受けていたが、今やコンピュータが汎用化され、同じ画面上で設計も作曲も可能になっている。新しい時代のサイバーアーキテクトが、メディアを統合し、再び建築と音楽の関係に注目しているのも、そうした背景があるからだろう。二十一世紀には、技術的な制約という鎖が断ち切れ、クセナキスの試みが様々なかたちで変奏されるのではないか。

◎本稿は、菅野裕子と共同で執筆された。

参考文献

THE NEW GROVE DICTIONARY OF MUSIC & MUSICIANS 20, Macmillan Publishers Limited, 1995.
Marc Treib, *SPACE CALCULATED IN SECONDS*, Princeton University Press, 1996
André Baltensperger, *IANNIS XENAKIS UND DIE STOCHASTISCHE MUSIK*, Paul Haupt Bern, 1996.
ル・コルビュジエ『モデュロールⅡ』吉阪隆正訳、鹿島出版会、一九七六年。
ヤニス・クセナキス『音楽と建築』高橋悠治訳、全音楽譜出版社、一九七五年。

12. 空間をつくる屋根——ル・コルビュジエ・センター

二〇一七年五月にチューリヒの湖畔にたつル・コルビュジエ・センターを訪れた。これまでも閉館中だったために、外観のみは見たことはあったのだが、室内に入ることができたのは初めてである。基本的にガラス張りなので、外からでもだいぶのぞけるのだが、やはり内部空間を体験しないとわからないのが、建築の醍醐味だ。ル・コルビュジエ・センターも大きな屋根と直方体の躯体のあいだに生じる不思議な隙間というべき場所をもつ。そしてこれこそがル・コルビュジエの作品群とも異なるデザインの大きな特徴になっている。彼は屋上庭園を唱えていたから、通常は陸屋根であり、そこからオブジェのような突起物が飛びでるケースが多かった。一方でロンシャンの教会のように、有機的な曲線を描きながら傾く屋根も強く印象に残っている。が、これはどちらでもなく、幾何学的な形状の屋根を軽やかに持ち上げて、その下に別の構造として建物の本体が設置されている。

ル・コルビュジエの系譜からいうと、死後の一九六七年に完成しており、最後の建築である。

もともとは彼の絵画や彫刻などを展示するパヴィリオンとして構想された。鉄骨造の本体は二二六センチのモデュロールに基づいて設計され、傍にやや唐突に接続された鉄筋コンクリートの斜路が地下から屋上までをつなぐ（室内の階段も同じ役割を果たす）。デボラ・ガンズが指摘したように、こうした屋根のイメージは以前から提案されていた。例えば、『建築をめざして』（一九二三）における原始の建築と幾何学的なテント、あるいは膜の屋根を張った新時代のパヴィリオン（一九三七）。また一九五〇年の芸術統合展の計画案では、ピラミッド型の傘が反転して並ぶ構成を提示しており、ル・コルビュジエ・センターとほぼ同じものを予見している。そして屋根と本体の切断という意味では、チャンディガールの高等裁判所（一九五五）を先駆的な事例として挙げられるかもしれない。なお、クセナキスと共同したフィリップス館は、HPシェルを使い、屋根と壁が一体化した造形だった。

すなわち、突如、何の前触れもなく、軽やかな屋根が出現したわけではないが、ル・コルビュジエ・センターが恒久的な建築として実現したのは画期的だろう。おそらく、この屋根がなくても、本体は平らな屋根をもち、機能的には問題がないと思われる。一九六〇年代にはすでにポストモダンの旗手、ロバート・ヴェンチューリが登場していた。彼がモダニズムと差別化をはかったときに再導入したのが、家型のシルエットである。子供が描く家のような懐かしいイメージの屋根。むろん、ル・コルビュジエ・センターはそうした記号的な屋根ではない。屋根はしばしば地域主義と結びつき、日本でも過去に帝冠様式の建築が大々的に用いた。しかし、ル・コルビュジエ・センターの屋根は、特定の地域を想起させない幾何学的な形状であり、瓦といった生々し

共に、ル・コルビュジエ・センター

い素材のテクスチャーに依拠しない。むしろ、その下に空間をつくりだしていることが、現代のわれわれにとって興味深い。

屋根は屋上でのふるまいに影響を及ぼす。屋上の階段室は屋根のヴォリュームによって一部押しつぶされたように凹んでいる。屋上と屋根の距離はあまり離れておらず、しかも一定ではないからだ。つまり、頭上に屋根のランドスケープが迫っており、開放的だったり、緊迫感があったりなど、様々な性質の場をもたらす。二〇〇〇年代から再び建築界では家型のデザインが流行しているが、ポストモダンのときと違うのは屋根を記号として扱うのではなく、空間を生成する仕掛けにしていることだ。筆者が関わったプロジェクト、横浜トリエンナーレ2008における平田晃久のイエノイエがそれにあたる。これはル・コルビュジエ・センターと同様、展示パヴィリオンであり、住宅のモデルだった。特筆すべきは家型の中心を頂点とせず、高い場所を三ヵ所に分散し、逆に中心を屋根の低い部分としたことである。屋根は切り離さず、室内空間に侵入する。その結果、二階の各部屋が屋根の傾斜と密接に対話し、相互に切り離されながらもつながる現代的な空間の関係性を構築した。

13. モダニズム受容の記念碑――国立西洋美術館

国立西洋美術館は、世界的に活躍したモダニズムの建築家が、日本で実現したプロジェクトとして貴重な事例である。フランク・ロイド・ライトは、スキャンダルでアメリカに居づらい時期、ちょうど日本から仕事を依頼され、帝国ホテル(一九二三)を設計したほか、旧山邑家住宅(ヨドコウ迎賓館、一九二四)、自由学園明日館(一九二一)などを手がけている。

ただし、最大のプロジェクトである帝国ホテルは、関東大震災に耐え、戦後の接収を見越して、アメリカ軍による空襲も逃れたものの、一九六〇年代に建て替えられることになり、玄関部分のみが明治村に移築保存されている。またタウトもしばらく日本に滞在し、熱海の旧日向邸(一九三六)を世に送りだした。ミース・ファン・デル・ローエやアルヴァ・アアルトは日本を訪れていないし、グロピウスも日本に作品はない。そう考えると、上野駅のすぐ近くの訪れやすい場所に、作品として国立の美術館を残したル・コルビュジエは特別な存在といえるだろう。

近代以前の建築様式は基本的に地域と結びついていたが、モダニズムほど、広範に世界で流布

国立西洋美術館

国立西洋美術館　スロープ

したデザイン運動はなかった。日本でも彼の事務所で働いた三人の弟子（坂倉準三、前川國男、吉阪隆正）が、国立西洋美術館の実施設計を協力し、また彼らの精力的な活動によって日本にモダニズムを根づかせることに貢献した。ライトは遠藤新やアントニン・レーモンドらの弟子を生みだしたが、やはり数多くの公共施設や大規模なプロジェクトを設計した坂倉、前川、吉阪ほどの影響力を及ぼしたわけではない。

国立西洋美術館を細かく観察すると、彫刻的な外部の階段、手前のテラスを支える太い柱、石を植えたコンクリートパネルの壁、展示室を持ち上げたピロティ（現在はほとんど室内化）、吹き抜けを散策する折り返しのスロープ、律動する窓の割り付け、光のボックスを介した上部からの採光、巻貝のように外側に成長する無限生長美術館（一九三一）のアイデアなど、ル・コルビュジエ

国立西洋美術館　吹き抜け

国立西洋美術館
光のボックス（左側）

の様々な特徴を随所に発見できる。

なお、彼の構想は単体で完結しておらず、上野公園のほかのエリアにも複数の建物をつくる、総合的な文化センターの全体計画も提案していた。もちろん、与えられた敷地を思い切りはみ出したこの構想は実現していないが、都市スケールで建築を考えていた彼らしいプロポーザルである。

ともあれ、その後、コレクションが増えていく美術館の宿命であるが、一九七九年に前川による新館が背後につくられ、一九九九年に地下の増築、現存建物に対しては日本初となる免震の工事などの増改築や補強を重ねている。このときル・コルビュジエの無限成長美術館のアイデアを採用したわけではないし、動線も大きく変わったが、むしろ正面から見たときの当初のファサードはかなり大事に守られている。基本的にはオリジナルをリスペクトしながら、美術館を活用したことで、今回の世界遺産入りにつながった。

国立西洋美術館は日本におけるモダニズム受容の記念碑的な作品である。明治時代のお雇い外国人は様式建築をもたらしたが、戦後、政府に設計を依頼された海外のスターアーキテクト、ル・コルビュジエはモダニズムへの道を決定づけた。

14.

モダニズムとパラモダンをつなぐ船――アジール・フロッタン

水に浮かぶ建築

パリのセーヌ川に係留されたおんぼろの船。

かつて石炭を運ぶために、一九一九年に製造されたものである。第一次世界大戦の時期であり、鉄の資材不足からコンクリートでつくられた。これを救世軍が買いとり、ル・コルビュジエに設計を依頼し、一九二九年に、保護施設として転用された。モダニズムの巨匠がパリに残した知られざる作品である。その後、一九五〇年と八〇年の改修を経て、ホームレスらを収容する避難休憩所として使われ続けていたものの、九四年に安全上の理由から活動停止となっていた。無理もない。最初の誕生から数えると、ほとんど百歳の構築物である。だが、二十一世紀に入り、ルイーズ・カトリーヌ号と命名された船に新しい命を吹き込むプロジェクトが始動した。歴史的な船を復元・補強し、ギャラリーやカフェなどの機能をもたせるという。しかも工事の期間中、遠藤秀平のデザインにより、アジール・フロッタンを包む、仮設のシェルターを加えることも予定されていた。

そもそも浮かぶ避難所とは、どのようなものだったのか。全長がおよそ七〇メートル、幅が八メートルの長い平底船が、ル・コルビュジエによって、約一五〇の簡易ベッド、食堂、キッチン、浴室、船員や職員の個室、屋上テラスをもつ共同宿泊所に改修されたものである。当時の写真を見ると、教会の長椅子のごとく、二列の柱に沿って、船内の両側に二段ベッドが並び、上部にある横長の窓から採光していた。モダニズムの建築家にとって異色の作品だが、近代建築の五原則のひとつ、水平連続窓をいち早く反映したようにも見えるだろう。なお、これは前川國男がル・コルビュジエの事務所にいたときのプロジェクトであり、前川のサインが入った図面も残っている。

船はル・コルビュジエにとって、個人の自由と集団的な生活のバランスにもとづくコミュニティのモデルである。実際、このプロジェクトは、寒い冬は浮浪者や売春婦のための避難所として、夏は貧しい子供の遊び場に使うことを目的としていた。ル・コルビュジエは浮かぶ避難所と同じ一九二九年にパリの救世軍難民院(一九三三)の仕事も依頼されている。彼は救世軍の社会思想にも共鳴していたが、船とル・コルビュジエの関係はこれにとどまらない。

よく知られているように、ル・コルビュジエは客船を近代建築のモデルとして考えていた。船は居住空間、娯楽室、食堂、運動施設などがそろう小さな街であり、客室は機能的な最小限住居だからである。移動するホテルとして客船。実際、『建築をめざして』の表紙でも、客船の甲板の写真を使っていた。本文でも、船をただの運搬道具とみなすのではなく、旧来の束縛を逃れ、新しい精神でつくられた明快で、清潔で、健康的な建築であることを認識すべきだと主張している。二十世紀前半のモダニズムのデザインは、ときどき船の円窓を模倣している。一方、船は陸上の建築を理想とし、円窓ではない矩形の窓を大きくとることをめざした。つまり、船と建築が互いに憧れていたのは興味深い。そしてアジール・フロッタンは両者の融合といえよう。

パラモダンとの邂逅

ル・コルビュジエの誕生から七十三年後に生れた遠藤秀平が、修復中の仮囲いとして、アジール・フロッタンをアルミニウムのシートで巻くプロジェクトを提案するプロジェクトが依頼されていたことは興味深い。ル・コルビュジエと日本の関係は深いが、パリでこれほど直接的に日本人の建築家が彼の作品に関わるプロジェクトは過去にないだろう。国籍を越境するグローバル化のあらわれといえよう。船のインテリアを改造したル・コルビュジエに対し、船のエクステリアを変える遠藤。直角

セーヌ川に保留された
アジール・フロッタン

の幾何学から曲線のニュージオメトリーへ。追従でもなく、模倣でもなく、かつてル・コルビュジエがエコール・デ・ボザールの古い慣習に挑戦したように、遠藤は二十一世紀の建築の原理を提示している。

モダニズムは伝統的な屋根を切断し、陸屋根の建築を好んだ。ル・コルビュジエの五つの原理では、屋上庭園を提案している。しかし、遠藤は屋根の建築家であり、それも単に復活させたのではなく、壁や床などの構成要素を同時に再定義している。それは柱やスラブから構成されたル・コルビュジエのドミノを解体し、もうひとつの建築のあり方を模索する試みといえよう。遠藤は自ら、こうした狙いを「パラモダン」と呼ぶ。モダニズムを批判したポストモダン、すなわち形態の修辞的な操作、記号論への傾倒、地域性や歴史性の再導入とは違う。かつてモダニズムが取り組んだように、幾何学のレベルに遡行し、建築の形式を根源から組み立てなおす。ゆえに、パラモダンなのだ。それは抑圧されていたモダニズムの多様な可能性を切り開く。もっとも、ル・コルビュジエも、ロンシャンの礼拝堂に代表されるように、後期の活動は大胆に曲線を使い、自らもうひとつのモダニズムをめざしたのではなかったのか。とすれば、未完に終わった遠藤のプロジェクトは、中断された彼の方向性をアクロバティックに継承する行為たりえたかもしれない。

おんぼろの船は、フランスと日本、過去と未来、あるいはモダニズムとパラモダンをつなぐ船として再生することが期待されていた。

沈没したル・コルビュジエの船

その後、リーマンショックなどの影響により、残念ながら、パラモダンで包む計画は中止となった。もっとも、有志によるアジール・フロッタンの修復工事そのものは進行し、二〇一八年に新しい役割を担って、リニュアル・オープンする段取りだった。日本でも、仮囲いの仕事を契機に縁をもった遠藤が音頭をとって、日本建築設計学会が支援活動を継続し、クラウド・ファンディングを通じて、日本の企業から桟橋を寄贈する計画を準備していた。また二〇一七年にはアジール・フロッタンを日本で紹介する展覧会が巡回し、再生に導いた立役者の一人、ミシェル・カンタル・デュパールの著作『ル・コルビュジエの浮かぶ建築：難民避難船への再生に導いた女性たちとその物語』(鹿島出版会、二〇一八)の翻訳書も刊行された。そしてパリで日本文化を紹介するプログラム「ジャポニスム2018」にあわせ、展示可能な内装に生れ変わったアジール・フロッタンで日本の建築家展を開催する予定だった。

ところが、信じられないニュースが飛び込んできた。二〇一八年二月十日、セーヌ川に係留されていたルイーズ・カトリーヌ号が、増水によって船首が岸にひっかかった後、水がひき、バランスを崩して浸水し、沈没したのである。船体も破損しており、小さな穴が空いているらしい。幸いというか、船が係留されていた場所の水深は浅く、沈んでも上部は見えている。完全に水中に沈んだわけではない。ゆえに、水位が下がった後、まず潜水調査によって船体のダメージを確認し、今後の対策がたてられるという。まさに日本とフランスをつなぐ船として期待されていた矢先に、歴史建造物に登録された船は沈没した。しかも、二〇一九年は船の誕生百周年である。

船の引き上げには莫大な費用がかかるはずだ。ル・コルビュジエ財団と船を維持する協会の共同声明によれば、専門家が監督する潜水調査の実施と支援の継続は発表されたが、再び浮上することを願っていると記したにとどまっている。今後の展開が気がかりなプロジェクトだ。

15.
『建築をめざして』を読む――新しい時代の原理を提示した宣言の書

まずは読むと、元気になる本だと言っておこう。建築を学びはじめた学生に薦めたい。新時代のテクノロジーを連想させるイメージ・ショット。言いたい放題のマニフェストは壮快そのもの。よく知られたアフォリズム「住宅は住むための機械である」も、本書において発言された。技術と美に祝福された建築が社会を救うというモダニズムのユートピア的な言説が集約されている。当時、国境を越えて、世界各地の若者が『建築をめざして』(吉阪隆正訳、鹿島出版会、一九六七)を読み、モダニズムの登場に熱狂した。現代の建築家はこれほど純真無垢ではありえないが、今なお彼の力強いメッセージはわれわれに活力を与えてくれるだろう。本書はル・コルビュジエがまだ三十代半ばの若手だった一九二三年に刊行された。

ル・コルビュジエはマニフェストの天才だった。同時に、アーカイヴの建築家、ル・コルビュジエは大量の工業製品カタログを収集しながら、その写真を積極的に引用して、『エスプリ・ヌーヴォー』誌のエディトリアルも行なっていた。一九二三年に出版された『建築をめざして』

は、その記事をまとめたものだが、詩的な短文の連続や重複におとらず、挿入された図版とテクストの相乗効果も重要である。図版は文章の内容と必ずしもきれいに対応するわけではない。とりたてて詳しい説明もなく羅列される写真の数々。送風機、荷役機、穀物サイロ、エンジン、発電所のタービン、時速二六三キロメートルの競争用自動車……。それらは行間から建築に接続されるテクノロジーのイメージを視覚的に刷り込む。特に終章は、こうしたイメージの効果を全面的に狙う。単に言葉だけではなく、メディアや編集の力を駆使した建築の新たな戦略といえよう。岸田日出刀の著作『現代の構成』（一九三〇）の写真の選び方にも影響を与えているはずだ。

本書の構成は大きく七章に分かれるが、さしあたり「工学技師の美学，建築」、「もの見ない目」、「量産家屋」、「建築か革命か」の章が、主にテクノロジーに関わる問題を提起している。それ以外の章はローマ時代の遺跡など、むしろ過去の建築から学ぶという構えをとっており、ここが未来派の態度とは決定的に異なる部分でもある。未来派は単純に過去を切り捨てた。しかし、ル・コルビュジエは現在と過去の両方から学ぶ。彼はテクノロジーが生む形態を評価するときにも、ただ新しさゆえに称賛するのではなく、そこに立体や円などの初源的な形態を発見したり、宇宙的な調和を感じるからであって、古典的な美を再発見することが多い。最初の章「工学技師の美学，建築」では、建築がふがいない状況であるのに対し、技師が経済と計算により「我々を宇宙の法則と和合させてくれる。かくて調和に達する」と説明する。そして技師がダムや船、鉄道の仕事に忙しかったときに、「建築家たちは寝ていた」といましめる。惰性で古典主義にしがみつく、悪しきアカデミズムへの批判だ。

次章の「建築家各位への覚え書」では、「もっと早い速度が得られる」都市を賞賛し、「鉄筋コンクリートの構造は、建物の美に革命をもたらした」という。そして重要な「もの見ない目」の章は、「商船」、「飛行機」、「自動車」、すなわち乗りものを並べた三部構成をもつ。当然、これらは建築が見習うべきテクノロジーを応用したモデルとして挙げられており、「住宅は住むための機械である」も、この章で登場する。例えば、商船アキタニア号の図版は、ノートルダム聖堂、凱旋門、オペラ座とコラージュして並べられた。後に実現したユニテの集合住宅は明らかに船を意識している。また「飛行機の教訓は、課題の提起からその実現までを貫く論理にある」という。彼は機械の設計プロセスを称える一方、まずい問題設定の例として、これみよがしに近世の様式建築の図版をあげる。そして見開きのページにおいて、パルテノン神殿とドゥラージュの自動車が並ぶ衝撃的なツー・ショット。つまり、「既定の標準を応用した洗練の産物」である。ル・コルビュジエは、「二つの異なった分野ではあるが、二つとも淘汰の産物である」と評価する。自動車は現代の大聖堂であるとした評論もあったけれども、彼の場合は自動車を現代のパルテノンとしつつ、同時に最新のテクノロジーを古典的な枠組みに回収しようとしたのだ。逆に言えば、新旧の時代に目を向け、ギリシア時代など特定の過去を現在的に解釈する巧みな作業でもある。「量産家屋」の章では、来るべき偉大な時代の課題として、工場や大工業と提携した部品単位による住宅の大量生産の問題を指摘する。ここでは自作を売り込む宣伝と思える図版が多い。そして今や「社会の均衡は建築の問題だ」と宣言する。建築が社会の問題を担うのだ。終章は、「建築か革命か」である。ル・コルビュジエによれば、オルタナティヴとしての建築には、すでにテクノロジーを原動力とする構築術の革命と建築概念の革命があり、工業や企業にも革命が起きていた。ゆえに、彼は本書の最後をこう結ぶ。
「建築か、革命かである。革命は避けられる」。

関連文献
ル・コルビュジエ『プレシジョン（上・下）』鹿島出版会、一九八四年。
岸田日出刀『現代の構成』構成社書房、一九三〇年。

16. ル・コルビュジエをめぐる新世紀の言説

新しい世紀を迎え、柄谷行人は近代文学の失墜が著しいと嘆いたが、近代建築はいまだ根強い人気をもつ。もはやポストモダンが忘却されつつあるなか、なおモダニズムの巨匠は強い影響を及ぼす。なかでも二十世紀の建築と都市計画の枠組を創造し、絵画や彫刻も手がけ、膨大な著作を書いたル・コルビュジエは、さまざまな解釈に開かれており、一九九〇年代以降も彼をめぐる文献は増加している。例えば、『建築文化』一九九六年十月号および二〇〇一年二月号の特集のほか、『ル・コルビュジエ　建築・家具・人間・旅の全記録』（エクスナレッジ、二〇〇二）が刊行された。『10+1』（10号、一九九七）の特集「ル・コルビュジエを発見する」は、新しい研究の翻訳を数多く掲載している。ここでは二十一世紀の初頭に刊行された本を中心に、いくつか紹介しよう。

中村研一の『サヴォワ邸』（東京書籍、二〇〇八）は、あまりにも有名な作品をとりあげながら、改めて発見の瞬間に立ち会うような感動を与えるだろう。ル・コルビュジエがピエロ・デラ・フランチェスカの絵画に関心をもっていたことに注目し、中央を分割しつつ、深い空間と浅い空間の併置という特徴を指摘し、サヴォア邸のデザインの各段階を分析しながら、最終的に奥行きを生みだし、回転するような流動的なL字型の空間が誕生したことを論じている。

モダニズムのブームを裏付けるかのように、国立西洋美術館（一九五九）の五十周年記念や世界遺産登録をあてこんで（このときは見送りになったが）、ル・コルビュジエ＋ポール・オトレ『ムンダネウム』（山名善之＋桑田光平訳、筑摩書房、二〇〇九）が刊行された。一九二〇年代後半、彼はジュネーヴの国際的な文化研究センター、ムンダネウムの設計を依頼された。企画したのは、書誌学に詳しいポール・オトレ。基本理念は人類の統一とすぐれた文明をめざすこと。そこで世界美術館と世界図書館の創設がうたわれ、ル・コルビュジエがかたちを与える。とくに世界美術館は、四角い螺旋状のピラミッドであり、中心に地球儀を置く。訳者の山名善之による解説は、ここから無限成長美術館（一九三一）のアイデアが発展し、上野の国立西洋美術館に至る過程を明らかにしている。

読みやすい入門書も刊行されている。フランシーヌ・ブッシェらの絵本『ル・コルビュジエ建築家の仕事』（ミッシェル・ラビ絵、小野塚昭三郎訳、すえもりブックス、一九九九）は、少ないページながら、初期から後期までの建築のみならず、都市計画、モデュロール、家具、絵画、彫刻など、まんべんなく彼の幅広い業績に触れている。イラストが中心であり、文字が少ないから、すぐに読めるだろう。また漫画による入門書としては、市川智子『愛と哀しみのル・コルビュジエ』（彰国社、二〇〇七）や大島健二＋佐保ユミ『マンガ　ル・コルビュジエの生涯（立志編）』（エクスナレッジ、二〇〇九）が挙げられる。

ドイツの建築史家ノルベルト・フーゼの『ル・コルビュジエ』（安松孝訳、PARCO出版局、一九九五）は、ル・コルビュジエの全貌をコンパクトにまとめている。その生い立ち、世界観、住宅に関する著名なテーゼ「住むための機械」、公共建築、都市計画、自然、共同体、実施された大プロジェクトのチャンディガール、晩年の作品が、各章で考察されており、入門書にふさわしい。しかし、ただ彼の業績を称賛するだけではない。例えば、彼の都市計画がシンメトリーにとらわれるあまり無駄に大きな道路がつくられるなど、批判的な視座も忘れない。また注意深く読むと、ドイツ圏から評価するル・コルビュジエへの微妙な距離もうかがえて興味深い。

『ル・コルビュジエの全住宅』（東京大学工学部建築学科安藤忠雄研究室編、TOTO出版、二〇〇一）は、ギャラリー・間の展覧会にあわせて出版されたカタログである。安藤忠雄研究室が中心となって、一〇〇近くの模型が制作された。実現されていない住宅も含むが、ル・コルビュジエの全貌の広さを感じさせるだろう。本書の特徴は、標本のように、たんたんと住宅の図面と模型写真を並べていることだ。巻末に建築家の富永譲と妹島和世の対談があり、自分の目で図面を読むことの重要性を説く。確かに、九〇年代の再評価は、実物というよりは、テクストや写真など、表象のレベルにおける分析が牽引していた。そうした意味で、これは建築の原点に戻ることをうながす。

磯崎新の『ル・コルビュジエとはだれか』（王国社、二〇〇〇）は、建築家による建築家の本だ。二十世紀後半に活躍したポストモダンの巨匠が、二十世紀の前半を駆け抜けたル・コルビュジエと対峙し、いかなる啓示を得たのか。一九六〇年代、磯崎は写真家の二川幸夫とインド、中近東、ヨーロッパ、アメリカに渡り、ル・コルビュジエのほとんどの作品を訪れた。そして高熱にうなされながら、ラ・トゥーレット修道院においてエロティックな空間を体験し、神秘的な恍惚感を味わう。ル・コルビュジエも、異国への旅を美しい文章に残した。磯崎はル・コルビュジエをたどる旅を行いながら、彼にとっての旅の意味を幾度も考察しており、本書では建築家と旅の関係が重なりあう。ここでは建築家が建築家を創造的に解釈するという個性のぶつかりあいが目撃される。

高階秀爾＋鈴木博之＋三宅理一＋太田泰人編『ル・コルビュジエと日本』（鹿島出版会、一九九九）は、建築史家（藤森照信や藤岡洋保）、美術史家（太田泰人や柏木博）、建築家（磯崎新や槇文彦）らが、一九九七年の「世界の中のル・コルビュジエ」国際シンポジウムで発表した講演を収録している。もともとはル・コルビュジエ財団が提案した企画であり、イタリア、スペイン、ベルギーでも刊行物が出ている。本書の特徴は、ル・コルビュジエと日本の関係に焦点をあてたことだろう。いかに日本で受容されたか、どのような日本人建築家が彼のアトリエに出入りしたか、あるいは日本における彼の作品、そしてデザインの影響などが、多面的に分析される。東の果ての国でも、彼は大きな存在だった。なお、同書の磯崎による論は『ル・コルビュジエとはだれか』に再録され、コロミーナの発表は『マスメディアとしての近代建築』とほぼ同じ主旨である。

17.
過去の素描、色彩の鍵盤

大きさは一〇センチ×一七センチ。小さい本だが、厚さは四センチ。なかなか分厚い。小箱のような黒い本である。ル・コルビュジエの『VOYAGE D'ORIENT CARNETS／東方への旅カルネ（手帖）』（ELECTA, 2002）だ。

ル・コルビュジエは生涯に数多くの著作を残したが、なかでも必読の一冊として『東方への旅』（石井勉他訳、鹿島出版会、一九七九）が挙げられる。晩年に刊行されたものだが、有名建築家になる前の若き日の旅のエッセイだ。一九一一年の半年に及ぶ大旅行は、巨匠の原点を確認するうえで重要な一冊である。人間で言えば、人格形成期の記録のようなものだ。ヴォリューム感のある独特なデザインは、明るい光のなかでギリシアやローマの建築に遭遇した原体験に由来するのだろう。旅が彼に啓示をもたらし、すぐれた建築家に育てた。さて、本書は、ル・コルビュジエ財団が一九八〇年代に獲得した六冊の旅のスケッチブックをまるごと複製したものだ。例えば、彼が自分でページの番号をまめにふっているのがわかるだろう。

本書は、最初に「再発見されたカルネ」の小論文（英訳されたもの）、続いてスケッチブックのすべての書き込みを活字化したデータ（注釈付き）、そして六冊の複製から構成される。カルネの内容は、それぞれ1と2が重複してドイツ、東欧、トルコなど、3はトルコやギリシア、4はポンペイの遺跡、5は古代ローマ時代の傑作、ハドリアヌス帝のヴィラ、6は断片的なスケッチである。白紙のページも含めて、巨匠の手帖をそのままのぞき見ることができるのだ。文字中心の『東方への旅』を読みながら、これを手元に置くと、スケッチを通して、鮮やかに現場の映像がよみがえる。

当然だが、まだ模範とすべきモダニズムの建築がないときである。ル・コルビュジエは近代の機械だけではなく、過去の遺跡からも学んだ。しかし、それらをコピーしたわけではない。むしろ、新しいオリジナルを創造した。本書を手にとると、彼が歴史的な建築から何を学び、それをいかに近代建築につなげたのかが、より深く理解できるだろう。当時は手軽に写真を撮れた時代ではない。ゆえに、即興的なスケッチは、今でいうデジカメの感覚に近いだろう。だが、そうした印象的な瞬間の記録こそに、彼の本質はあらわれているのではないか。

異なる角度からル・コルビュジエに迫る洋書をもうひとつ紹介しよう。"LE CORBUSIER - POLYCHROMIE ARCHITECTURAL"（BIRKHAUSER, 1997）である。近代建築といえば、当時の白黒写真ばかりを見てきたせいで、モノクロームのイメージが強いかもしれない。実際、モダニズムは衛生のイメージと結びつき、しばしば白い建築だった。ポリクロームが流行したのも、十九世紀である。しかし、赤、青、黄などの原色を活用したデ・スティルのように、色彩効果を実験した側面もあったのである。本書はバーゼルの壁紙の会社のために、ル・コルビュジエが考案した色彩見本帳と型紙を使って、色の対比を確かめる色彩の鍵盤（一九三一年版）を復刻したものだ。「鍵盤」というのが、彼らしい言葉である。これに色をめぐるル・コルビュジエの文章と編者の研究論文もついて、いろいろ楽しい本である。

18.『世界遺産 ル・コルビュジエ作品群』（山名善之著）を読む

本書を手にとって最初に読みはじめたのは、第三章の後半である。国立西洋美術館（一九五九）の世界遺産登録に際して、どのような経緯と議論があったかを具体的に記しているからだ。これは日本とフランスをつなぐ近代建築の研究者であり、十五年をかけて大陸をまたぐ十七作品の登録運動に関わってきた山名善之にしか執筆することができない貴重な内容だ。思い返すと、二〇〇九年六月、筆者はトランジット先の空港で、おそらく役人と一緒にいた彼と会い、セビリアで開催される世界遺産の委員会に出席するところだと伝えられた。結局、このときは「情報照会」にとどまり、登録は見送られ、二〇一六年七月にテロが起きた直後のイスタンブールの会議で悲願が叶うことになった。

その道程が簡単ではなかったのは、以下の理由による。対象が古代の遺跡ではなく、現役で使われている二十世紀の建築であること（最も若い世界遺産であるシドニー・オペラハウスは登録までに二十年もかかったという）。また各国が連携し、世界各地に散らばる同じ建築家の作品を同時に登録する初の挑戦だったからだ（複数の登録としては、フランク・ロイド・ライトがこれに続くらしい）。

全体は四章から構成されている。第一章は、近代とは何か、文化遺産の保存はどのように始まったか、そしてドコモモなど、近代建築の保存を目的とする組織の成立を扱う。興味深いのは、日本とフランスの時代や保存に対する認識が違う一方で、フランス革命や廃仏毀釈などのヴァンダリズムが契機となって保存が訴えられるようになったこと。第二章は、そもそもユネスコの歴史や世界遺産の制度をていねいに説明し、建築の保存に関して、どのような概念が重視されているかを振り返る。第三章は、ル・コルビュジエの業績を確認した上で、前述したように登録までのドキュメントになっている。そして第四章は、ル・コルビュジエの各作品の文化遺産としての価値を検討し、登録された十七作品を改めて論じている。例えば、国立西洋美術館は、単体の作品デザインというよりも、彼が構想した「無限成長美術館」の概念を反映した重要な事例であり、日本の近代建築受容の過程を証言するものとして評価される。

正直、近年の世界遺産については、あまりにツーリズムと直結していること、また学生にコンセプトのある建築旅行のプランをつくるレポートを課しても、ただ世界遺産を並べれば正しいと思っているような回答ばかり見て、われわれを思考停止に陥れさせる弊害が気になっていた。が、少なくとも国立西洋美術館の場合は、日本において一般の人にもモダニズムが価値を持ちうることを知ってもらう良い機会である。また本書を読むと、いかにしっかりとした議論がなされてきたかを知ることできる。ただ結果を知って喜ぶだけではなく、その頭の下がるような努力がもっと広く共有されるべきだと思う。

19.　ふたりのための建築レッスン――E.1027

地中海を望む白いモダニズムの住宅。

それは「E.1027」、または別名「海辺の家」として知られる、女性建築家アイリーン・グレイ（一八七八―一九七六）の代表作である。建築雑誌の編集者、ジャン・バドヴィッチとともに敷地を探すために南フランスをまわり、ロクブリュンヌの崖地が選ばれた。そして一九二六年に設計を開始し、二九年に竣工する。彼女は地形を変えずに、高低差を利用しつつ、軽やかな建築を置く。モダニズムは船を機能主義のモデルとしてみなしたが、E.1027は海辺の船のような住宅をイメージした。テラスの長い手すり、倉庫の丸い窓、リビングに飾られた海図、そして当時の外観写真で確認される浮き輪の設置。デザインにも、それは反映されている。ここでは、ピロティや横長の窓など、典型的なモダニズムの特徴を示すと同時に、漆工芸や家具のデザイナーというアイリーンの出自ゆえに、きめ細やかな生活の空間が実現された。

教条主義的に近代建築の原則を採用したわけではない。彼女は「公式は無意味だ。生活がすべてだ」という。そしてモダニズムが理論や知性に偏重することや、内部の住人を犠牲にして目を楽しませる外観優先の建築には懐疑的で、「理論は生活にとって十分ではないし、すべての要求に応えることもしない」、あるいは「室内のプランはファサードに附随する結果であるべきではない」と述べている。アイリーンは、『エスプリ・ヌーヴォー』を創刊号から購読し、交友のあったル・コルビュジエの影響を受けながらも、彼のデザインを突き抜けた。例えば、その先見性を強調するならば、E.1027は、サヴォア邸（一九三一）よりも先に完成した建築だったことを指摘すれば、よいだろうか。

E.1027の特徴を見ていこう。海辺の船を意識したかのように、建築の浮遊感を生みだすピロティの形式であること。北側のエントランスや寝室を入っても、いきなり部屋の全体は見えない。振り向くと初めて、室内の様子がわかるように、空間が構成されている。また狭くしぼった通路を出ると、地中海の風景が広がる劇的な空間のシークエンス。ここは折りたたみ式のガラスで、全開する。そして窓際のダイニング・テーブルを含め、この住宅においてアイリーンは工業製品を活用して、可変の家具を幾つかデザインした。

アイリーン・グレイの名を初めて知ったのは、一九九〇年代の中頃、フランスの出版社から刊行されていた『ヨーロッパの装飾芸術』（第三巻）（中央公論新社、二〇〇〇）の「アールデコと機能主義」という章の翻訳を担当したときである。そして伝説的なコレクター、ジャック・ドゥセのために制作した漆塗りの四曲の屏風（一九一三）や、華麗な曲線が舞うサーペント・チェア（一九二四）などの作品に触れたのだが、要するにアールデコの文脈においてであった。実際、近代建築史の教科書的な本を改めて読みかえしたが、彼女をとり挙げているものはほとんどない。そもそも女性の建築家自体が圧倒的に少ないはずだ。にもかかわらず、忘れ去られていた存在だった。彼女は自ら押しが強い人間ではないし、だからしかるべき地位を得られなかったと述べている。

筆者が建築家としてのアイリーンを認識したのは、ビアトリス・コロミーナの「戦線—E.1027」(『10+1』10号、一九九七)で言及されていたからだ。ル・コルビュジエがE.1027を称賛する手紙を送る一方で、一九三八年、彼女が不在のとき、この家に滞在し、裸婦の壁画を勝手に描き、欠いているものを加えたと言って、アイリーンを激怒させたという。その挙句、脅迫まがいのメッセージをだし、やがて彼女は建築史から抹消された。ル・コルビュジエは、その後もこの住宅につきまとい(?)、一九四九年にロクブリュンヌで集合住宅のプロジェクトを手がけているし、一九五二年、すぐ近くに素朴なカップ・マルタンの休憩小屋を建てている。彼が亡くなったのも、ここの海だった。ドイツ軍がフランスに侵攻していたときも、銃弾が壁に撃ち込まれ、E.1027は再び陵辱された。

一九二三年、アイリーンは、装飾芸術家協会展に出品したインテリア・デザインが、デ・スティルのメンバーや、グロピウスらに評価されたことが、建築界と接点をもつきっかけだった。そしてバドヴィッチに家具だけではなく、建築もやるべきだと薦められる。アイリーンは、彼の手ほどきで建築を学び、女性建築家のアドリエンヌ・ゴルスカを紹介してもらう。彼女は架空の住宅設計を行い、練習していたが、E.1027の機会を与えられ、実践こそが最良のレッスンと考えて引き受ける。アイリーンは他の仕事を控え、現地で設計に専念した。その過程でバドヴィッチは屋上まで届く螺旋階段を提案したり、構造をチェックしたらしい。いずれにしろ、彼の関与がなければ、誕生しなかった家である。

彼女は「私たちは協力しあっていました。いまさら誰が考えだしたかなど詮索するのは馬鹿らしいこと。屋根と階段については彼の発案でした」という。すなわち、二人の建築レッスンの成果がE.1027だった。パリに戻って、彼女はジャン・デゼールという自分のデザインした家具を販売するショップを閉じる。建築家の自覚をもったからなのか。それにしても、二四年頃に建築を学び始め、最初に手がけた住宅が、傑作のE.1027とは驚くべき才能である。ル・コルビュジエも嫉妬したのかもしれない。アイリーンが九歳年上で、先に世に出ていたとはいえ、いち早くピュアなモダニズムの傑作を実現させたのだから。もっとも、その後、彼女は建築を手がける機会があまりなく、戦後は視力も衰え、E.1027以外に目立った建築のプロジェクトは生まれなかった。ただし、アイリーンがデザインした家具は、現在オークションで高額で取引されている。

最後に住宅の名称について触れておこう。E.1027というのは、いかにも謎めいた記号である。十月二十七日？　それとも番地だろうか。楽曲の整理番号のようにも見える。Eがアイリーン(EILEEN)の頭文字というのはすぐに気づく。が、残りの数字は、それぞれがアルファベットの何番目の文字であるかを示す。すなわち、10はJ、2はB、7はGとなるから、E.J.B.G。アイリーン・グレイのイニシャルE.Gのあいだに、ジャン・バドヴィッチのJ.Bが挿入されている。暗号としての名前。
E.1027というタイトルは、二人の署名だった。

20. 再評価されるアイリーン・グレイ

二〇一七年は日本でアイリーン・グレイが再評価された年だった。

いずれも筆者は字幕の監修を担当したのだが、彼女を題材とした二本の映画が十月に公開されたことが話題を呼んだ。すなわち、俳優が建築家を演じ、再現ドラマの形式をとった『ル・コルビュジエとアイリーン 追憶のヴィラ』(二〇一五)と、ドキュメント映画『アイリーン・グレイ 孤高のデザイナー』(二〇一五)である。当時、数少ない文献で、入手しづらくなっていたアイリーンの評伝が、二〇一七年十一月にみすず書房から新版が刊行されたのも映画の効果だろう。

『ル・コルビュジエとアイリーン 追憶のヴィラ』は、ル・コルビュジエが英雄ではなく、彼女の才能に嫉妬する嫌な奴として登場するシーンが多く、それもかえって人間的で興味深いが(一方、フェルナン・レジェが理解のよいおじさんになっている)、アイリーンが編集者かつ批評家のジャン・バドヴィッチと恋仲になり、二人の名前に由来するE.1027というモダニズム住宅を設計した経緯を描く。なお、アイリーンの存在が歴史的に忘却されていた経緯を踏まえると、彼女を主人公としながら、ル・コルビュジエの名前が先に記される映画の邦題はかわいそうである。もちろん、アイリーンの認知度が低く、日本におけるル・コルビュジエの人気ゆえ、こうしたタイトルになったのだろう。そもそも原題は「THE PRICE OF DESIRE」であり、建築家の名前が入っていない。

一方『孤高のデザイナー』は、研究者、学芸員、コレクターの証言やコメントをもとに構成し、アイルランド国立博物館のジェニファー・ゴフによって、E.1027が共作でなく、彼女個人の作品という説が提出されるほか、パリ在住の日本人の漆職人とのコラボレーションによるプロダクトの制作、ル・コルビュジエから送られた手紙、彼女の再評価において建築史家のジョセフ・リクワートが果たした功績などを知ることができる。なお、アイルランドは彼女が生まれた国だった。『追憶のヴィラ』は、ル・コルビュジエとの関係や確執を軸とし、サヴォア邸より二年早く完成した奇跡の住宅E.1027がメインであり、建築家としてアイリーンを再評価するものであり、『孤高のデザイナー』は家具やインテリア・デザインの仕事に注目したことが特徴だろう。

アーティストと違い、図面や模型で格闘する建築家を映画の主人公にするのは、どうしても視覚的な派手さに欠けるが、実話をもとにした『追憶のヴィラ』は脚色があるとはいえ、完全なフィクションではないし、本物の建築、すなわちE.1027そのものが登場するので説得力をもつ。また映画における建築家像の系譜から見ても興味深い作品である。かつてフランク・ロイド・ライトをモデルにした映画『摩天楼』（一九五〇）では、妥協を許さない、信念を貫く、アメリカのマッチョな建築家を白人の男性が演じていた。ラストシーンは彼が設計した高層ビルであり、下からエレベーターにのった妻が見上げると、最上階で建築家が仁王立ちしている。その後、ポストモダンの時代におけるスパイク・リー監督の映画『ジャングル・フィーバー』（一九九一）は建築家として、おそらく初めてアフリカ系アメリカ人が登場した。これらに対し、『追憶のヴィラ』の主人公は、ヨーロッパの女性建築家である。なお、イタリアの映画『私の人生設計』（二〇一六）も実在する女性建築家の活躍を題材にしたものだ。

21. 『シャルロット・ペアリン自伝』を読む——二十世紀モダン・デザインの証言

近代建築の巨人ル・コルビュジエのもとでしばらく働いたのが、『シャルロット・ペリアン自伝』（みすず書房、二〇〇九）の著者である。語り口は、とてもチャーミングだ。例えば、彼女が生まれる前の両親のエピソード。「生粋のサヴォア小僧の伝統にしたがい、父は棒の先に衣類の包みをくくりつけて肩に担ぎ、いつの日か立派な紳士になって美人のパリジェンヌと腕を組んで故郷に帰り、兄貴たちにひと泡吹かせてやるぞと決意を固め、実家を出て徒歩でエクス＝レ＝バンをめざした」。そして彼女の誕生。「ある秋の美しい一日、一九〇三年十月二十四日午前四時ごろ、私の目は世界に向かって開かれた」。

さて、ペリアンの自伝は、どのような意味をもつのだろうか。もちろん、邦訳の刊行によって、家具やインテリアのデザイナーとして活躍したペリアンの全貌が、日本でも広く知られるようになるはずだ。筆者も、二十世紀の後半に彼女がリゾートの施設の計画や設計を手がけていたことを教えられた。余暇になると、ペリアンがスキーをよく楽しんでいたこともわかる。

ペリアンは一九九九年に亡くなった。生没年は基本的に偶然の結果だが、ほぼ一世紀にわたる生涯は、必然的にモダニズムの現場の証言者としての役割を与える。彼女は、二度の世界大戦を経験し、ソヴィエトの社会体制など、仕事を通じて大きな政治のうねりにも巻き込まれた。太平洋戦争直前の日本や文化大革命の影響下にあった中国も訪れている。また大河ロマンのごとき、劇的な物語のなかに、著名な建築家、芸術家、デザイナーなど、大量の固有名詞が散りばめられており、本書を読むことには、素晴らしい脇役というべきもうひとつの視点から、二十世紀のデザイン史を追いかけていく楽しみがある。フランク・ロイド・ライトや丹下健三といった本人が、メインストリームを形成してきた巨匠の自伝とは違う。

筆者にとって興味深い本書のポイントとして、以下の三点が挙げられる。

第一に、スタッフの立場から、ル・コルビュジエの仕事ぶりやアトリエの様子を記述していること。やはり最先端の現場にいる緊張感にあふれている。第二に、男ばかりの建築界において、女性のデザイナーがどのように活動していたかを知ることができ、ジェンダー論の視点からも読めること。映画の『ル・コルビュジエとアイリーン 追憶のヴィラ』では、パーティのシーンにおいて、アイリーンに代わって、新しく注目される若い女性のデザイナーとしてペリアンがちらっと登場する。第三に、ペリアンが工芸の指導のために来日し、ブルーノ・タウトのごとくしばらく滞在していた経験があったため、異国人の目から当時の日本近代のデザインの状況が理解できること。これらにはスタッフ、女性、あるいは外国人など、他者のまなざしが共通している。ル・コルビュジエは刺激的な著作を通じて、各地の建築家に大きな影響を与えたが、ペリアンも『建築をめざして』を手にとって、アトリエの扉を叩いた。最初は女性であることから、「ここではクッションの刺繍はしていません」と言われて、突き返されたものの、入所を果たす。それは装飾美術を学んだ彼女をモダニズムの世界につなぎ、海外への扉も開くことになる。ル・コルビュジエは、すべてのデザインを一人でやったわけではなく、ピエール・ジャンヌレやクセナキスなど、異分野の作家を含めて、多くのコラボレーションを実践した。ペリアンも主に家具や設備を担当して成果をあげ、その才能を認められる。ヴァイセンホーフ・ジードルングの住宅団地展の様子、歴史的なCIAMの一幕、そして「コルビュ」(彼女は巨匠をこう呼ぶ)との会話など、さまざまなエピソードが続く。日本からやってきた同僚の「サカ」(坂倉準三)やスペインのホセ・ルイ・セルトとの友情など、通常の建築史では絶対に登場しない思い出が次々に語られる。

次にジェンダー論への補助線を引いておこう。メアリー・マクレオードの論文「家具と女性性」(『10+1』10号、一九九七)は、同じ工業素材の美学を共有しながら、バウハウスのクールな家具に比べて、ル・コルビュジエ、ペリアンらによる家具はファンタジー的でさえあるという。そしてモダニズムの家具が性別をなくす方向性のデザインだったのに対し、彼女が受けた装飾美術の教育の影響を指摘している。ビアトリス・コロミーナの著作『マスメディアとしての近代建築』は、いささか大げさに一九二九年のサロン・ドートンヌに出品された長椅子の写真をとりあげた。ペリアンは壁際の長椅子に横たわるのだが、こちらを向かず、不自然に壁を眺めている。コロミーナによれば、「女性はつねにカメラから目を背けている」。二人の共同制作した家具だが、回転式の椅子と同様、彼女のクレジットが消去されている。なるほど、異様な写真ではある。とはいえ、顔がはっきりすると、家具の印象が薄れてしまう。本書では、ペリアンに対する「コルビュ」の良い面や悪い面も描かれている。

一九四〇年、ペリアンは船で二ヵ月かけて日本に到着した。「サカ」との再会、そして各地での講演。彼女は、フランスでは創造のブレーキとなる過去のスタイルが重荷になっているが、それを日本では背負いこまないために、白紙の状態からフォルムを生みだせる可能性を指摘している。また伝統的な建築における規格化と標準化という現代性を発見した。桂離宮や伊勢神宮を褒めちぎる一方で日光東照宮をけなした、わかりやす過ぎる二項対立によって整理されたタウトの日本論とは異なる観察から読みとるべきラインは多い。それは一般的に海外からはヒロシマの原爆ばかりが語られるのに対し、東京を焼き尽くした空襲のことも気にしていた彼女の感性からもうかがえる。

ペリアンの瞳からのぞく近代デザインの世界はセピア色の過去ではない。きらきらと輝いている。

2

日本のモダニズム

1. 日本の近現代建築とル・コルビュジエ

日本におけるモダニズムとは

ル・コルビュジエの国立西洋美術館が世界遺産に登録され、日本では初のモダニズム建築が選ばれたことにより、一般人の関心を集めるようになった。特筆すべきは、一九五九年に完成したモダニズムのデザインであり、法隆寺のような誰もが知っている古建築ではないことだろう。二十世紀の方向性を決定づけた巨匠のル・コルビュジエが設計したものだが、七ヵ国が各地における彼の作品を共同推薦したことで、世界的な規模で活躍したことを裏付ける。二十一世紀の日本はザハ・ハディドの未来的なデザインを拒絶したが、一九五〇年代は先端的な建築家を受け入れていた。

もっとも、国立西洋美術館はどこにでもあるような普通の建築のように見え、めずらしさやありがたさがあまりないと感じる人も多い。実際、モダニズムは二十世紀以降、世界中に広がり、今もわれわれの生活を支えている基本的な風景を形成したものだ。ゆえに、東京駅のような赤レンガの様式建築という萌え要素もなく、キャラをつかみにくいかもしれない。実際、東京駅は当初の姿に復元されたのに対し、そのはす向かいのモダニズム建築、東京中央郵便局（一九三一）は再開発にあたって、鳩山邦夫が声をあげたくらいで、ほとんど話題にならなかった。日本におけるモダニズムの位置をややこしくしているのは、十九世紀後半に開国し、近代化に舵をきったとき、西欧はまだモダニズム以前の様式建築であり、それを追いかけたことに起因する。

すなわち、西欧では様式建築の否定としてモダニズムが登場したが、日本では様式建築もモダニズムも近代化の過程で受容してきた。そのため様式建築も近代建築と呼ばれることがあり、「近代主義」＝モダニズムの建築と紛らわしくなる。むろん、意匠的には過去の装飾や様式を剝ぎとった、幾何学的な造形による機能主義の建築といった説明は可能だ。また一九二〇年に山田守らが分離派建築会を発足し、勇ましい宣言を掲げたことが、自我をもった日本初のモダニズム運動だと位置づけられている。ただ、それから百年近くがたち、重要なモダニズム建築で、存続の危機にあるものが少なくない。したがって、西洋美術館の世界遺産登録を契機に、多くの人の意識を変え、国内にあるモダニズムの価値をもっと広く認知されると良いと思う。日本にはすぐれたモダニズム建築が数多くあるのだから。

現代建築にみるル・コルビュジエ

ル・コルビュジエは、世界各地に熱心なファンを生みだしたが、前川國男、坂倉準三、吉阪隆正らの弟子が活躍したことによって、とりわけ日本に対する影響は大きい。その余波は彼らより下の世代にも続いている。丹下健三は直接の弟子ではないが、高校時代にル・コルビュジエの作品集に出会い、建築家を志したことはよく知られていよう。ピロティの形式も、日本の伝統建築を想起させながら、発展的にとりこんでいる。例えば、愛媛県では、今治市民会館（一九六五）など、ル・コルビュジエの影響を受けた丹下の建築群が現存している。

吉阪隆正　八王子セミナーハウス

丹下健三　今治市民会館

槇文彦は、インドで生前のル・コルビュジエと出会い、「一生忘れられない思い出の一つ」になったという。同じくモダニズムの範疇にあるとはいえ、直接的な形態の類似性はないが、「私の建築にとっての〈泉〉のようなものとしてこれまで見てきた」と述べている。磯崎新の場合は、デザインよりも、膨大な著作を刊行し、人文系からも支持される多くのテクストを執筆したこと、また歴史的な建築と向き合う態度において共通点が指摘できるかもしれない。

安藤忠雄も、ル・コルビュジエにならって、建築の旅を行い、パリで会おうとしたが、すでに亡くなっており、実現しなかった。伊東豊雄は、ドミノ・シリーズと命名した住宅のプロジェクトを展開したり、せんだいメディアテーク(二〇〇一)が「新しいドミノシステム」として構想されたように、ル・コルビュジエを意識していた。ただ、近年は抽象的なレベルではなく、むしろ身体的な空間のあり方で影響されているかもしれない。なお、妹島和世は、一九七八年度の日本女子大学の卒業論文「コルビュジエのカーブについての手法と意味」において、富永譲の指導を受けながら、ル・コルビュジエの全作品の曲線をトレースした。当時の傾向を受けて、フォルマリズムと意味論的な内容だったが、二十一世紀に入り、ＳＡＮＡＡの建築において、さまざまな新しい曲線が登場していることは興味深い。

2. 神奈川県立近代美術館が誕生した一九五〇年代を振り返る

いまでこそ日本は各都道府県に公立の美術館が存在するが、神奈川県立近代美術館（以下、鎌近／カマキンと表記）は最初の県立美術館だった。美術館がどこにでもあるインフラになる以前は、百貨店が発表の場に使われたり、公園で野外展が開催されている。一九五一年にオープンしたときは、まだ敗戦から六年後だった。当時の日本建築界では、まだ圧倒的な住宅不足をどう解消するかという社会的な問題が主要なテーマになっていた頃である。

例えば、一九五一年に公営住宅法が制定され、いわゆる2DKプランが開発されたのもこの年だったことから51C型と呼ばれている。そして戦後に大量のアパートを供給した日本住宅公団は一九五五年に発足した。また建築家は、池辺陽の立体最小限住居（一九五〇）や増沢洵の自邸、最小限住居（一九五二）が発表されたように、いかに効率的に機能を組み合わせ、コンパクトな空間をつくるのを追求していた。すなわち、鎌近が誕生したのは、まだ公共建築はこれからという時代背景においてである。

では、なぜいち早く美術館がつくられたのか。それはヨーロッパ滞在の体験から、文化が重要だと考えた当時の神奈川県知事、内山岩太郎（一八九〇―一九七一）が主導したからである。彼は一九四七年から六七年まで、五期二十年にわたって知事をつとめ、鎌近に続いて、サンフランシスコ講和条約記念事業の一貫として、前川國男が設計した神奈川県立図書館・音楽堂（一九五四）も実現させた。図書館・音楽堂が竣工したとき、内山は「終戦直後、神奈川県はまさに一面の焼野原の観があった頃、私はいかにしてこの荒廃した土地に、気力を失った人々と共に立ち上がるかに強く心を奪われた」という文章を寄せている。むろん、住宅、結核療養所、慰霊堂などを建てるべきという反対の声もあったらしい。とはいえ、当時の報道を見ると、こうした文化施設も強く望まれていたことがうかがえる。ただのハコモノではなく、敗戦後の日本人の精神に潤いを与える場所となったからだ。

ちなみに、愛知県でも一九四六年から六期二十四年をつとめた桑原幹根知事が、サンフランシスコ講話条約の記念事業として神奈川に次ぐ二番目の公立美術館を栄に建設した。彼は一九六六年の愛知県立芸術大学の創設にも深く関わっている。余談だが、筆者があいちトリエンナーレ２０１３の芸術監督をつとめたとき、こうした半世紀前に成立した文化のインフラがあるからこそ、多くの作家や人材を育成し、国際展を開催できることを痛感した。

美術批評家ミシェル・ラゴンの著作『現代建築』（一九五八）は、世界の建築の動向をまとめたものだが、日本人の建築家の作品は三点が写真入りで紹介されていた。それは鎌近、神奈川県立図書館・音楽堂、そして丹下健三による香川県庁舎（一九五八）である。ラゴンは以下のように指摘している。坂倉準三の「作品の中でもっとも美しいものは、おそらく鎌倉の神奈川県立近代美術であろう。……鋼鉄の柱が蓮の花の間に建てられ、プランはル・コルビュジエのいわゆる「連続建築式美術館」の原理にもとづいている」。なお、香川県庁舎も、モダニズムを強力に推進した金子正則知事によって登場した、一九五〇年代のトップダウンの産物だった。ともあれ、三つ

共に、坂倉準三　神奈川県立近代美術館

の作品の中で一番早く完成した鎌近は、日本だけの偉業ではなく、すぐに世界と肩を並べるモダニズム建築として認知されていたのである。またこれらの作品に共通するのは、いずれも巨匠のル・コルビュジエに師事、あるいは影響を受けた建築家によって設計されたことだろう。

この時点で坂倉はヨーロッパでモダニズムを手がけた唯一の日本人建築家だった。彼のデビュー作が、一九三七年のパリ万博の日本館だからである。これはオーギュスト・ペレを審査委員長に迎えた万博の建築コンクールにおいて、アルヴァ・アアルトによるフィンランド館、ホセ・ルイ・セルトによるスペイン館とともにグランプリを受賞した。それまでの万博における日本館は、いつもエキゾチックな和風のデザインだったことを考えると、このときクオリティの高いモダニズムがいきなり出現したわけである。傾斜地の上に細い柱で軽やかに持ち上がる躯体、ナマコ壁のような斜めの格子のスクリーン、浮遊感のあるスロープなどを特徴とし、坂倉は「すぐれたる建築精神」をもつ桂離宮を引き合いにだして、「日本の建築精神を魂として持っている建築」をめざしたという。だが、その後、日本は戦局が激化し、もはやモダニズムどころでなくなった。したがって、坂倉にとってほとんど仕事がなかった四〇年代を経て、鎌近は満を持してのプロジェクトだったに違いない。

坂倉の建築は、鶴岡八幡宮の一角という歴史的な文脈をもつ土地に建つことになった。正確に言うと、本殿に向かう中心軸の左側であり、池に面し、建築とその環境の関係性が大きな魅力になっている。すなわち、高床になったピロティの形式は、ル・コルビュジエ譲りだが、柱が池から立ち上がることで、印象的な外観がもたらされた。それは来場者がエントランスの階段を登って、二階の展示室をひと回りして、一階に戻ったとき、一列の柱越しに池の眺めが広がるように工夫された動線を伴っている。映画版の『ノルウェイの森』(二〇一〇)でも、この場所が使われていた。ともあれ、大地と切り離すル・コルビュジエの手法が、ここではむしろ池とのつながりを演出するかたちで使われた。一九五〇年代の日本では、モダニズムを歴史的な建築と接続させる伝統論が盛んだったが、鎌近は過去の形態との類似ではなく、自然との親和性や南側の正面を吹き放ちとする寺社の形式を演出している。

鎌近はかわいい建築である。当初はそう見えなかったと思われるが、現在の巨大化する美術館の基準からすると、とても小さいからだ。実際、最初はコレクションを持たずにオープンし、図面を見てもごくわずかな保管スペースしかない(ゆえに、後から隣に増築されることになった)。また一階を彫刻のスペースに当てているとはいえ、二階の展示室への搬入のエレベーターもない。二十世紀の後半、現代美術の作品は大きくなり、新しい美術館もそれにあわせて大空間をもつようになった。が、鎌近は公立美術館の嚆矢《こうし》であるがゆえに、大型の作品を前提とした展示室ではない。美術館としての使命は終わる鎌近に対して、同時代に建てられた前川國男による神奈川県立音楽堂が今も現役で十分に活躍していることを考えると、なるほど主に演奏されるクラシック音楽は半世紀前からあまり変化していないが、展示されるアートの方は激しく変化したと言えるだろう。

オープンから六十年以上過ぎて、鎌近は機能の問題というよりも、土地の問題から一時は存続が危ぶまれたが、幸い建物は残ることになり、最悪の事態は避けられた。鶴岡八幡宮に土地を返還し、美術館としては二〇一六年に閉館したものの、鎌倉の歴史文化を紹介する博物館に生れ変わる予定だ。同じ坂倉の設計による三重県の伊賀市（旧上野市）庁舎（一九六四）も保存問題で揺れていたが、別の施設として再活用することになった。筆者は地方のすぐれた建築を自ら解体することをオウンゴールと呼んでいるが、観光立国が叫ばれるなか、新しいハコモノ事業を行う余裕がなくなっているなら、せめて既存の資産をきちんと認識して残すことが重要だろう。東京タワー（一九五八）だけが復興期のシンボルとして特権的にとりあげられるが、半世紀以上も遅れたエッフェル塔に類似した構築物よりも、世界と同じ水準に立った戦後のモダニズムの方が建築史的にも価値が高い。そして当時の人々の熱い思いも引き受けた建築であることを忘れてはならない。

3. 前川國男の怒り

建築の前夜

建築家は怒りを忘れてはいないか。

メディアは建築を悪者にすれば、簡単に数字がとれるからなのか、バッシングを繰り返す。その結果、新国立競技場の国際コンペの結果がひっくり返り、設計施工の分離が揺らぎ、唐突に和風のデザインが要請されたり、すでに完成していた豊洲の巨大建築のオープンが大幅に遅れた。建築をめぐる状況は厳しい。こうした危機に縮こまらず、声をあげていたのが、前川國男（一九〇五―一九八六）である。改めて彼の文章を収録した書籍『建築の前夜』（而立書房、一九九六）を読むと、必ずしも攻撃的ではなかったデザインとは裏腹に、理不尽な状況に怒っていたことが印象的だ。さまざまな読み方が可能な本だが、ここでは前川の怒りに注目しよう。

一九三〇年代から敗戦時までは、日本趣味を強烈に批判した。冒頭に収録された文章「３＋３＋３＝３×３」（一九三〇）で、前川はこう述べる。鉄道省がつくった「日光式展望車」は、西洋受けする日本イメージ、すなわち「第二の「マダム・バタフライ」になってしまう。「漫遊客の懐目当ての乞食根性」から「桃山式ホテル」もすぐに登場するだろう。「国際主義」に基づき「国際建築」を唱えても、「世間」は「婦人雑誌的な群盲」である。そして帝冠様式の批判。「なぜ名古屋の市役所に塔をつける必要があったのでありますか?」。彼の言葉は厳しい。日本風を要請された上野公園の国立博物館コンペに際して、一九三一年には「似而非日本建築をつくって光栄の三千年を汚し民衆を欺瞞するか?」と糾弾した。真摯に日本的なものを考えない、皮相的なデザインを撃つ。なお、当時から戦後まで一貫する前川の骨太の考え方については、刊行されたばかりの松隈洋『建築の前夜　前川國男論』(みすず書房、二〇一六)が詳しく論じている。

戦後も建築家の立場から、前川の怒りは続く。設計料のダンピング(「白書」一九五五)、コンペのルールに反した行い(「二段階競技をかえりみて」一九五八)、そして設計施工の分離が軽んじられていること(「私の考え」一九六九)。とくに興味深いのは、一九六〇年代にメディアを巻き込んだ東京海上火災本社ビルの問題に関する一連の文章だろう。高さ制限の撤廃を受けて、日本初の超高層ビルとして計画されたが、皇居を見下ろすことが問題視され、計画が中断し、政治問題になった挙句、高さを削ることで、ようやく一九七四年に竣工したものである。

前川は、法に忠実に従った高層ビルの実現が妨げられる不可解な動きと憤る(「超高層ビルの意味」一九六七)。皇居を見下ろす高さゆえに、美観論争が起き、都知事とそれが任命する審査委員会が判断を下すことに懐疑的だ(「再び都市美について」一九六六)。またビルは資本主義のエゴであり、自然を破壊し、緑と太陽の空間を奪うと攻撃されたが、前川はむしろル・コルビュジエ流に高層化することで、足元にオープン・スペースを提供するつもりだった。高層ビルにすると交通難が起きるという批判に対しては、低くしても働く人の数は変わらず、東京海上火災本社ビルは施主側が高さを幾分か減じることで実現した。現在、東京の丸の内を歩くと、外資系企業が入った、前川建築よりもはるかに高いビルが幾つも皇居を見下ろしている。もはやこれらに反対論はなかっ

前川國男　東京海上ビル

前川國男　東京文化会館

た。東京海上火災本社ビルのサイズがかわいらしく感じられる。タイル打ち込みプレキャスト・コンクリートの格子による彫りの深い表情、二つの正方形をずらしたプランなど、落ち着いたデザインのビルだ。この風景を見ると、あの論争はなんだったのかと思う。が、彼が提起した問題は今も継続していることとして読み直すことができるのではないか。

モダニズムの勝利

上野駅の目の前にある東京文化会館（一九六一）は、東京都開府五百年の記念事業で誕生した施設だが、前川にとっては格別の思いが込められた作品だろう。まず、これが完成する三十年前、ル・コルビュジエの事務所の勤務を終え、帰国したばかりの彼は同じ上野公園において国立博物館のコンペでモダニズムの案を提出し、帝冠様式の実現案に負けていたこと。次に師匠の

前川國男　東京都美術館

ル・コルビュジエによる国立西洋美術館（一九五九）と向き合う敷地であること。前川は上野公園の東京都美術館（一九七五）も手がけたが、戦後はモダニズムが勝利した時代となった。いわば、ル・コルビュジエの一派が勝利したわけだ。

神奈川県立音楽堂（一九五四）の実績から、この仕事を依頼された前川は、終戦直後の上野の悲惨なありさまを思い出し、覚悟をもって設計に臨んだ。日本初の本格的なクラシックのホールは、音響の評価も高く、現在も愛され、精力的に活用されている。

オペラを上演できる大ホールと小ホールは、それぞれのインテリアに向井良吉による音響板、流政之のレリーフを備え、外部にも彫刻が置かれ、建築と芸術の融合をめざした。また異なる幾何学形状のヴォリュームが違う向きで屋根から飛びだす。これらを巧みに統合するのが、林立する柱で支えられたコンクリートの打ち放しによる大きな庇をもつ平らな大屋根である。反り上がった庇は、機能主義を脱した後期ル・コルビュジエのロンシャンの礼拝堂やチャンディガールの議事堂も想起させるだろう。東京文化会館は、コンクリートの冷たいモダニズムではない。触りたくなるような木や石のテクスチャーが散りばめられている。また天井の不規則なダウンライトは天の川、床のタイルは木の葉、大ホールの椅子の色はお花畑などに見立てたという。艶のある螺旋階段など、こうした細部のこだわりが暖かく人々を包む。当初のデザインも良好な状態で保存されており、上野公園の風景と切り離すことができない建築として親しまれている。

ル・コルビュジエと岸田日出刀

丹下健三（一九一三―二〇〇五）は、高校時代にル・コルビュジエの作品集に出会い、建築家を志した。『現代建築』一九三九年十二月号において発表された丹下の論文「MICHELANGELO 頌」は、「それは静謐なる歴史の時刻であった」という一文で始まり、ミケランジェロを参照しながら、ル・コルビュジエ論を展開している。力強く、ロマンティックな文章によって、歴史的な使命を担う創造について考察するが、丹下自身を二人の天才に重ね合わせた決意表明としても読めるだろう。その後、国家的なイベントである東京オリンピックや大阪万博の主要施設を手がけ、日本の復興を代表する国民的な建築家となり、日本のモダニズムを海外に知らしめた。名実ともに、二十世紀の日本を代表する建築家と言えるだろう。

丹下が学生のとき、東大でデザインを教えていたのが、岸田日出刀である。丹下は高校のときから岸田の建築芸術論を読んでおり、憧れの先生だったと回想している。岸田も丹下をかわいが

丹下健三　国立代々木競技場

丹下健三　東京カテドラル

丹下健三　平和記念資料館

り、論考の発表の場を与え、丹下が勝利した戦時期のコンペでは審査員をつとめていた。戦後も丹下に仕事をまわしながら、岸田を顧問とするプロジェクトが続き、積極的に優秀な弟子を世に送り出した。東京オリンピックの競技場の設計者として、丹下を強く推薦したのも施設委員の岸田だった。

一九六四年に生まれた二つの傑作

かくして誕生した代々木の国立代々木競技場（一九六四）の最大の特徴は、吊り屋根による大空間を成立させた構造に挑戦したことだろう。その結果、得られる美しい屋根の曲線は、構造形式をそのまま反映したものとなり、モダニズムの傑作となった。さらに大屋根は日本の古建築の特徴であり、伝統を意識した造形としても解釈された。なるほど、ほかにも屋根を吊るためのメインケーブルを吊る二本の支柱の頂部には、交差する部材が存在し、神社の千木を連想させるだろう。

日本のモダニズムは、いかに伝統と向きあい、それを血肉化していくかを重要な問題とみなし、デザインを発展させた側面をもつが、丹下は実作を通じて、あるいは論文を通じて、建築界を牽引する役割を果たした。例えば、写真家と組んで、『伊勢―日本建築の原形』（一九六二）と『桂―日本建築における伝統と創造』（一九六〇）を刊行したが、古建築を語りながらも、現代的な設計の問題として考えていた。伊勢神宮は、原始の自然から「フォーム」が導かれたときに誕生したという。また彼によれば、桂離宮では、縄文的なものと弥生的なものの二つの系譜が、日本の歴史上、初めてぶつかりあい、伝統をのりこえる創造がなしとげられた。

丹下にはル・コルビュジエの影響を受けた作品もあるが、国立代々木競技場に至っては、完全にオリジナリティを獲得している。これは日本の近代建築史のみならず、世界のオリンピックの建築史においても重要な作品だろう。また明治神宮の軸線と揃えたり、中心軸を挟んで、水泳場のための大きな本館と球技に使う小さな付属体育館が呼応するリズミカルな配置などは、丹下らしい都市的なスケールのデザインである。そして内部に入ると、圧倒的な迫力をもつ象徴的な大空間が広がり、群衆の一体感を強化する。

なお、同じ年に竣工したのが、もうひとつの傑作、東京カテドラルだった。丹下の生涯において創造性が最も発揮された絶頂期と言えるかもしれない。様式を否定し、合理性を掲げたモダニズムは、当初、宗教建築との相性は良くなかったが、構造技術の発展により新しい時代の象徴的な造形を獲得する。東京カテドラルは、直線がズラしながらねじれた曲面をつくるＨＰ（双曲放物面）シェルを組み合わせ、傾斜した壁が屋根になる空間をもたらした。特筆すべきは、十字形のトップライトを設け、上部から光が降り注ぎ、打ち放しコンクリートを照らす聖なる空間である。

多様な門下生を輩出した建築家

丹下はモニュメンタリティを演出するダイナミックなデザインを得意とし、東京オリンピックの代々木競技場、大阪万博の会場計画とお祭り広場（一九七〇）、広島の平和記念資料館（一九五五）など、多くの日本人が記憶する風景を創造した。東京ではほかにも東京都庁舎（一九九一）やお台場のフジテレビ本社ビル（一九九六）など、ランドマークとなる建築を手がけた。二〇一六年、国立西洋美術館が世界遺産入りしたことを受けて、槇文彦らが呼びかけ人となり、今度は国立代々木競技場を世界遺産に登録しようという動きが始まった。もちろん、それに価する建築である。ちなみに、他の丹下建築では、山梨文化会館（一九六六）、香川県庁舎、広島平和記念資料館が免震化工事を行い、さらに長く使われる予定だ。

建築界のノーベル賞というべきプリッカー賞を受賞したときにも評価されたように、丹下の教育者としての実績も特筆に値するだろう。彼が教鞭をとった東京大学の研究室からは、世界的な建築家となった槇文彦、磯崎新、黒川紀章ほか、大谷幸夫、神谷宏治、富田玲子ら、また事務所からは谷口吉生、アーキテクト・ファイブ、古市徹雄など、多くの建築家を世に送りだしているからだ。しかし、その弟子たちのデザインは、必ずしも丹下のようなデザインを継承したわけではない。むしろ、多様である。

すなわち、洗練されたモダニズムを手がける槇、ポストモダンを牽引した磯崎、メタボリズムの思想を提唱した黒川、ダイナミックな造形を得意とする大谷、住民参加を模索した神谷、吉阪の弟子とともに象設計集団を結成し、地域主義的なデザインを展開した富田、アジアで活躍する古市、図書館建築で評価される鬼頭梓など、実に多様だ。師匠のコピーではなく、それぞれに独自の色をもつ。また建築家以外では、国土事務官となり、国土計画に携わった下河辺淳、都市計画家の浅田孝や渡辺定夫らも研究室から輩出した。

なぜか。それは丹下がいわゆるワンマンのタイプではなく、チーム作業を好み、プロジェクトではスタッフに自由に発想させたからだ。すなわち、優秀なスタッフの個性をのばしながら、彼らから出てくる案の良し悪しを判断して統合したのが、丹下である。一方、自らのデザインをきれいに模倣できるスタッフを集め、従属させるトップだと、弟子は縮小再生産になってしまう。したがって、丹下の門下生の場合、視覚的なかたちの遺伝子を継いだものは少ない。だが、多くの要素を統合していくことは、建築という職業の醍醐味でもある。おそらく、磯崎をはじめとする後継者らは、ただ感性のおもむくまま、自由にデザインするのではなく、大きな視野でとりくみ、徹底的に対象をリサーチし、建築の思考を育み、統合的に設計していく態度そのものを丹下から学んだのではないか。

学会賞に選ばれた倉吉市庁舎

一九五〇年代は経済白書で「もはや戦後ではない」とうたわれ、朝鮮戦争を背景に特需景気が続いた時代だった。浜口隆一の『ヒューマニズムの建築』(一九四七)は、モダニズムを民主主義の建築とみなしたが、戦後にこうした施設が登場したのが五〇年代である。

丹下健三は、岸田日出刀と協同で設計した倉吉市庁舎(一九五七)によって、一九五七年度の日本建築学会賞を受賞している。同年に旧東京都庁舎(一九五七)が竣工したほか、彼は一九五〇年代に広島平和会館原爆記念陳列館(一九五二)、愛媛県民会館(一九五三)、清水市庁舎(一九五四)、伝統的な表現が注目された香川県庁舎(一九五八)、今治市庁舎(一九五八)、倉敷市庁舎(一九六〇)など、破竹の勢いで公共施設を手がけた。後に歴史化された広島や香川の作品ではなく、倉吉市や清水市の庁舎で学会賞を受賞したのは興味深いが、いずれにしろ、どれも透明性が高いモダニズムである。一連の建築作品は、戦後の公共建築のイメージを形成した。

倉吉市庁舎は、一階には中庭を囲む、なるべく大きくとった市民ホール（展示場）や公会堂兼用の議場（映画の上映も行う）、そして地階の食堂や売店など、開かれたプログラムをもつ。また二階以上には、一部に移動間仕切りがある事務空間が並び、三階に市長室や応接室などが入る。意匠的に見ると、水平線を強調したデザイン、柱梁の構造をくっきりとあらわした表現、手摺や階段まわりの空間は、日本の伝統的な木造建築を意識したものといえよう。同時期の丹下の香川県庁など、一連の作品は戦後の市庁舎建築のプロトタイプを形成した。

実は倉吉が岸田の出身地であることから、設計を依頼されたものだが、丹下はこう記している。「ここは、わたくしがイメージしていたほどには山陰らしくなかった。……昔の家並も残っている。これとても、ほかの土地のものと、さほどの違いはないように思われた。……このせまい日本でローカリティがだんだんなくなってゆくことは淋しいことにも思われるが、それにこだわるのもよくないようにも思われる」（『建築文化』一九五七年七月号）。すでに地域らしさが失われていることを指摘しているが、まだ駆けだしだった写真家の二川幸夫が日本各地をまわって、生きられた民家を撮影していた時代である。倉吉市庁舎の水平線や柱梁を強調したデザイン、手摺や階段まわりの空間などは、日本的な建築を意識したものだ。岸田は「倉吉という山陰の一地方都市の特殊な環境に、よく調和することができたのではあるまいか」という（「表彰作品　倉吉市庁舎について」『建築雑誌』一九五八年七月号）。

一方、丹下は、都会と田舎の違いが激しいとしつつも、「（これが）田舎むきであって、都会向きでないともいえない。……これは広島のときに本館で試みたコンクリート架構をそのままむきだしにしたような建築である」（『新建築』一九五七年七月号）。「このような公共建築、とくに市庁舎といったもののなかに、いままでの日本の市庁舎ではあまり考慮されていなかったパブリック・スペースを積極的に導入してくるという方法である。これは都庁舎や、清水市庁舎の線をここでも踏襲している」（『新建築』同上）。いわば、五〇年代の丹下の代表作を受け継ぎ、戦後公共建築のかたちを示したものだ。彼は、いわゆる普通の建築が「日本ではとくに地方にとってはまだ十年の歴史しかない。鉄やコンクリートの建築が日本に定着してゆくためにはまだまだ、いろいろとその可能性を発掘してゆかねばならないのではないか」という（『建築文化』同上）。

ただし、丹下は「正直にいって、どのようなかたちがいいのか、市民にとってこのましいのか、

丹下健三　香川県庁舎

丹下健三　倉吉市庁舎

またそのようなものができたとして、これからそれがどのように使いこなされてゆくのか、確固たるかんがえが、わたくしにあるわけではない。この問題は、わたくしの建築設計のいつの場合にも、一つの大きな実験的要素である」（『新建築』同上）とも述べている。藤森照信は、倉吉市庁舎よりも、とくに香川県庁舎の造形を戦後民主主義のイメージを的確にとらえた県庁舎と評した。「平面計画における〝ピロティ〟、〝高層＋低層〟、表現における〝打放しコンクリート〟、〝柱梁〟、〝勾欄付きヴェランダ〟は、戦後民主主義にふさわしいものとして全国の自治体庁舎の定番と化していく」という（『丹下健三』新建築社、二〇〇二）。

モダニズムと庁舎建築

日本でもっとも権威のある建築デザインの賞とされる日本建築学会賞（作品）は、一九四九年に設置された。第一回から半世紀以上が経ち、折々に選ばれてきた建築は、結果的に時代を映しだす鏡になっている。

一九六〇年前後の建築学会賞の候補作品を見ると、庁舎が多い。例えば、一九六〇年度は小坂秀雄の外務省庁舎（一九五九）、丹下の香川県庁舎（一九五九）、信岡竜二の福山市庁舎（一九五九）、増田友也の尾道市庁舎（一九六〇）、坂倉準三の羽島市庁舎（一九六〇）、佐藤武夫の岩国市庁舎（一九五九）が挙っていた（『建築雑誌』一九六〇年七月号）。前川國男も、世田谷区民会館（一九五九）や弘前市民会館（一九六四）を手がけ、京都会館（一九六〇年）と東京文化会館（一九六一）は二年連続の建築学会賞の受賞となった。後者は上野公園の歴史を振り返ると、前川のモダニズム案が敗れ、帝冠様式が勝利した一九三一年の東京国立博物館のコンペに対し、戦後のリベンジを印象づけた。

実際、彼は京都会館の受賞に際して、こう記した。「もしも三十年前のあの不吉な日本の激動期に於いて今日の京都会館が建てられたとするならば、その当時所謂日本趣味建築で私達を苦しめられた諸氏はこの建物にどんな批判を与えられたであろうか。それを知りたい気持ちにかられる次第であります」（『建築雑誌』同上）。もっとも、受賞理由は、京都という地域性に応えたモダニズムであることが評価され、「京都会館は禅寺が昔の社会の精神的道場としての造形を持っていたのに対し、近代市民生活の共同の場としての造形を打ち出すのに成功」したという。つまり、かつての寺院に代わる新しい公共としての市民会館である。

丹下や前川が水平線のモダニズムだとすれば、同時期の一九五九年度に学会賞を受賞した佐藤武夫の旭川市庁舎（一九五八）は、塔状の垂直要素をもつ異なる系譜だろう。「市庁舎の建築は公務を行うのに必要な態度を満足すべきことは当然であるが、Public Service の場として市民に親しみを感ぜしむる建築であることが最も重要なことであろう」と受賞理由に記されたように、足元は公共空間である。やや線は太いものの、丹下に通じる日本らしさを意識したモダニズムの系譜だが、大きく異なるのは、九階建ての高層部をもつことだ。

佐藤は、以下のように構成を説明する。「旭川の市街は……大雪山の英峰が晴れた日には眼をよろこばせます。曇った日や、冬の間は平坦な低い家並みの市街ではスカイラインの愉しさがありません。思いきり高い建築を水平に伸びた市街地の中央に聳立させることだ。そう決めました」（「表彰作品　旭川市庁舎」『建築雑誌』一九六〇年七月号）。彼は旭川の特性から説明するが、長野市民会館（一九六一）、福岡文化会館（一九六四）、新潟県民会館（一九六七）、大津市庁舎（一九六七）などでも、塔状の要素が存在したことを考えると、彼好みの造形と言える。また彼は、かつて旭川で過ごした日々を思い出しながら（設計を依頼されたのも、その縁故による）、灰色の空と雪の世界で煉瓦造の建物を見ると嬉しかったことに触れて、旭川市庁舎ではコンクリートと煉瓦を交錯させたと述べている。塔と同様、ここにも丹下とは違う、北方的なロマンティックな感覚が入っている。

6. 見えない廃墟——建築のシンボル性について

国民的な建築家

丹下健三の訃報を最初に知ったのは、電車のなかで、各新聞社から問い合わせの電話を立て続けに受けたときだった。数週間前、体の調子が悪くなっていたことを噂に聞いたことを思いだし、ひとつの時代が終わったことを強く感じた。彼が亡くなる直前、二〇〇五年三月二十日に愛・地球博の内覧会を見学し、全体を統制するようなシンボルがないことに物足りなさを感じていた矢先である。大阪万博では、お祭り広場を含む「シンボルゾーン」が計画されていたが、愛知万博はそうした中心をもたない。二十一世紀に入り、グリコの食玩が万博シリーズを販売し、お祭り広場もとりあげたが、おそらく現代建築としては初のフィギュアだろう。それだけ人々の記憶に残っているのだ。ヴェネツィア・ビエンナーレ国際建築展２００４から日本に凱旋帰国したオタク展でも、丹下による万博の会場計画を起点に置くが、結果的に彼が「参加」した最後の展覧会になったわけである。

翌日の新聞の一面に死亡記事が紹介されていたことは印象的だった。丹下が建築界だけの巨匠ではなく、戦後の日本人にとって重要な風景をつくってきたからだろう。なるほど、原爆、オリンピック、万博、バブルといった時代の記憶とともにランドマークとなる建築を手がけている。首都高速から見える丹下建築をチェックしたことがあるのだが、ほとんどの重要な作品を見ることができる。日本の首都である東京の顔もつくった建築家なのだ。ちなみに、安藤忠雄や隈研吾でも、首都高から見える作品はほとんどない。

テレビのバラエティ番組から、今週のニュースにまつわるクイズとして丹下をとりあげるために、質問の電話がかかってきたことがある。東京都新庁舎（一九九一）では、どれくらいの設計料が懐に入るのか、というものだった。話をして驚いたのだが、担当者はどうも一人ですべての設計料を総どりすると思っていたらしく（これはこれで興味深い、誤解された建築家のパブリック・イメージだが）、実際は映画監督のようなもので、事務所に多くのスタッフを抱え、構造や設備の設計も別になされていると説明した。いかに建築がすぐれているかを伝えるよりも、どれだけお金がかかるかが、一般的にはわかりやすい偉大さの指標なのだろう（名画の価値もしばしばそうして数字に換算されて、報道されるが）。ならば、丹下事務所のプロジェクトの総面積を合計すれば、ものすごい数字になるだろうから、それを示したらどうかと答えた。

非現実都市のモニュメント

ポストモダンの全盛期に学生だった筆者にとっては、丹下と言えば、東京都新庁舎が思い浮かぶ。彼が手がけたモダニズムの名作、旧都庁舎（一九五七）の方ではない。一九八〇年代の後半、地方から東京に上京し、ポストモダンが華やかりし頃、建築の勉強をはじめた。そんなときに鳴り物入りで登場したのが、東京都新庁舎の世代だから仕方ない。最初に目撃した対象を親だと思ってしまうひな鳥のような感じだ。そして個人的に、これはバブル期の異様な熱気に包まれた東京という都市の体験とつながっている。完成した都庁舎を初めて目にしたとき、圧倒的な巨大さに驚き、なんだかこの世のものではない、非現実的なモニュメントのようだった。しかしなが

丹下健三　東京都新庁舎

ら、同時に古建築にも通じる重厚さをかね備え、墓石にも見える。もし将来、東京が廃墟になったとき、この二本の塔は都市の墓碑としても似合うのではないかとさえ想像した。

他の高層ビル群とは格が違う。未来の風景と太古のモニュメントが交錯するSFのような世界が新宿に出現している。今にして思えば、磯崎新が「私たちの住む場所の光景は非現実都市の面影を呈している」と指摘していた時代だった。そうした雰囲気をよくとらえた写真集として、篠山紀信の『TOKYO 未来世紀』(小学館、一九九二)が挙げられるだろう。完成したばかりの新都庁舎とモデルたちを組み合わせたシュールな写真を何枚か収録している。学生だった筆者は、それが未曾有の事態だと当時気づかなかった。東京は、海外の前衛的な建築家のプロジェクトが次々と実現する世界最先端の都市だった。今やそうしたホット・スポットは、中国やドバイに移行している。

これは東京の新しいランドマークになると思った。実際、渋谷駅前のスクランブル交差点をのぞけば、ワンショットの映像で東京を表現するのにふさわしい建築だろう(後にミシュランのガイドでも、新都庁舎は三ツ星のスポットとして認定されている)。当時、東京タワーはもう時代遅れの存在だった。したがって、その後、メディアミックスのブームによって再び東京タワーが注目され、学生が東京を代表する建造物は東京タワーと答えるようになったことが信じられない。東京タワーは海外に自慢できる造形ではないし、過剰なノスタルジーで過去の日本を美化する象徴だと思う。なるほど、新都庁舎は空間が美しいとか、構造がすごいとか、プロをうならせるデザインではないかもしれない。パリのノートルダム聖堂のシルエットに似ているといった批判もある。

だが、議論を呼んだコンペに始まって、一般メディアを巻き込み、建設途中から贅沢だのと、激しい批判を浴びながら、やがて東京の風景として受容された経緯を、筆者は同時代的に経験した。当初、あれだけ叩かれながら、今や無数のメディアに登場し、東京の風景として完全に定着している。いや、パリのエッフェル塔（一八八九）、ポンピドゥ・センター（一九七七）、ルーヴルのピラミッド（一九八九）のように、様々な議論を巻き起こしたからこそ、都市のランドマークとしてのイニシエーションを経て、人々に認知されたのだ。完成直後、地方から上京したとおぼしき高校生が、使い捨てカメラで撮影しているのを見て、これが建築を専門とする者以外の一般人にも訴える力をもつことを実感したことをよく覚えている。同じポストモダンの高層ビルでも、元祖となるニューヨークの旧AT&Tビル（一九八四）は、記号的な操作が目につくが、新都庁舎は確かな造形力をもち、都市の中にどのようなスケール感で存在すべきかを確信した建築である。

丹下を失った建築界

大阪万博の後、日本は不況に陥り、しばらく丹下が活動するメインの場所は海外に移行していた。例えば、オイルマネーで潤う中近東では、都市スケールのプロジェクトを手がけている。それゆえ、新都庁舎は、再び景気が上向きとなり、丹下が国内にカムバックすることを知らしめる重要な仕事だった。しかもモダニズムではなく、今度はポストモダンの旗手として、彼は東京に降臨したのである。

丹下自身、新都庁舎を東京だけではなく、日本のシンボルとして設計したと明言している。また「一般の人が日常体験の中で、建物から感動を受ける機会というのはあまりない」からこそ、驚くことから始まり、「だんだん目になじむようになり、そしていつまでも記憶に残るようになる」という（『日経アーキテクチュア』一九九一年四月二十九日）。つまり、予言通りになっている。彼は、一九六〇年代の都市計画では構造の概念を導入し、やがて「構造体そのものが象徴性を帯びてくる」ことに気づき、建築でも「象徴と呼ばれる次元の表現」を意識しはじめる（『新建築』一九七六年五月号）。一方では、伊勢神宮論を通じて、「現代建築にもシンボル性が必要」だと考えるようになった（『新建築』一九七一年八月号）。そうした究極の作品として、新都庁舎は誕生したのである。権威的だとか暴力的だとか批判するのはたやすい。しかし、口あたりがいい景観論が叫ばれるなか、丹下による風景の構築がもつ意味は再考に値するのではないか。

阪神大震災の後、丹下は無力感に襲われるのではなく、建築家は積極的に案をだして、「社会を刺激していかなければならない」と述べている（『ＳＤ』一九九五年九月号）。いつしか彼そのものが建築のシンボルと化した。ゆえに、巨匠の死は、見えない廃墟をもたらしたかのようだ。戦後から続く経済成長という丹下の時代は過ぎ去った。しかし、今も変化のときである。以前とは違うかたちで、建築家は社会のヴィジョンを示すことが求められるだろう。例えば、丹下は、早くから高度情報化社会における建築と都市を唱えたが、この課題は達成されていないように思われる。またギリシアのアゴラをモデルとした広場を重視していたが、日本ではなじまないようだ。建築のシンボルが崩れ落ちた後、われわれに大きな宿題が残されている。

丹下健三の知られざる作品

瀬戸内海沿いのエリアには丹下健三の傑作が多く存在するが、淡路島の南端に彼の知られざる作品がたっている。戦死した学徒の記憶を伝え、慰霊するための施設だ。一九六六年に竣工した戦没学徒記念館である。一般的に戦争に関連する丹下の施設としては、爆心地の近くに建設された広島平和記念資料館が有名だろう。今でこそ原爆ドームは世界遺産となり、それが必然だったかのように思われているが、丹下はドームがまだ保存されるかどうかもわからない時期に、コンペの対象となる敷地の外側にある原爆ドームと自らの施設を軸線で結び、相互に補強する画期的な提案によって、一九四九年に一等を獲得した。一方、淡路島の戦没学徒記念館は、文部省傘下の財団法人、動員学徒援護会から依頼された仕事である。

丹下は一九一三年生まれだから、二〇代から三〇代の若かりし日に太平洋戦争を経験している。前川國男事務所に彼と同期で入所した東京美術学校卒の友人、館村治郎が出征する際に贈った雑誌『みづゑ』の臨時増刊ピカソ特集号には丹下が友人に寄せた熱いメッセージが書き込まれて残っている。

今の僕の懐具合ではこれが唯だ一つのものだった。今にもっと良いものを送ろう。本当を言えば、送りたいものは、１９３０以降の Picasso だったし、亦 Michelangelo の作品集だった。そうして L'Corbusier の第三作品集。

［中略］

僕達は本当に仕合はせな時を験《タメ》したと思はないか。こんなに未曾有の大いなる時はかつて無い。

［中略］

何時の日にか　逞しく成長した若い精神共が、この地に帰つて来るだらう。

［中略］

その日に、東京が、フローレンスに代り、パリに代り東京になる。(1)

残念ながら、その友は病に倒れ、帰国後に亡くなった。ゆえに、戦没学徒記念館は丹下にとっても思い入れがある仕事だっただろう。

離れた福良港から見ると、ちょうど大見山の上から鋭い三角形の塔が空を突き刺すかのようにそそり立っている。丹下が得意とするモニュメント的な造形だが、近づくと、起伏のあるランドスケープと複雑に関わるアプローチとなっており、彼らしい強い軸線を持った配置計画ではない。印象的なのは、瀬戸内産の花崗岩を石垣のように屋内外の壁に貼り、土着的な荒々しい雰囲気を漂わせていることだ。敷地内には、学徒の日記などを紹介した、浅いヴォールト天井が内部で反復する展示室や若人の広場などがある。筆者が特別に許可を得て訪れたときは、建物の老朽化や阪神・淡路大震災による落石などで閉鎖され、廃墟のようだったが、経年変化によって建築の裸形がむきだしになっており、かえってすごい迫力をかもし出していた。建物を出て少し下ると、最後に高さ二五メートルの記念塔にたどり着く。遠くからは視認できないのだが、この塔はいわゆる円錐ではなく、鉄筋コンクリート造のＨＰシェルをなぞった曲面を描き、全体の形状は学徒を象徴するペン先をモチーフにしたという。

藤森照信は戦争の空間と関連づけなら、以下のように、この建物を評している。

なかに入ると打ち放しのカマボコ天井が低く連なる暗い半地下空間で、戦死した学生たちの遺品と遺影が展示され、敗戦後戦地に放棄された日本軍のトーチカに迷い込んだような錯覚に襲われる。

［中略］

誘われるまま、塹壕状に掘られた通路を上り下りしながら先端にいたると、忽然と打放しの慰霊碑が現れ、その放物円錐を半割りにしたような姿は、合掌の形に思えてならない。(2)

シンボルとしての塔と、変化のある歩行体験を誘発するランドスケープと融合した建築群がアンサンブルを成す。巨匠の作品の履歴においても、はっきりと慰霊のモニュメントとしてつくられており、その荒々しいデザインもユニークな作品である。本人も意気込んで設計したという。にもかかわらず、なぜあまり知られていなかったのか。藤森でさえ、一九九〇年代にアメリカ人の研究者から初めてこの建物の存在を教えられたという。それは作品が建築雑誌できちんと発表されなかったからだ。丹下事務所でこの作品を担当した神谷宏治によれば、竣工の記念式典の主催者に戦中に指導的な地位にあった政治家の岸信介、奥野誠亮らの名前があったほか、塔から見下ろす岬の下に海上自衛隊の艦船が集まることを丹下が知り、依頼のときには説明がなかった施設の政治性に反発したからだという(『丹下健三』新建築社)。

慰霊建築1：伊東忠太の震災記念堂

神社と言えば、過去の建築というイメージがあるかもしれない。実際、現代の建築界ではほとんど話題にならないし、建築史の教科書を読んでも、近代以降はほとんど神社の記述はなく、出てくる神社は近代以前の歴史的な建造物だ。しかし、実際には、近代日本では、新しいタイプの神社を創建され、まさに同時代建築として受容されていた。例えば、建築史家の足立康は『日本建築史』(地人書館、一九四〇)において、明治維新以降の「現代」は護国神社が各地に建つようになったほか、海外にも神社が建設される新しい状況を迎え、今や「神社建築の隆昌時代を招かんとしている」と書いている。同じく建築史家の田辺泰も、明治以降、「神社建築隆昌の時代を現出しつつある」と述べた（『日本建築の性格』乾元社、一九四六）。また美術・建築評論家の板垣鷹穂は『民族と造営』（六興商會出版部、一九四三）において、明治建築の大事件を六つ選び、第一が皇居造営であり、第二が靖国神社の創建と記し、昭和の代表的な公共建築として国家のために戦没者を御神柱とする靖国神社の神門を最初に挙げている。実際、この新しい神社には東京観光ツァーの定番となった。

東京大学の建築意匠の教授だった岸田日出刀は、伊東忠太が設計に関わった靖国神社の神門を絶賛した。

護国の英霊を祀る社殿への神門として、規模雄大・手法簡明で荘重の気品に満ちている。靖国神社に参拝して護国の英霊に無限の感謝を捧げるごとに、わたくしはこの神門の建築としてのすばらしさに心打たれる。

岸田は、他にもエッセイ集『壁』（相模書房、一九三八）において、靖国神社の神門に「日本建築の真心」を感じ、簡明な鳥居と神門が胸に迫り「護国の英霊によせる血涙の感激と感謝の外何ものもない」と述べている。

ただし、これは伊東に対する歴史的な評価と異なっている。通常、彼はインド風を大胆に採用した築地本願寺（一九三四）や、コラージュ的な震災記念堂（現・東京都慰霊堂）のように、独創的なデザインによって知られている。後者は一九二五年二月末締切の大震災記念建造物設計図案のコンペを経て、一九三〇年に竣工した関東大震災の死者を慰霊する施設で、敷地は災後の突風で火炎が巻き起こり、逃げ込んだ多数の被災者が焼死した横綱町の公園である。これは罹災者の霊を永久に追悼することと社会教化の機関として利用することを目的とするもので、審査員は塚本靖、伊東、佐野利器らがつとめている。

結果は同年の三月に発表され、岸田も応募していたが、塔状の案が多かったという。一等になった前田健二郎による実施設計が行われたが、ローマの記念柱をモデルにした西洋風のデザインがふさわしくないという反対やフランスの建築のパクリではないかという意見が寄せられて、お蔵入りとなる。岸田はこう指摘した。

もし当選図案がそのまま実施されていたら、をよそ震災記念堂の名にふさはしからぬ欧羅巴趣味のものとなって、年毎の震災記念日に詣でても、心から死者の冥福を祈るには、あまり適切のものとはならなかったであらう。(4)

結局、審査員の伊東が震災記念堂を設計することになった。現在では考えられないが、昔のコンペではこうしたケースがときどき起きている。本人によれば、当局が「予に純日本式の建築の立案を依頼」しにきたという(「震災記念堂」『日本建築の研究(下)』龍吟社、一九四二)。一九三一年に彼はこう述べている。

死者の霊を祀り祭典を行ふ所である以上、当然宗教的威儀を保ち、浮華に陥らず、粗野に流れず、而して森厳なる気分の漂ふものでなければならず、これがすなはち精神的実用である。これがために日本古来の社寺の様式に由るより外にはその道がないと思ふのである。(5)

共に、伊東忠太　震災記念堂

特徴は、教会のようなバシリカ式の平面をベースとしつつ、外観は入母屋や唐破風の屋根、三重の屋根をもつ納骨塔、城壁の石垣など、日本の伝統的な建築の要素を組み合わせた折衷主義的なデザインだろう。ほかに中国やインドから着想をえた相輪やガーゴイル風の装飾を設けている。これはポストモダンにも通じるテイストであり、伊東にしかできないような強いクセをもつ。彼によれば、設計の指針は以下の通りだった。「様式は純日本式とし、仏堂の観を表現すると同時に幾分神社の気分を潜在せしむること」。「細部の手法には必ずしも古式を踏襲せずして、随所に新案を試みること」。そしてあえて命名するならば、昭和時代の様式だと述べている(『震災記念堂』)。彼は古建築を引用しながら、過去にないデザインを創造した。

伊東は霊廟建築の歴史を以下のように概観している。

> 廟とは、元来死者の霊を祀る為めに造営された施設で、即ち、広義の墓の一種類と認めることが出来る。而して、其の祭祀の対象物が或は遺骸其の物であり、或は死者の像であり、或は位牌であり、或は遺物であり、或は其の霊を代表するものであり、其の種類の異るに従って其の建築や施設に異同があり、従って其の呼称を一にしない。[6]

例えば、「大廟」と呼ばれた伊勢神宮も、廟の一種と考えられ、その場合、礼拝の対象は国の祖先の御霊を代表する神鏡だという。ゆえに、神社も一種の廟と認められると述べている。

併し、一般に所謂廟は多くは仏に属し、遺骸を伴ふ場合が普通であり、これを埋葬した地点に墓標を建て、其の前に礼拝の便宜の為めに堂宇等を備へたのが多い。

［中略］

廟が建築の一科として大成したのは、恐らくは豊臣秀吉の豊国廟に始まると思ふ。(7)

豊国廟（一五九九）は、秀吉が亡くなった後、すぐに建設されたものである。社殿のデザインは、北野神社の形式を参照し、八十余の殿舎がある壮大かつ華美な廟だった。社殿の様式は、入母屋造の本殿と拝殿を連結する石の間をもつ権現造である。しかし、豊臣氏が滅ぼされたことを受けて、建物は壊されているが、その後の東照宮などの廟建築に多大な影響を与えた。日光東照宮は権現造の形式を採用しつつ、装飾過多であり、伊東によれば、「神社的のものと仏寺的のものとの両種より組織されている」（「建築より見たる徳川家霊廟」）。彼が震災記念堂で掲げた寺院＋神社のコンセプトは、ここから来たものだろう。徳川氏の日光東照宮は、桃山時代の様式を継承しつつ、豊臣氏を滅ぼしたことから、彼らの廟を凌ぐデザインを見せるべく、華美を究める必要があった。

慰霊建築2：靖国神社と日本らしさ

だが、伊東が関与した靖国神社の神門の場合、岸田はむしろ作家性の消去を高く評価していた。実際、伊東らしさを感じることができないデザインである。後述するが、これは没個性的なデザインが少なくない、忠霊塔の特徴とも似ているだろう。おそらく、特定の個人のデザインが強調されるのはふさわしくないという判断があったのだろう。また震災記念堂に存在していた仏教的な要素や、日光東照宮の派手な装飾を排除していることも、評価のポイントになっている。なお、現在は同じ靖国神社でも、伊東が手がけた鉄筋コンクリート造による仏教建築風の遊就館（一九三一）が重視されており、デザインの観点から神門が言及されることはない。

国が設立した靖国神社は、人の霊を神の霊に転化しつつ、忠魂を慰めることを目的とし、日露戦争後、各都道府県の護国神社（当初は招魂社）や忠魂碑のトップに位置づけられるものとされた。ただし、必ずしも最初から現在のようなイメージの空間ではなかった。一八六九年、九段に招魂社を建てたものが靖国神社の前身であり、社殿こそ神明造だったが、当初は西洋の灯台を思わせるような常燈明台（一八七一）や、イタリアから来たお雇い外国人のヴィチェンツォ・カペレッティが設計した煉瓦造によるヨーロッパの城郭風の遊就館（一八八一）が目立つハイカラな近代空間だった。また明治末に建築家の長野宇平治は、日露戦争の勝利を祝して、鳥居のある橋、ローマ風の円柱をもつ興行場、エジプト風や東洋風を加味した「チャンポンスタイル」の記念門を設置し、「東京の『アクロポリス』を造る」改造計画を考案した（『建築雑誌』一九〇七年十月号）。エンターテイメントの場所ではあるが、必ずしも純和風の慰霊空間ではなかった。

だが、大正になると、「不調和なる建築雑然たれば遊就館と社殿との間に高さ五尺の土堤を築き之に常緑樹を植えて堺となし社殿の威厳を保たしめ神楽堂も位置を換へ南門及び裏門は全く閉鎖して通行を禁じ」、緑を増やして「鬱蒼たる樹林の中に古雅なる社殿を隠見せしめて、自ら敬虔の念を喚ばしめ池には清らかな水草の花を咲かしめる」改造が提案された（「靖国神社神苑の大改造」『建築雑誌』一九一五年二月号)。また神社局技師の角南隆は、「神社境内施設心得」として公園・植物園・動物園・娯楽場と混ぜずに、すぐれた風景を創造すべきと主張している(「速谷神社境内植樹の計画に就て」『神社協会雑誌』一九二五年三号)。日本最大の鳥居(一九二一年当時)や伊東の神門などが設置され、靖国神社の境内が日本的なイメージとして再編された。

岸田は『過去の構成』(相模書房、一九五一、初版刊行一九三八)において、靖国神社の「形と構造との原形と極致」をもつ「神明鳥居の美しさと神々しさは、我々に数しれぬ啓示を与えてくれる」と述べている。すなわち、靖国神社は日本的なるものの核心に触れていると同時に、モダニズムも推進していた岸田だから、近代建築にも通じるシンプルな美を感じていた。が、現在のわれわれから見ると、通常のデザイン批評という枠組みを超えた、ファナティックな言説に思われるだろう。むろん、いまの美術館や庁舎のように、当時は公共的なビルディングタイプとして慰霊の施設はきわめて重要だったに違いない。とはいえ、筆者も初めて岸田の文章を読んだときに驚いたのだが、さすがに靖国神社に対するこうした過大な評価は現代において通じないだろう。いずれにしろ、当時の建築家にとって神社は無視できないアクチュアルな問題だった。

やはり近代に創建された軍神神社は、東京の乃木神社(一九二三)と東郷神社(一九四〇)のように、有名な英雄を祀り、国民の愛国心を鼓舞した。それぞれの祭神は、ナショナリズムに拍車をかけた日清・日露戦争で活躍した陸軍の乃木希典将軍と海軍の東郷平八郎元帥である。特に前者は明治天皇の死を聞いて、夫婦で後追い自殺したことにより、神格化され、伏見、函館、下関など、日本各地で乃木神社がつくられた。那須野や東京では、大江新太郎が設計を担当したが、個別に異なるデザインになっている。乃木と東郷は日露の戦争霊を慰めるため、旅順に表忠塔を建てる計画の発起人だった。

だが、近代国家にとって重要なのはむしろ、名も知らぬ戦士たちを慰霊する施設だろう。ベネディクト・アンダーソンは、無名戦士を弔う施設は近代に発芽した国民の想像力を強く刺激することを指摘した。

> 無名戦士の墓と碑、これほど近代文化としてのナショナリズムを見事に表象するものはない。これらの記念碑は、故意にからっぽであるか、あるいはそこにだれが眠っているのかだれも知らない。そしてまさにその故に、これらの碑には、公共的、儀礼的敬意が払われる。これはかつてまったく例のないことであった[8]。

靖国神社とその全国的なネットワークを形成する各地の護国神社は、国家のために戦死した多くの兵士を祀る施設である。ここで重要なのは、有名な人物ではなく、隣人、あるいは家族も合祀されるかもしれないという匿名性だろう。そして近代の戦争によって各地に建設された多くの忠霊塔も、同じような機能を果たしていた。

慰霊建築3：ポピュリズムとしての忠霊塔

戦時下の日本では建築界をにぎわせた忠霊塔のコンペが行われた。その引き金となったのは、一九三九年七月、「皇戦ニ殉ジタル忠死者ノ遺骨ヲ合祀シ其ノ忠霊ヲ顕彰スル」目的を打ち立て、国内や植民地に忠霊塔を建設すべく、設立された財団法人の大日本忠霊顕彰会である。陸軍省、海軍省、内務省、外務省などが所轄する同組織は、同年八月に忠霊塔設計図案顕彰募集を発表した。応募要項には「聖戦に護国の華と散りたる忠勇義烈の士の分骨を安置して、その忠霊を顕彰し、その偉勲を記念する」こと、「その意匠は素朴、簡明を旨とし、忠死者の英雄を最も崇高荘重に表頌すべきもの」と記されていた。審査員のメンバーとしては、伊東、佐野、内田祥三、佐藤功一、岸田らが入り、十一月末の締切までに実に一六九九点もの応募が寄せられている。

コンペは第一種、第二種、第三種に分類されており、それぞれ主要な戦地の中国大陸、内地都市、内地の市町村におけるモデルを募るものだった。前川國男のほか、坂倉準三、佐藤武夫、吉村順三、吉田鉄郎、堀口捨巳、小阪秀雄、星野昌一らのモダニズム系の建築家が参加していた。前川は一種にピラミッド型、二種に穴が空いた直方体のデザインを提出している。また佐藤は塔状の直方体、小阪はマスタバ状、堀口は丸窓と細い柱が印象的な案だった。そして坂倉は列柱があるエジプト神殿風のヴォリュームの前にピラミッドを置く。彼らはもっとも多くなりそうな墓石型やベタな日本らしさの表現を避けようとしていた。

ただし、完全なモダニズムではない。類似した傾向を探すと、ムッソリーニ政権下のイタリア合理主義、あるいはブレーやルドゥーなど、フランスの革命期における幻視の建築家に近いだろう。いずれも近代建築の核となる幾何学的な形態操作を行いながら、同時にシンボリックな性格をもちあわせたデザインである。イタリア合理主義は様式的な装飾を排除しながらも、古典主義の建築がもつ構成や比例の感覚を受け継ぐ。そして幻視の建築は過激なまでの純粋幾何学への還元やメガロマニアックへの志向性ゆえに、起源の建築を想起させると同時に、永遠性や崇高性の概念を喚起させるものだった。ピラミッドやマスタバなどは、古代エジプトにおいて墳墓として使われた形態のタイプであり、忠霊塔に向いていただろう。

とはいえ、コンペの結果、選ばれた案はやはり従来の墓石型が多く、新聞や全国を巡回した展覧会で入選案を見たモダニズムの建築家は失望した。もっとも、帝冠様式に通じる日本的な装飾が付いた案も落とされていた。では、そもそもなぜ彼らはこのコンペに参加しようと思ったのか。井上章一の『戦時下日本の建築家』(朝日新聞社、一九九五)が、当時の状況を詳細に論じているので参照しよう。一九三〇年代は帝冠様式と呼ばれる近代的な躯体の上に和風の瓦屋根をのせたデザインが流行し、コンペの要項においても日本らしさが求められ、モダニズムが苦戦していた。しかし、忠霊塔のコンペでは「意匠は素朴、簡明」と記されており、日本趣味の装飾を排除した方が良いと読むことができる。また審査員には、日本趣味を好んだ伊東らの大御所もいたが、既存の忠霊塔を批判し、モダニズムを推進した岸田も含まれ、コンペでは簡単性や無装飾が重要であると述べていた。

しかし、審査の日、岸田は広東出張のために欠席し、凡庸な案ばかりが選ばれる残念な結果となった。井上は、政府の意向について興味深い指摘をしている。戦争が激化するなかで死者が増え、全国各地で忠霊塔を建てたいという声が起こるが、むしろ政府は行き過ぎにブレーキをかけ、内務省から一市町村に一基を認めるという通牒をだし、簡素化や華美壮大の否定をうたった。井上は、時勢を鑑みて、無駄や贅沢をしない禁欲さが望ましいと判断したからではないかという。当時、建築史の藤島亥治郎も、忠霊塔に触れて、このように述べている。国家事業を永久に記念すべき各種のモニュメントを次々と建設すべき時代が訪れた。ただし、「現代の記念建造物なら現代的若さに満ちたものでなければならぬ。殊に現代は清新明朗簡素なるを要求する。装飾は適度にして始めて価値を生ずべき事など多言を要しまい(9)」。

もっとも、政府は純粋なモダニズムの忠霊塔が欲しかったわけでない。一方、戦局が激しくなるなか、建築家は芸術的な表現を追求できる仕事が減少していた。ゆえに、彼らは忠霊塔のコンペを千載一遇のチャンスと捉えたが、陸軍の技師が作品を絞り込む選考のプロセスに関わっていたことで、結局は巨大な墓石型が増えたようだ。また井上によれば、忠霊顕彰会の会長・菱刈隆が、忠霊塔は外国のモニュメントとは異なっており、日本のお墓という観念を失うべきではなく、塔があるのが合理的だと述べている。こうした方針が結果を左右したのだろう。

実態として忠霊塔は、建築というよりは一種の墳墓である。イタリアの建築家、ジオ・ポンティが「墓のファサードには窓がありません。そこでは誰も会わないからです。窓は生命であり内部でありますす」と述べたように(『建築を愛しなさい』美術出版社、一九六二)。戦死者の遺骨が埋蔵されていなければ、忠魂碑となってしまう。大江志乃夫によれば、そもそも忠霊塔の起源は、日露戦争の後、旅順の白玉山、爾霊山に建設された忠霊塔のように、激戦地に散乱した遺骨を集めて埋蔵したものである(『靖国神社』岩波書店、一九八四)。流行曲の「満州行進曲」(一九三二)で「過ぎし日露の戦いに　勇士の骨を埋めたる　忠霊塔を仰ぎ見よ」と歌われたように、当時の日本人はそうした認識を共有していた。

なお、内務省からは忠霊塔が神社の伝統的な形態と類似しないよう通牒が出されており、日本趣味も否定されていた。こうした状況を彷彿させる以下のエピソードを紹介しよう。満州国では、靖国神社に相当するものとして建国忠霊廟（一九四〇）が建設され、墓石型の新京忠霊塔（一九三五）を変形させた本殿と、神社建築をモチーフとした拝殿をもっていた（西澤泰彦『海を渡った建築家』彰国社、一九九六）。またデザインの軸線も日本の伊勢神宮に向くように配置計画が調整されている。ただ、関東軍司令部の発案による天照大神と戦没者を同座合祀する建国廟は、国内の神道関係者から強く批判され、戦没者のみを祀ることにして、天照大神を祀る別の施設として建国神廟がつくられたという。後者のデザインには権現造が採用されている。ある種の記念碑性が求められる忠霊塔と、日本らしさにつながっていく神社を混同するのは、あまり歓迎されなかったのだ。続く東京市忠霊塔のコンペでも前川國男は石垣を用いた奥津城をモチーフとし、日本らしさを意識しながら、神社や塔の形状を避けた。

忠霊塔のコンペは国民的な行事だった。菱刈は新聞紙上で、全国民の頭脳と力量を総動員するために、全国の学校、技術家、書生、店員、農夫もみな考えてもらいたいと抱負を語っている。二〇一五年のオリンピックのエンブレム問題によって、プロのデザイナーの競争であることよりも、小学生でも参加できることが重視されることになったが、戦時下でも新聞は子供が応募する話題、美談や作品が殺到したことを積極的に記事にした。ゆえに、デザイナーの専門的な価値判断よりも、大衆が納得しやすい平凡な案が選ばれたのではないかと、井上は指摘している。新しい形態を生みだそうとする、前衛だったモダニズムに勝ち目はなかった。いわば国民参加と大衆性の発露としての忠霊塔である。

丹下健三のモダニズムとシンボリズム

戦時下の一九四二年に開催された大東亜建設記念造営計画のコンペは、一等案に選ばれたのが、丹下健三のデビュー作だったことで、建築史に記憶されることになった。これは実施コンペではなく、建築学会が企画したアイデア・コンペであり、プログラムは応募者が自由に決めることができ、彼は富士山の裾野に忠霊神域を提案している。忠霊塔や忠霊碑、あるいは靖国神社や護国神社など、日本各地で建設された戦没者施設の頂点になるものをイメージしたのかもしれない。

画面の左奥に霞のなかの富士山が見え、右手前の神域を俯瞰する、神がかった丹下のドローイングがよく知られている。ほかにも西山夘三の「大東亜聖地祝祭都市計画案」が忠霊塔を備えた空間を提案したり、富士山麓を敷地に選んだ作品はあったが、丹下の構想は圧倒的にスケール感が大きい。なぜならば、神域だけのプロジェクトではなく、富士山の麓と東京の皇居周辺を一時間で結ぶ大東亜鉄道と大東亜道路でつなぎ、その途中に政治、経済、文化の中枢、住宅地のエリアを配置しているからだ。すなわち、首都機能移転やインフラの敷設を伴う、途方もない国土改造計画である。しかも全体の要となるのが、忠霊神域だった。ここに至る鉄道と道路の壮大な軸線を参道と見立てることができるだろう。

藤森のインタビューによれば、丹下は個人的に富士山が好きであり、また戦争で友人が亡くなっており、彼らの犠牲を無駄にすまいという思いから、こうした設定に決めたらしい(『丹下健三』)。丹下は以下のように計画主旨を説明している。エジプトやキリスト教のようなモニュメントをもたなかったことこそが、「神国日本の大いなる栄光であり、おほらかなる精神であった」。また「自然そのものが聖なるかたちとして受け取られた」(『建築雑誌』一九四二年十二月号)。ゆえに、西洋風の大きなヴォリュームではなく、聖なる場をつくる空間によって記念碑性をもたらす。忠霊神域には、鳥居の他、伊勢神宮や家形埴輪をモデルとした正殿がある。だが、それに対峙する国民広場や全体計画を貫く軸線などは、ヨーロッパ的な都市デザインだろう。忠霊塔のコンペがモダニズムも日本趣味も嫌い、ポピュリズム的な墓石型になったのに対し、丹下はアクロバティックに日本的なものと西洋的なものを融合させつつ、モダニズムに通じる空間イメージをつくりだした。世間からは注目されない学会主催のコンペゆえに、思い切った案が選ばれたと思われるが、丹下の提案は、審査員の岸田の期待をさらに超える奇跡的な作品になった。

戦後の丹下は、東京計画1960や大阪万博の会場計画など、強い軸線をもつ都市的なスケールのプロジェクトを手がけ、国民的な建築家にのぼりつめていくが、そうしたデザインの萌芽はすでに大東亜建設記念造営計画に認めることができる。戦前とのつながりという意味では、当初、広島平和記念資料館も慰霊堂を設ける予定だった。もともと広島では、市民が身元不明者の遺骨を自発的に集め、爆心地の三角地に塚をつくり、慰霊堂をつくるべきだという声があがっていた。また浜井信三郎市長と復興顧問となった建築家のジャービィ少佐が、慰霊堂と平和公園のコンペを準備し、五重塔のような鐘楼を構想していた。このアイデアを相談された丹下は、伊東の震災記念堂のように、ひどい歴史主義の建築となり、すぐに市民から忘れ去られるとして強く批判している（『丹下健三』）。ただし、市民からの声があがっていることを重視し、平和公園に組み込むプログラムとして広場、国際会議場、原爆資料室、慰霊堂を含む記念塔などを市長に提案した。

しかし、一九四九年に発表されたコンペの要項では、アメリカを刺激しないことを配慮したため

共に、丹下健三　戦没学徒記念館

か、慰霊の施設が外されてしまう。その後、丹下がコンペに勝利したことは周知の事実だが、このとき彼は要項で求められていない慰霊碑や、無縁仏の遺骨を収める地下の慰霊堂も提案した。地元の政治家の介入により、計画案は変更を余儀なくされていたが、広島の鐘の塔を自主的に構想していたイサムノグチに、丹下は慰霊堂のデザインを依頼する。その造形は、古墳時代の家形埴輪、あるいは銅鐸を想起させるものだった。だが、これも最終的にキャンセルされてしまう。慰霊の空間は、日本人がつくるべきであり、ノグチが原爆を落としたアメリカ人だったことから反対されたからだ。したがって、後に丹下が戦没学徒記念館を依頼されたとき、彼が力を入れてデザインしたことは想像に難くない。

広島の平和記念資料館（一九五二）は丹下の代表作となったが、その半世紀後、彼は平和祈念公園の一角で原爆の死者を追悼する施設も手がけていた。二〇〇二年八月にオープンした国立広島原爆死没者追悼平和祈念館である。平和記念資料館は、原爆ドームに到達する強力な中心軸を設定し、焼け野原に都市スケールの明快な秩序を与えた。しかし、半世紀後に設計された平和祈念館は、むしろこの幾何学や公園の緑を邪魔しないよう、ほとんどの部分を地中に埋める。地上には悲劇の瞬間、八時十五分を示す小さなモニュメントが見えるだけだ。

内部に入り、反時計回りに円を描くスロープを降りる構成は、時をさかのぼる行為を連想させるだろう。そして一番下に到達すると、吹き抜けになった追悼室が出迎える。象徴的な形態である円形の空間は、高さ八メートル、直径一八メートルの大きさをもつ。周囲の壁には、かつての町名を記した陶板と焦土の風景のレリーフが、パノラマ状に展開している。広島の写真は、原爆死没者の数にちなみ十四万のドットで処理されたという。

丹下の戦没学徒記念館とは方向性の異なるデザインである。一九九〇年代以降、建築を隠す手法は注目されたが、巨匠の事務所でもそれを採用したのは興味深い。その静けさは慰霊の空間にも適している。そして、死者のデータにアクセスできるデジタル・アーカイブの空間が地下にある。先行事例として、ある企業の依頼によって隈研吾も慰霊碑ではなく、データ化された記憶と接続する慰霊空間をアイデア・レベルですでに提案していたが、今後もっと重要になる装置だろう。もっとも、出口付近の余りの部屋にしかなっていないのは残念だ。また被爆したがれきを、わざわざ地上に並べたのは、テーマパーク的な演出を思わせる。死者を弔う空間にとっての洗練されたデザインとは言い難いだろう。

永遠の火が演出する慰霊空間

最後は建築のデザインというよりも、慰霊空間の装置として水と火を効果的に使う事例を見よう。一九六四年、丹下の設計によって平和の灯が、原爆ドームに続く軸線上に追加で設置された。建立の目的は「水を求めてやまなかった犠牲者を慰め、核兵器廃絶と世界恒久平和を希求するため」とされ、核兵器がなくなる日まで火を燃やし続けるという。台座は平和の池に面し、手首を合わせ、手のひらを空に広げたような造形である。水を求めて被爆者が亡くなったイメージは、長崎でも強く、平和公園の平和の泉（一九六九）にある石碑には、「のどが乾いてたまりませんでした。［中略］どうしても水が欲しくてとうとうあぶらの浮いたまま飲みました」というある少女の手記に基づく言葉が刻まれている。平和の泉を設計したのは長崎出身の武基雄だが、自作を紹介する際、そこで数人の老女がかわいそうにと言いながら、ひしゃくで碑に水をかける場面を目撃したことを記していた。白井晟一が構想した原爆堂（一九五四）も、澄んだ池の中に方形を貫く円筒のヴォリュームたちの二本の火の塔が並んでいる。水によって、周囲と切り離された聖なる神殿を演出しているのだ。ちなみに、原爆の残り火を懐炉で持ち帰り、現在も福岡県で保管しているという原爆の火も存在する。物体ではないが、一九四五年八月六日という特定の時に遡ることができる聖なる存在なのだ。

燃え続ける永遠の火というモチーフは、聖地や慰霊の空間においてしばしば用いられる。パリの凱旋門における無名戦士の墓（一九二〇）は円の中の聖火、追悼施設化したベルリンのノイエ・ヴァッヘにおける永遠の火（一九六九）、アメリカのアーリントン国立墓地のケネディ大統領の碑（一九六三）ほか、モスクワの無名戦士の墓、ブルガリア、カザフスタン、ブリスベンのホロコースト美術館、ジャカルタの国立カリバタ英雄墓地（一九五四）において英霊碑と並ぶ永遠の火など、世界各地の事例が挙げられる。火は常に移ろい変化を続けるが、燃え続ける限りにおいて同一のものとして認識される。ゆえに、人類にとって永久性と聖なるイメージを普遍的に喚起するからだろう。西洋では地面の隙間から火が出ているケースが散見されるが、おそらく起源をたどると、自然に発生した大地の裂け目から吹きでる火の風景や、ゾロアスター教の火炎崇拝などに遡るのではないだろうか。

日本に戻ろう。沖縄の平和祈念資料館（一九九九）に隣接する平和の礎（一九九五）は、スリバチ状の敷地に対し、中心の広場に平和の火を灯し、そこから同心円状に敵味方の名を刻んだ石碑群を配置する。ここの火は、広島の「平和の灯」と長崎の「誓いの火」から分けてもらった火をあわせ、一九九一年から灯し続けたものだ。種火は平和の広場の地下で保存している。特定の宗教を想起させないのも、火の利点だろう。また沖縄戦の終結した六月二十三日の日の出の方向を示す軸が、平和の礎の全体を貫く。なお、長崎の誓いの火は、オリンピックの聖火をギリシアから分けてもらったものであり、灯火台（一九八七）で燃やし続けている。栗生明が設計した国立長崎原爆死没者追悼平和祈年館（二〇〇三）は、爆心地への方向性を打ちだしながらも、ほとんどの施設を地下に埋める。その代わりに地上にあるのは、被爆者が求めた水をイメージした水盤と、水面下に設けた七万の光ファイバーだ。この数は原爆による推定死没者にちなむ。実際の火ではないが、冷たい光は魂のイメージだろう。国際コンペで磯崎新によって選ばれたジュセッペ・バローネの水俣メモリアル（一九九六）は、不知火の海を望む場に祈りの噴水を設け、敷地全体に漁火のようなステンレスボールをちりばめる。これは銀色のオブジェだが、火と魂のイメージを重ね合わせている。

実は3・11の被災地でも、すでに永遠の火が灯されている。筆者が目撃したのは、まだ本格的な施設ではないが、石巻と南相馬だった。石巻の永遠の火は焼けただれた門脇小学校手前の旧住宅地エリアに設けられた。ここは、被災一ヵ月後から「がんばろう！　石巻」の看板を掲げていたコンビニの跡地であり、その後も残っている。風で消えないよう保護された火は、被災した石巻地域から木片を集め、それを種火としたらしい。二〇一二年三月十一日付けで「亡くなられた

方への追悼の思い　生き残った私たちの〝がんばろう〟とする思い　心に残したく燈しました」と記されている。南相馬では、二〇一二年三月に市役所の近くに希望の灯りが設置された。東日本大震災で亡くなった人々の「生きた証し」、原発事故でふるさとを離れざるを得なかった人々の「道しるべ」、今を生きる市民の「希望の光」として建立したという。一九九五年の阪神・淡路大震災の後、全国の各都道府県から種火を集めて、神戸市の東遊園地に設けた1・17希望の灯りから分灯したものだ。いずれも慰霊だけではなく、未来志向の思いを託している。火は異なる悲劇の場所をつなぎ、人々の思いや行動のリレーを象徴する。これらの火は、やがて被災地で正式につくられる慰霊施設に移管されるだろう。

実は本論の冒頭で紹介した空を突き刺す三角形、丹下が手がけた戦没学徒記念館でも、同じモチーフが持ち込まれていた。筆者が訪れたときは点灯していなかったが、記念塔の手前では、永遠の火が灯されていたようで、碑文にはこう記されている。

「戦いが終わって　二〇万人の学徒は死に　再び学舎にはもどらなかった／この永遠の灯は　若くして死せるその生命をいたむために　またその生命が願ったものを道標として次の若い世代に伝えるために　この広場で　永遠に燃えつづける／若人よ不純の劫火を消せ／若人よ不屈の理念を燃やせ／若人はここに巨歩を発するのだ」。

（1）『芸術新潮』二〇一三年八月号、四〇―四一頁。

(2) 藤森照信『丹下健三』新建築社、二〇〇二年、二八四頁。
(3) 岸田日出刀『建築学者　伊東忠太』乾元社、一九四五年、二二二―二二三頁。引用にあたり旧字を一部改めた。以下同。
(4) 同書、二二八頁。
(5) 伊東忠太「震災記念堂」『日本建築の研究』下巻、龍吟社、一九四二年、三三五頁。
(6) 伊東忠太「建築より観たる徳川家霊廟」『日本建築の研究』下巻、三一八頁。
(7) 同論文、三一八―三一九頁。
(8) ベネディクト・アンダーソン『想像の共同体――ナショナリズムの起源と流行』書籍工房早川、二〇〇七年、三四頁。強調記号を改めた。
(9) 藤島亥治郎「記念建造物としての建築様式」『瑠璃塔』相模書房、一九四〇年、一〇二頁。

8. スローアーキテクチャーの歩み——代官山ヒルサイドテラス

どんな建物であれ、有名であるほど、やっかみを含めて、良いとか悪いといった両方の意見が出るものだが、不思議と代官山ヒルサイドテラスだけは陰口を聞いたことがない。こんなにすばらしい建築があるのだろうか。また一九九〇年代に雑誌の『建築文化』において、現存する日本の集合住宅で、もっとも評価する作品を質問するアンケートがあったとき、一〇七人の建築関係者が回答し、ダントツでトップだったのが、この代官山集合住宅である。ちなみに、二位は同潤会アパートだった。

槇文彦（一九二八—）は、土浦亀城の自邸や谷口吉郎による慶応幼稚舎などのモダニズムの空間を幼少期から体験し、丹下健三研究室で学び、アメリカに留学した。帰国後に手がけたヒルサイドテラスは、旧山手通り沿いの風景をつくる建築群である。意匠はモダニズムをベースとし、決して派手なデザインではない。また一度にすべてが完成する開発ではなく、七期約三十年にわたって、碁を打つように、少しずつ設計したものだ。一般的に日本の都市は単体の建築が好き勝手につくられるために、ばらばらになりがちだが、これはデザインガイドラインなどのルールに頼ることなく、施主の朝倉不動産が気に入ったことにより、ひとりの建築家が長い時間をかけてストリート沿いにモダニズムの街並みをつくりあげた稀有な事例である。

もっとも、モダニズムの都市計画ならば、特定のエリは単一機能になってしまう。しかし、ヒルサイドテラスのプログラムは単一でない。各棟に住居、レストラン、オフィス、ギャラリー、ホールなどが入り、混在する用途は街並みに活気を与えている。またA・B棟のオランダ流のモダニズム、D・E棟のアメリカ風、F・G・N棟のアルミニウムの活用など、時代によって槇の作風が少し変化していることもデザインにほどよい揺らぎを与え、時間の蓄積を感じさせるだろう。実際、ヒルサイドテラスを散策すると、ヴォリュームが適度なスケールで分節されていることにより、建物の隙間から、路地のような空間を体験できる。記号的な日本風のデザインはどこにもないが、こうした感覚は『見えがくれする都市』（鹿島出版会、一九八〇）において、江戸・東京の微地形や空間の奥性などを分析した槇の成果かもしれない。ヒルサイドテラスは建築と都市が幸福な関係をもつモダニズムを実現した。

すさまじいスクラップ・アンド・ビルドの代名詞とでもいうべき都市・東京において、ほとんど奇跡といってもいいほどのゆっくりとした歩みを遂げたのが、代官山ヒルサイドテラスである。最初に施主の朝倉家が建築家の槇文彦と出会ったのは、一九六七年。ここからすべての物語は始まった。実は、この文章を書いている筆者が、生まれた年である。というわけで、その時間の流れを感じていただくために、個人史や社会史と重ね合わせて、ヒルサイドテラスの軌跡をたどっていこう。

ヒルサイドテラスの地主である朝倉家は、明治時代に米屋をはじめ、やがて不動産業に着手した。東京空襲は、朝倉家の経営する木造アパートも燃やしてしまう。戦後、朝倉誠一郎は、旧山手通りの土地に鉄筋コンクリートのアパートを建てようと考え、慶応義塾大学の縁を通して、槇と知り合う。そして十年をこえるアメリカの生活を終え、日本で事務所を立ち上げたばかりの建築家をすっかり気に入り、計画を一任した。しかし、メタボリズムにも名を列ねていた槇は、SF的な計画ではなく、堅実な街づくりに着手する。もちろん、一九六〇年代に彼が提唱した群造形理論の実践として解釈することも可能だろう。

槇文彦　ヒルサイドテラス

ヒルサイドテラス　模型

一九六九年、第一期としてヒルサイドテラスA棟・B棟が完成。東大紛争が頂点に達し、アポロ11号が初の月面着陸に成功した頃である。A棟・B棟の特徴として以下の三点が挙げられる。敷地の塀をとり壊し、通りを街に開放したこと。フランス料理店のレンガ屋や美容院を含む、店鋪付きの集合住宅を実現したこと。そして適度なスケールに分節されたオランダ流のモダニズムの影響を受けた建築であること。だが、当初、入居者探しは難航したという。

世界がオイルショックで揺れていた一九七三年、第二期のC棟が竣工した。筆者は小学校に入学している。続いて、一九七七年に第三期のD棟・E棟も登場し、ヒルサイドテラスは通り沿いに北西に伸びていく。槇の言葉によれば、第二期はジャック・タチの映画に出てくるようなモダニズム型、第三期はちょっと雰囲気を変え、アメリカの田舎銀行型と地中海ヒルタウン風だという。つまり、同じ建築家でありながら、少しずつ異なるスタイルを試みることで、街並みに彩りを与えている。

筆者は、ヒルサイドの敷地の隣に槇がデンマーク大使館を手がけた一九七九年に中学、槇事務所出身の元倉真琴による第四期のアネックスのa棟・b棟が完成した一九八五年に大学に入学した。筑波では科学博が開催されていた。そして一九八七年、地下ホールである第五期のヒルサイドプラザが登場し、旧山手通りの南側二〇〇メートルの開発は一段落する。思えば、この頃、大学の講義において、槇に設計の課題をチェックしてもらっていた。ともあれ、ちょうど碁を打つように、良質なモダニズム建築がヒルサイドテラスのあちこちに配置されたのである。

そして大御所のアーティストが久しぶりにアルバムを発表するかのように、しばらく間をおいた一九九二年、今度は通りの反対側に第六期として、F棟・G棟・N棟が一挙に出現した。筆者はすでに大学院に進学し、建築を学んでいたので、よく覚えている。この年、毛利衛の乗ったスペースシャトルが飛んだ。素材はアルミニウムを使い、ヴォリュームが大きくなっているが、一〇メートルの軒線でデザインを切って以前のスケールと合わせたり、隅入りのアプローチをそろえるなどして、空間の連続感を演出している。

一九九八年、旧山手通りをさらに北西へ五〇〇メートル進んだ場所に、第七期としてヒルサイドウエストが完成した。レストランや住宅から構成された複合施設であり、槇の事務所も入っている。もともとその向かいには、彼の設計したセダー・ストーン・ヴィラ（一九八四）が建っており、ここはヒルサイドテラスの飛び地のような雰囲気をもつ。一九九〇年代には、ヒルサイドの開発に触発されたかのように、隣接地でも建築家による幾つかの施設が登場し、相乗効果を高めている。

ヒルサイドテラスは、一九九三年にプリンス・オブ・ウェールズ都市デザイン賞を授与された。これはチャールズ皇太子が創設した賞である。彼もイギリスの街並みにあった景観を追求するために、建築界に対して積極的に発言してきたスローアーキテクチャーの旗手だったことを考えると興味深い。最後にヒルサイドテラスの意義をまとめておこう。

第一に、建築を通して都市的なデザインを成功させたこと。例えば、複数の建築を組み合わせ、小さなオープン・スペースや通り抜けできる道を生みだしている。不動産屋に使われるのではなく、建築家も企画に参入し、意見を言える幸福な関係をとり結んでいたことは大きい。『ヒルサイドテラス物語』（現代企画室、二〇〇二）を著した前田礼が指摘するように、ここは朝倉家が相続税のために土地を切り分けながらも、一体感を失わずに住み続ける手法も提示している。そして二〇〇三年に超高層ビルを一気に出現させる六本木ヒルズのような巨大開発とは違い、時間をかけて低層の複合施設を街になじませている。

第二に、じっくりと文化の核を形成してきたこと。アートフロントギャラリーが拠点を置き、様々な展覧会を仕かけてきた。またヒルサイドには粟津潔や矢萩喜従郎のグラフィック・デザイン、ル・コルビュジエやクリストの作品が散りばめられている。建築／デザイン系では、第三期の完成時に元倉、山本理顕、藤江和子らが事務所を置き、原広司、小嶋一浩（シーラカンス）、杉千春らのオフィスも代官山に集中している。そして建築界における新人の登竜門「ＳＤレビュー」も、ここで誕生した。スローアーキテクチャーは、ハードだけではなく、ソフトも確実に育てる。

まさに継続は力なり、である。

9. モダニズムを更新する谷口吉生

特異な日本人の建築家

谷口吉生（一九三七―）は、九谷焼の窯元に生まれた建築家・谷口吉郎の息子であり、モダニズムのデザインをベースに、抽象化された美しい日本的な空間を表現することで知られている。が、同時に特異な日本人の建築家だ。経歴を調べると、以下の二点が指摘できるからだ。

第一に、ほとんど住宅作品がない。通常、日本の建築家は、自邸や狭小住宅を手がけてから、公共施設にステップアップしていく。だが、谷口は、アメリカで建築教育を受けた後、丹下事務所において海外の都市的な規模の仕事を担当していた。独立してからも美術館を中心として公共施設ばかりである。商業施設もごくわずかだ。

第二に、コンペを好まないこと。驚くべきことに、ニューヨーク近代美術館（MoMA）の増改築が初めての設計競技の参加だった。しかも当初は参加の辞退も考えていたらしい。本人によれば、コンペでは相手を負かさないといけないから嫌だという。おそらく、そうした態度は、谷口の作品が一等を獲得するような奇抜なデザインにならないことと関係している。

巨大なスケールと精巧なディテール

谷口の建築には、両極端なスケール感が共存する。豊田市美術館（一九九五）の前面をおおう巨大なフレームは、ローマの大学都市など、イタリア合理主義の建築を連想させるだろう。こうしたスケールは、都市的なモニュメンタリティに対応する。やはり、つくばカピオ（一九九六）の門構えとなるキャノピーは八三メートル×一四メートル、葛西臨界公園展望広場レストハウス（一九九五）のヴォリュームは七五メートル×一一メートルという長大なスケール感をもつ。

京都国立博物館のプロジェクトでは、建築単体ではなく、都市的なスケールを意識している。まず最初に出迎えるのは、先行して二〇〇一年に完成した同じ設計者による南門（ショップやカフェを併設）だが、まっすぐに北に線をのばすと、ちょうど平成知新館（二〇一四）の入口である。すなわち、片山東熊が設計した明治古都館（一八九五）が左右対称のデザインによって、強い東西軸をつくるのに対し、これと交差する緩やかな南北軸を加えた。直交座標系をもつ京都の都市構造を意識したものである。谷口は、広島市環境局中工場（二〇〇四）でも都市スケールの軸線を建築に組み込むが、こうしたデザインの感覚は師匠の丹下健三譲りのものだろう。また平成知新館の細長いヴォリュームは、道路の向こう側にある三十三間堂にも呼応するかのようだ。そのモダニズム的な造形は、隣接する明治古都館の古典主義とは対照的なデザインだが、片山の建築がもつ軒先のラインにあわせて、水平にのびる庇の高さを設定し、その下部に水面を置く。現地にたって二つを眺めると、視覚的な連続性が心地よい。

だが、一方で、恐ろしく精巧なディテールがある。例えば、豊田市美術館の外部階段の手すり。個人的な感想だが、谷口の建築展において展示された模型よりも、実物の方が狂気的なまでの精密さをもっているように思われた。規模が拡大すれば、一般的に粗くなりそうなものだが、はるかに正確な実寸の世界である。モダニズムに引きつけて言えば、工場のような大きさと、機械の

谷口吉生　東京国立博物館法隆寺宝物館

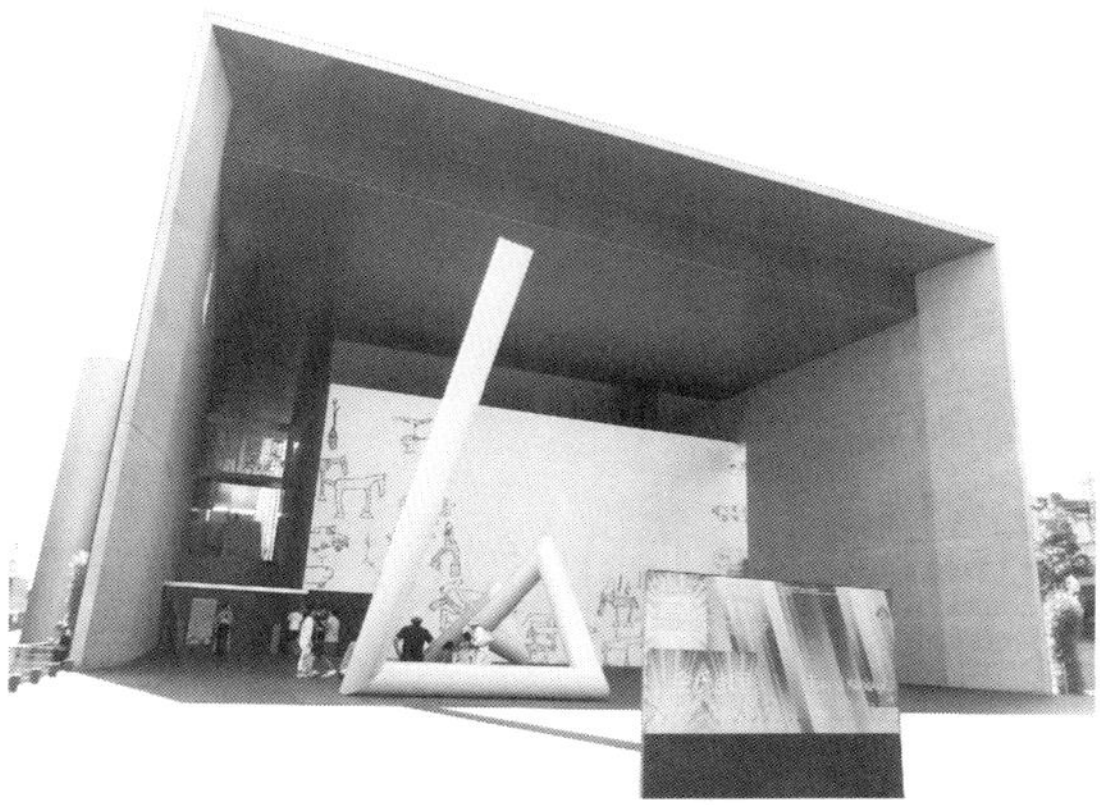
谷口吉生　丸亀市猪熊弦一郎現代美術館

ような精密さというべきか。鈴木博之が指摘するように、そのハードエッジなディテールからは、谷口が建築にとりくむ以前、機械工学を最初に学んでいたことを考慮すべきかもしれない（『谷口吉生のミュージアム』中日新聞社、二〇〇五）。

顔がない建築

建築を擬人化すれば、窓は目になり、玄関は口になるだろう。

しかし、谷口の建築には、そうした意味において顔が欠如している。丸亀市猪熊弦一郎現代美術館（一九九一）や東京国立博物館法隆寺宝物館（一九九九）は、正面に巨大なヴォイドがあり、その奥において層状の構成が展開する。大きな穴がぽっかりと空き、まるで顔がごっそりと消えたかのようだ。逆に金沢市立図書館（一九七八）や東山魁夷せとうち美術館（二〇〇四）の場合は、大きなスクリーンとしてのファサードがあるものの、無表情な壁が立ちはだかる。適当な高さの窓や、はっきりとした玄関はない。広島市環境局中工場は、都市軸から延長されたガラスのパサージュが大きな壁を貫く。安藤忠雄のこども図書館における近代建築へのガラスの挿入が、個性的な顔をつくるのに対し、谷口のファサードでは、またしても穴が穿たれている。

資生堂アートハウス（一九七八）は、円と正方形の組み合わせという明快な平面をもちながら、その幾何学を肉眼で確認することはできない。アプローチから見えるのは、半分が芝生に埋もれたヴォリュームである。そう、あたかも古墳のように出現するのだ。また彫刻の庭を歩くことができない。ゆえに、屋外から見る視線は限定され、むしろ内部から外部を見るための建築になっている。姿を消していくタイプの作品もある。東京都葛西臨海水族園（一九八九）を遠方から見ると、ドームの骨組しかわからない。そして階段をのぼって近づいても、建築の全貌がわからないまま、エスカレータを降りて、内部に入っていく。屋上では、人工の水面がまわりの海に溶け込む。日本国際博覧会政府館基本計画案（二〇〇二）も、屋上に人工池を設けることによって、緑の環境と調和させつつ、その下に建築が隠れている。顔となるようなファサードが存在しない。

フェノメナルな映像性

続いて、谷口における映像性を考察する。

コーリン・ロウによる透明性の議論にならって、建築におけるリテラルな映像性とフェノメナルな映像性と二つに分類しよう。リテラルな映像性とは、文字通りに建築の表面に映像を映しだすこと。例えば、シャネル銀座（二〇〇四）や、NOXによる淡水のパヴィリオン（一九九七）である。一方でフェノメナルな映像性とは、現象として発生するものだ。例えば、青木淳のルイ・ヴィトン名古屋（一九九九）や、ダン・グレアムのパヴィリオンのごとき、妹島和世の鬼石多目的ホール（二〇〇五）。いずれもモワレ、風景の反射、像の重なりなどによって、映像的な現象が発生する。

谷口の資生堂アートハウスは、線路のすぐ近くに位置し、頻繁に行き交う新幹線が横長の窓に映り込むことが計算されている。また人工池などを配し、建築の姿を映したり、水面から反射する光と影によって、映像的な効果を与える作品も少なくない。例えば、土門拳記念館（一九八三）、長野県信濃美術館東山魁夷館（一九八九）、東京と京都の国立博物館である。水も光も昔から活用される空間の要素だが、リテラルな映像が可能になった現在、映像という文脈から再考できるのではないか。また豊田市美術館では、ダニエル・ビュレンによる鏡のパヴィリオンが設置されている。周囲の風景を乱反射しており、アーティストによって建築の映像性がさらに増幅されたとみなすことができるだろう。

谷口は、「観客動線を変化する視覚の連鎖としてとらえること」の重要性を述べている（『新建築』一九九六年十一月号）。実際、設計の際は、周囲の敷地をよく観察し、建築からどのような風景が見えるのかをいつも意識しているという。テレンス・ライリーも、日本の伝統的な空間に引きつけて、谷口の作品に対し、借景的な手法を指摘している（『谷口吉生のミュージアム』、二〇〇五）。MoMAは、展示室のあいだに多くの隙間をもち、映画のワンシーンのように、都市の映像を生き生きと切りとる。ちなみに、MoMAのコンペでは、映画的な手法を論じるチュミも残っていたが、禅野靖司が示唆したように、谷口の方が映像的な空間を実現したといえるかもしれない。

水の効果にこだわるのは、谷口の特徴だろう。京都国立博物館平成知新館はもちろん、過去にさかのぼっても多くの作品で人工的な池を導入した。例えば、土門拳記念館。長野県信濃美術館東山魁夷館、豊田市美術館、東京国立博物館法隆寺宝物館などである。水面に自らの建築を写しだし、鏡像のイメージがゆらめく。形態の類似性はないが、池の向こうに建築を効果的に配置する方法は、平等院鳳凰堂と似ていよう。むろん、タージ・マハルなど、西洋やアジアの古建築にも水面に映る建築はあるのだが、水平性の強さが平等院と谷口に共通している。金沢の鈴木大拙館（二〇一二）に至っては、本体の建築よりもまわりを囲む水鏡の庭が大きい。また東京都葛西臨海水族園の水面はさらに近接する海との連続性を演出している。

新生ＭｏＭＡと金沢21世紀美術館

ニューヨークのＭｏＭＡの増改築プロジェクトでは、すでに幾度かの増改築を重ねてきた同館の歴史を尊重して前任者のデザインの保存や復元を試みながら、自らが新築した部分の外観は抑制された表現となっている。プログラムとしては、五四丁目通り側にもエントランスを設け、スカルプチャーガーデンを挟んで、西側にギャラリー棟、東側に教育・研究のためのオフィス棟が向きあうように配置し、美術館の両輪となる活動を互いに可視化した。前者では、各階で吹き抜

谷口吉生　MoMA

MoMAの窓から覗く

けを中心に展示室を旋回する明快な動線を計画している。特徴的なのは、ホワイト・キューブの随所に開口を設け、マンハッタンの風景、あるいは館内の吹き抜け、中庭、天光などを意識できるようにしたことだ。完全に閉じるのではなく、美術館を散策する楽しみを演出する空間である。

いずれも二〇〇四年の終わりにオープンした日本人建築家による、二つの話題の美術館、谷口吉生のMoMAと、SANAAの金沢21世紀美術館を比較しよう。まずは類似点から確認する。郊外ではなく、都心に位置し、全体の姿を一望できる視点がないこと。またフランク・ゲーリーのビルバオ・グッゲンハイム美術館のようなぐにゃぐにゃのヘンなかたちではなく、円や矩形など、根源的な幾何学形態のみで構成されている。そしてホワイト・キューブに隙間をつくり、内部と外部の風景を相互浸透させる、開かれた美術館であること。

こうした共通性をもちながらも、その違いを考察すると興味深い。SANAAが水平／平面に空間を展開させているのに対し、谷口は垂直／断面を工夫している。宇宙から舞い降りた円盤のような金沢21世紀美術館に対し、新しいMOMAは、あたかも最初からそこに存在していたかのような存在である。正直言って、筆者も最初にこのプロジェクトを見たとき、どこを設計しているのかすぐにはよくわからなかった。なるほど、他の建築家のコンペ案に比べて、マンハッタンの都市的な文脈とMoMAの歴史を熟考したうえで、あたりまえの要素によって風景をつくることに主眼を置いている。谷口は、モダニズムの語法を活用しながら、部分的に過去の空間を復元したり、既存の高層棟の存在を再認識させた。すなわち、ごく自然になじんでいることこそが、新生MoMAの真価であり、本当にすごいところなのである。

一方、金沢21世紀美術館は、別の場所でも成立しうるデザインであり、むしろ他のビルディングタイプにも応用可能な空間の形式を発明したことが最大の成果だろう。以前、筆者が監修したTNプローブの連続シンポジウムにおいて、こうした傾向を「オルタナティブ・モダン」、すなわちもうひとつの近代と命名した。円や矩形、ガラスの透明性も、すでにモダニズムにおいて使われた要素である。しかし、SANAAはそれらを大胆に組み換え、ありえたかもしれない近代を出現させた。では、谷口のMoMAは何であろうか。例えば、ダイハード・モダニズム？もっとも、彼は施主の要求を柔軟に聞くという。だから、頑固というニュアンスは似合わないかもしれない。では、MoMAがそもそもモダニズムの殿堂だったことを想起して、その増改築ゆえに、「リニューアル・オブ・モダニズム」と呼んでみるのはどうだろう。つまり、更新／再生された近代である。

そして谷口は、日本人の建築家が本家の欧米以上にすぐれたモダニズム的なデザインを実現できることを示した。

10. 空間論としての日土小学校

愛媛の建築家、武智和臣の案内で、彼が保存運動に関わった松村正恒の代表作、日土小学校（一九五六、五八）を見学する機会を得た。木造モダニズムの傑作として知られる作品だが、すでに建史的な視点からは多くの論考が書かれているので、ここでは二〇〇九年の改修と西校舎の新築を経た現状についての空間論を記したい。

運動場側は山の斜面が囲み、段々で並ぶ家屋がちょうど学校を見守っているかたちである。最初に驚かされるのは、ガラス越しに建物の向こうの風景まで見えてしまう、圧倒的な透明感だ。旧登米高等尋常小学校（一八八八）も、擬洋風と括られる細部、コの字プランの中心軸に校長室やバルコニーを置くモニュメント性をもちながら、教室の左右から光のシャワーをもたらす水平連続窓において近代性を獲得していた。

一方、日土小学校は装飾的な遊びの細部を部分的に用いるが、堅苦しい形式を崩して機能的なプランを採用し、川との親水性を演出したことが特筆されるだろう。水辺に張りだしたベランダや階段は、ライトの落水荘よりも軽やかに浮遊している。ここから横を向くと、自らの建築を鑑賞できる視点も提供していることに気づく。グロピウスによるバウハウスの校舎（一九二六）も、自らの姿を確認できる立体的な構成だが、日土小学校もそうした近代性を共有しているように思われた。

写真では伝わりにくかったが、実際に訪れてよくわかったのが、光と風をコントロールする巧みな断面の操作である。平面だけを見ても、この立体的な空間は読み解けない。細かい高さを調整するのはもちろん、屋根をかきとったり、小さな中庭を挿入するなど、奥の部屋でも左右の上下から外の環境を感じることができるのだ。断面の魔術師というべきデザインである。日本の古建築は、西洋建築とは違い、上部から採光しなかったが、ハイサイドライトを多用した空間は近代的なセンスによる木造の再解釈と言えるだろう。

藤井厚二の聴竹居（一九二八）も、環境を意識した断面の建築だが、これは決して神経質な細部ではなく、むしろ小学校らしい大らかさを抱えた空間である。西校舎は武智による新築のシンプルな木造の校舎だ。外気に面するほとんどの部分は、床から天井までガラスを使い、明るい教室群が入っている。日土小学校のスピリットを継承しつつ、現代的にデザインを展開した開放感と透明感をもつ。日土小学校はもともと木と鉄のハイブリッド構造だが、丁寧にブレスを補強したり、新築によって、透明感を損なわないどころか増している。

松村正恒　日土小学校

日土小学校　張りだしたベランダから

11.

最小限住居から九坪ハウスへ

二〇〇二年一〇月十二日、TNプローブにおいて「九坪ハウスシンポジウム二〇〇二」が開催された。これはBoo-Hoo-Woo.comが仕掛けた住宅事業「九坪ハウス」により、八人の建築家・デザイナーがそれぞれにデザインした九坪ハウスを発表し、同時にそのシンポジウムを行うイヴェントである。筆者は、このシンポジウムのモデレーターをつとめたが、当日はなかなか興味深い議論が行われた。そこで九坪ハウスをめぐって考察したい。九坪ハウスが誕生した経緯は、いささか込み入っている。

話はシンポジウムからちょうど五十年前にさかのぼる。

一九五二年、建築家の増沢洵は最小限住宅の自邸を設計した（図１）。現在、これは戦後の小住宅を代表する作品のひとつとして評価されている。

一九九九年一月、リビングデザインセンターOZONEの「柱展」において、増沢邸の軸組が再現された（図２）。会期の終了後、これはスクラップになるはずだった。しかし、展覧会を企画した萩原修がその柱梁をもとに住宅をつくることを決意する。

一九九九年十月、萩原邸のスミレアオイハウスが完成した（図3）。わずかな変更はあるものの、オリジナルの最小限住宅と同じサイズ、同じ構成である。建築雑誌はさほど取り上げなかったが、『CASA BRUTUS』や『男の隠れ家』など、一般誌における空前の建築特集ブームにのって、大きな話題を呼ぶ。九坪ハウスのプレス・リリースによれば、一九九九年から二〇〇一年末までに、『CONFORT』や『クロワッサン』など、三十三回も雑誌に取り上げられている。驚異的な数だ。

二〇〇〇年、萩原修は『九坪の家』を出版する（図4）。

二〇〇一年、彼の妻である萩原百合も『九坪ハウス狂騒曲』を刊行した[1]。主婦という異なる視点から同じ住宅を楽しめる。まさに物語を生む家なのだ。その結果、萩原夫妻のもとに、同じ家が欲しいという問い合わせが多数寄せられたという。こうした現象に注目した岡崎泰之が、九坪ハウスの企画をプロデュースする。最小限住居の形式をパッケージとして販売するというシステムだ。

二〇〇二年、九坪ハウスのプロジェクトが始動した。『POPEYE』や『サイゾー』など、二十のメディアが数ヵ月のうちに紹介し、『The Japan Times』（二〇〇二年六月二〇日号）でも取り上げられ、「新しい住文化を築くことがわれわれの目標です」という岡崎のコメントが掲載された。また『日経流通新聞』二〇〇二年四月では、デザイン・ジャーナリストの山本雅也が「今回商品化されたのは（……中略……）モノとしての家ではなく、九坪の家に暮らすという、ライフスタイルそのものなのだ」と述べている。モノからコトへ。前述のシンポジウムは満員御礼。そして九坪ハウスはグッドデザイン賞の金賞を受賞した。

なぜ九坪ハウスは、これほど話題になるのか。

増沢の最小限住居について

最初に増沢洵の最小限住居が発表された一九五二年とは、どんな時代だったのか。

当時の『新建築』を繙くと、一九五二年一月号では坂倉準三の神奈川県立近代美術館、十二月号では丹下健三の東京都庁舎の選定案を紹介している。五十年前の日本は、まさに戦後の近代建築が本格的に動きはじめたときだった。そして清家清、池辺陽、山口文象、広瀬鎌二、篠原一男らの住宅作家も誕生した。増沢の最小限住居が掲載されたのは、一九五二年の七月号である。同誌の二番目の作品として、増沢のデビュー作は登場した。当時の解説文を引用しよう。

三×三＝九坪の一階、三坪の吹抜をもった九―三＝六坪の二階、という小さな家であるが、全体が一空間

図1　増沢洵　最小限住宅　外観
写真＝Masuzawa Architects and Associates

図2　「柱展」で再現された　最小限住宅 の軸組　出典＝『九坪の家』

的に構成されているので、コムパクトな広さをもっている。作者自身のすまいであり、家族三人の住居として決して狭いものではない。明晰な構造と素材の生地が、綺麗なディテールを以て納められている。広い敷地にこの様な箱型の家が出来たことには、多くの異論があるかも知れない。だが、Case study として日本の伝統的手法をハッキリと近代化してゆこうとする意図は高く評価されるべきであろう。なお設計者増沢氏はレーモンド建築事務所の若い所員である。[2]

建坪は、三間×三間＝九坪。九坪＋六坪＝十五坪という総床面積である。三×四＝十二本の杉丸太。きれいに六分割された立面。南側の大きな開口とスノコのテラス。吹き抜けが居間になっており、その奥が寝室、二階が書斎と家事室である（図5）。細かいディテールは設けず、構造がそのまま表現になっているシンプルな家だ。規模は小さいが、とるべきところは思い切って空間を確保し、小ささを感じさせない。江戸東京たてもの園に移築された前川國男邸

図3　スミレアオイハウス　外観

図4　萩原修『九坪の家』（広済堂出版、2000）

（一九四二）も、スケールは大きいが、こうした爽快な吹き抜けの居間があり、力強いシンプルさをもつ。増沢も前川も、レーモンドの事務所に在籍していたからではないか。

一九五〇年代は最小限住居の時代だった。戦前にＣＩＡＭでも「最小限住居」をテーマに掲げていたが、特に敗戦後の日本では切実な問題だったはずである。都市が焦土となり、圧倒的な住宅不足を経験し、さらに極端な資材不足に陥っていた。こうした状況から一九四七年に臨時建築等制限規則を施行し、十二坪までの住宅が許可され、一九四八年には十五坪まで緩和される。最小限住居は、建築家の大きな課題となった。これに呼応して、一九四七年に第一回十二坪木造国民住宅のコンペ、一九四八年に第三回十五坪木造国民住宅コンペが行われている（図６）。やがて住宅制限は解除され、住宅金融公庫法が公布された。

増沢も住宅金融公庫の抽選にあたり、借りられる建築資金が十五坪だったことから、十五坪の自邸を設計したのである。現在の都心の小住宅ブームのイメージで考えると、増沢も狭小の土地に家を建てたという印象を抱くかもしれない。しかし、実際は二〇〇坪の敷地にぽつんと建ち、まわりは空地になっており、子供たちが遊び場にしていたという。増沢は「建築の使い方が大衆生産的なものに変化して居る現在特に住居は任意の敷地に敷地条件に余り左右されることなくその実現を可能ならしめるものとし度い」と述べているが、配置図を見ると、やや無造作に家を置いている（図７）。

完成してから五年後、増沢は「私の家」として最小限住居に言及し、以下のように反省している。

敷地に対してどう解決するかということよりもむしろ逆に、どんな処にでも建てられる家といったものを（物干も含めて）目標にして、その方向へそれまで学んできたことを集注した。その結果、建物そのものには時間をかけて設計したが、その反面、周囲の環境とか、敷地をゆっくり眺める余裕を失い、この大切な過程を深く考えずに終ったので、道からのアプローチとか、積極的な土地の利用といった点は曖昧になってしまった。(3)

敷地との関係よりも、まず家を建てることで精一杯だったのである。

箱の家とケーススタディ・ハウス

最小限住居と言えば、有名なのは池辺陽の立体最小限住居（一九五〇）だろう（図8）。これも延床面積が十五坪。「立体」とうたっているように、小さいながらも、平面の操作に終わることなく、三次元的な空間をめざし、断面の構成を強く意識した。難波和彦は、さまざまな制限のなかで、「融通無碍な畳の部屋を使うことなく、機能分化した椅子式の生活が可能であることを、池辺は証明しようとした」という。(4) 戦前の池辺は、日本的なモニュメンタリズムに傾倒したが、戦後はマルクス主義の影響を受けながら、新しい時代のラショナルなモダニズムに向かい、やがてモデュール、ユニット、システムの問題を技術的に追求していく。池辺の問題提起は、弟子である難波が引き継いでいる。

難波は、一九九四年から「箱の家」という住宅のシリーズを展開し、百五十戸以上が誕生した。これはローコストながらも、性能を落とさない住宅をめざし、そのために、寸法や部材を標準化している。デザインは、大きな窓をもつ箱型の家であり、外部に対して開く。内部は間仕切りを減らし、吹き抜けのある一室空間。難波は「箱の家」を設計しているあいだ、いつも池辺の立体最小限住居を意識していたという。確かに、池辺は最小限の容積に最大限の機能を集積させるために、寸法システムを考慮し、住まいの機能分化を進めながら、吹き抜けにより空間の一体化を行なう。増沢の小住宅の試みも、難波は参照しているが、やはり池辺の可能性に注目し、それを現代にいかそうとする。ここでも一九五〇年代の試みが五十年後に再生している。

「箱の家-一」(一九九五)は、近代建築の精神を継承するプロトタイプになった。「箱の家-一〇

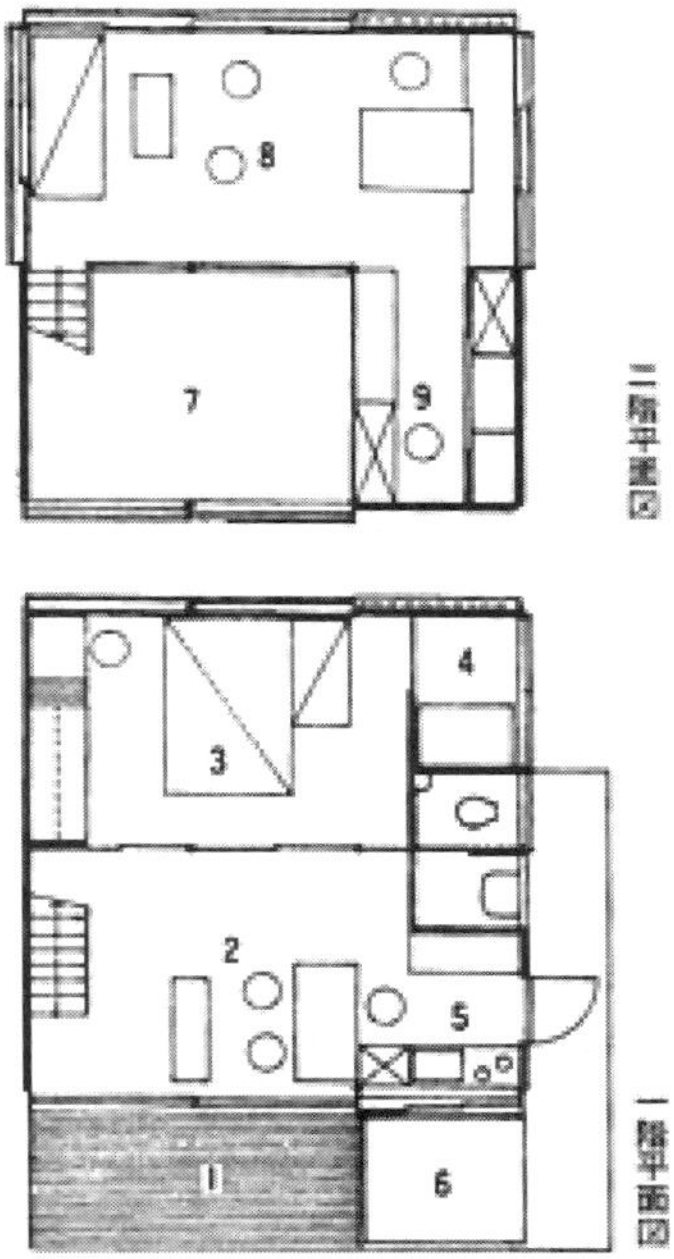

図5　増沢洵　最小限住宅の平面図
出典＝『現代日本建築家全集13』(三一書房、1972)

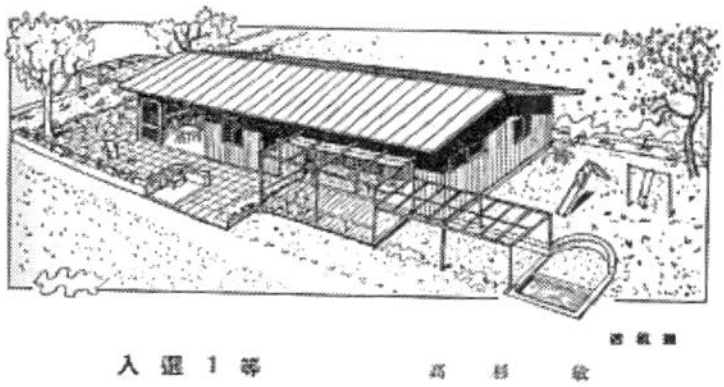

図6　第3回15坪木造国民住宅コンペ　1等入選案（1948）
出典＝『新建築』1948年11＋12月号

（一九九七）では、標準化を考えはじめる。「箱の家 - 二一」（一九九八）は、「箱の家 - 一」を改良した五人家族の住宅だが、難波はここで第一ステージを終え、室内環境の条件やリサイクルの問題を視野に入れて、次の段階を開始する。「箱の家 - 二三」（一九九八）は、住宅とアトリエを融合させた。そして平面の多様性だけではなく、さまざまな構造も追求する。「箱の家 - 三三」（一九九九）や「箱の家 - 三四」（一九九九）は、集成材造を採用した。他には、鉄筋コンクリートのシリーズや連続住居化も試みている。さらなる発展形として、実験的なアルミエコハウス（一九九九）を手がけた。住宅の構成要素をできるだけ部品化し、工場で生産された精度の高いアルミニウムの構成材を現場で組み立て、工期を短縮した住宅である。

　増沢の最小限住居は、雑誌発表時のタイトルを見ると、「最小限住居の試作」のほかに英語で「MINIMUM CASE STUDY HOUSE」と記されている。当時、山口文象も住宅の「CASE STUDY」を語った。一九四五年にアメリカで開始した近代生活と住宅のプロジェクト、「ケーススタ

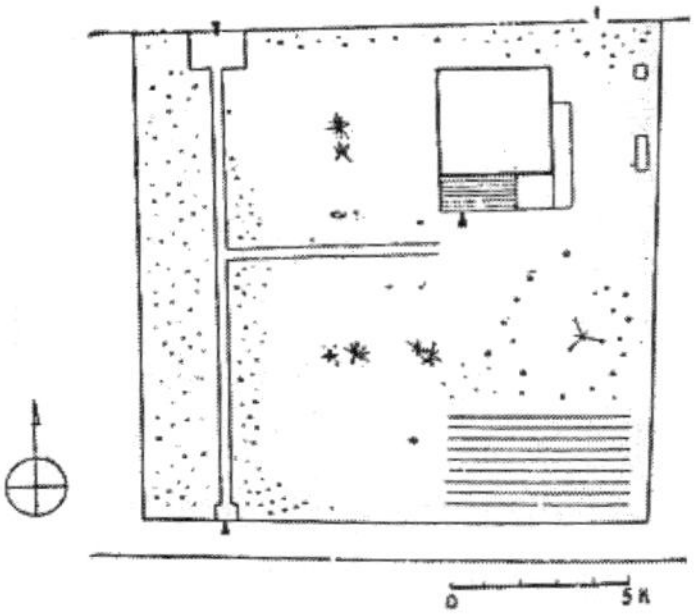

図７　増沢洵　最小限住宅の配置図
出典＝『新建築』1952 年７月号

図８　池辺陽　立体最小限住居 外観
出典＝難波和彦『戦後モダニスム建築の極北』

ディ・ハウス」を意識したものだろう。例えば、イームズ邸が完成したのは、一九四九年である（図9）。増沢の自邸の三年前だ。一九八〇年代のポストモダン全盛期にはほとんど忘却されていたが、一九九〇年代に入り、ミッドセンチュリーのモダンデザインが再評価されている。二〇〇二年東京都美術館で開催された、イームズ夫妻の展覧会では、建築・デザイン系以外の一般人も多く訪れ、大盛況だった。増沢の最小限住居の復活も、こうした流れにのっている。

九坪ハウスとイームズ邸の共通性という点では、手軽な組み立て感覚が挙げられるかもしれない。実験的なイームズの自邸は、すべての部材をカタログから選ぶことによってつくられた。これはコストの削減、工期の短縮、建設の簡易化につながる合理的な方法であると同時に、カタログの時代におけるデザインの方法も提示している。各々のパーツは既製品だが、住宅用ではない工場用の規格品を使うなど、選び方によって独自性を獲得した。また現場に鉄骨が到着してから、二階建てに計画を変更した際、鉄骨の梁を一本追加しただけで済んだというエピソードも、限られた部材をもとにしたパズル的な操作を示すだろう。イームズ夫妻は、そうした編集的なセンスに長けていた。

スミレアオイハウスの誕生

戦後日本の小住宅において計画学は有効に機能した。計画学は、小さい空間を無駄なく活用する方法を追求したからだ。当時の社会状況が必要としたものである。池辺も増沢も、一九五〇年代に最小限住宅の傑作を残した。

しかし、一九六一年、篠原一男は、あえて戦後に小住宅ばかりが注目された風潮を批判している。[6] そして、むしろ大きな家の無駄な空間に建築的な可能性があると述べた。小住宅では、建築計画学を理論的な武器として使えたが、大きな住宅ではそれが使えないからである。やがてポストモダンの時代を迎え、一九七〇年代には強烈な個性を発揮する住宅群が出現した。住宅の小さいことが話題になる機会は減っていく。

最小限住居をスミレアオイハウスとしてよみがえらせた萩原修は、新宿のリビングデザインセンターでデザイン系の展覧会や出版を手がけるかたわら、若手のクリエイターのネットワークD-netを構築したり、吉祥寺をベースとしたKISS CAFEの運営に関わっていた。そして一九九九年の「柱展」の企画において、増沢邸の実物大の軸組模型を制作したことが、スミレアオイハウス誕生のきっかけになった。展覧会の終了後、軸組を処分せず、これを引き取り、住宅を建てることを彼が考えたからである。そこで家族を説得し、急いで敷地を探す。つまり、ル・コルビュジエの母の家のように、先に家があって、後からそれにあう二十八坪の敷地を取得したわけだ。

萩原は、五〇年代の住宅を九〇年代風にアレンジするために、デザイナーの小泉誠に設計を依頼した。[7] その際、いくつかの点が変更される。例えば、階段の下に小さい玄関や一階に畳の空間を新しく設けている。正面以外の開口部も変わった。大きな窓からはブレースが、軒下からは斜めの雨樋がなくなっている。もちろん、階段や手摺など、細かいデザインはいろいろと変更している。当初は南北にのばす増築も検討したというが、結局それは中止となり、正方形の九坪にこ

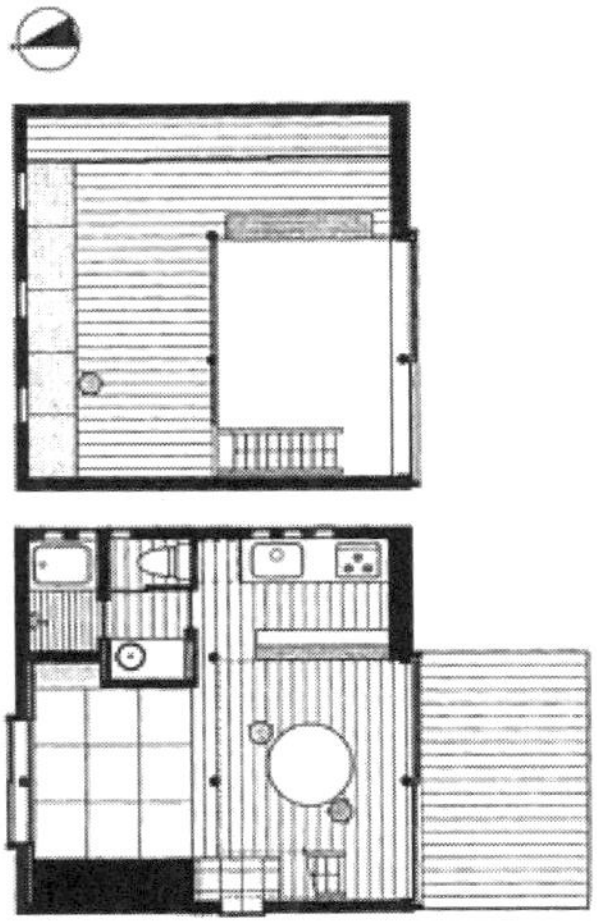

図9　チャールズ&レイ・イームズ
イームズ邸
出典＝『Houses of the Century by Computer Graphics vol.2』(プランネットデジタルデザイン、2002)

図10　スミレアオイハウスの平面図　出典＝『九坪の家』

図12　スミレアオイハウスの内部

図11　スミレアオイハウスの二階

だわった。全体的には、小泉テイストが入り、オリジナル以上にすっきりとしたデザインになっている。また、もともと展覧会の時点で、柱は杉の丸太から檜に変化した。

基本的には、かなりオリジナルに忠実である。おそらく九坪というサイズと三坪の吹き抜けという大きな骨格が復元されたことによって、もっとも重要な空間の性格は継承された（図10）。萩原は、家は大きければ大きいほど良いのではなく、「適正な住居の大きさ」があり、この小さな家において「贅沢ではなく身の丈にあった暮らし」が実現できたと述べている。それゆえ、一九五〇年代の最小限住居の試みから学ぶものは大きいという。もちろん、地球環境の問題もある。この家は、娘二人の名前をとって、スミレアオイハウスと命名された。筆者は、実際にこの家を見学したが、確かに小さいものの、とても大らかな雰囲気をもった家である（図11・12）。住人と家の性格が非常によくあっていた。

以前、筆者は九〇年代の若手建築家の態度をあらわす概念「アプロプリエイト」の事例として、スミレアオイハウスに言及しつつ、「これは約五十年の時を超えて、萩原修、増沢洵、小泉誠の三人がコラボレーションしたわずか九坪の最小限住宅といえよう」と指摘した。(8)「アプロプリエイト」とは、「適切な、ふさわしい」、または「流用する」という意味をもつ。つまり、建築を状況に「適切な、ふさわしい」ものにすること。そして適切にリサイクルすることだ。スミレアオイハウスの現代的な意義はここにある。すべて新しく設計するのではなく、既存の形式をうまく流用すること。かつてみかんぐみが提唱した非作家性の議論ともつながるだろう。

建築ブームと九坪ハウス

スミレアオイハウスという事件から商品化されたデザイン住宅の九坪ハウスへ。

間違いなく、この追い風となったのは、三十代の建築家への注目と並行して起きている、未曾有の一般誌の建築特集ブームだった。おそらく、この動きを最初に仕掛けたのは、マガジンハウスだろう。九〇年代の後半から『BRUTUS』は、定期的に建築家のデザインした集合住宅を不動産の物件のように紹介した[9]。しかし、一九九九年には「東京二三区に家を建てられますか?」という特集を掲げ、賃貸ではなく、狭くても戸建てで都内に住むことを提案し、同時に若手の建築家のリストを掲載する。そして二〇〇〇年の『CASA BRUTUS』の月刊化。ともあれ、都心回帰の流れが小住宅への関心を高めているようだ。一般誌の建築特集も、多くが小住宅を扱う。例えば、『MEMO』は、毎号のように、狭小住宅を特集し、その集大成として『MEMO別冊　狭小住宅のすべて』(二〇〇二)を刊行した。

筆者も、一般誌の建築特集に注目し、気がつくと購入していたが、あまりにも多過ぎてすべてを把握できない。そこである程度確認できた、一九九九年から二〇〇一年の前半までの雑誌のリストを挙げてみよう。

・『BRUTUS』一九九九年十一月十五日号「特集=東京二三区に家を建てられますか?」。
・『BRUTUS』二〇〇〇年十月十六日号「特集=安藤忠雄があなたの家を建ててくれます。」。
・『Hanako』二〇〇〇年二月九日号「特集=建築家やデザイナーが作ったアパート&マンショ

ン賃貸情報」。
・『MEMO男の部屋』二〇〇一年二月号「特集＝狭い土地だからこそ個性的な家が建つ」。
・『MEMO男の部屋』二〇〇一年三月号「特集＝住みよい家が欲しい」。
・『MEMO男の部屋』二〇〇一年六月号「特集＝都会に建てる狭小住宅のすべて」。
・『MEMO男の部屋』二〇〇一年七月号「特集＝二四時間、家を考えるひとたち」。
・『男の隠れ家』一九九九年一月号「特集＝あの建築家の設計した集合住宅に住む方法」。
・『男の隠れ家』二〇〇〇年十二月号「特集＝こだわりの家造り」。
・『男の隠れ家』二〇〇一年六月号「特集＝わがままな家　新進気鋭の建築家二八人」。
・『pen』二〇〇一年二月十五日号「特集＝美しいマンション」。
・『モノ・マガジン』二〇〇一年五月二、十六日合併号「特集＝家は最高の遊び道具だ!!」。
・『マンスリー・エム』二〇〇〇年十二月号「特集＝三〇代建築家『居住空間の新発想』」。
・『エスクァイア日本版』一九九九年十二月号「特集＝二一世紀住宅進化論」。
・『エスクァイア日本版』二〇〇一年三月号「特集＝週末は美術館へ」。
・『スタジオ・ボイス』二〇〇一年五月号「特集＝カジュアル・アーキテクチャー」。

繰り返すが、これらは建築雑誌ではない。普段は建築以外の特集を組む。しかし、同じ雑誌が建築特集を続けているところを見ると、確実に売り上げが良かったものと想像される。ほとんどの特集は、家づくりを取り上げていることも注目したい。ケーススタディ・ハウスの試みも建築界だけの企画ではなく、『アーツ・アンド・アーキテクチャー』誌を通して、ポピュラリティを獲得していたが、雑誌は建築を売り込むための重要なメディアである。松村秀一は、消費における住宅の位置づけが変化したことを指摘していた(10)。これまでは住宅にかける費用が侵されざるべき神聖な領域として別に確保されていたのに対し、現在は旅行やクルマなど、ほかの消費アイテムと同列に並んでいるという。カジュアルな感覚の小住宅が人気なのも、これと関係しているのではないか。

プレス・リリースによれば、九坪ハウスのプロジェクトとは、「建築家・デザイナーによる優れた住宅デザインを商品化し、流通させる新しい住宅産業を目指すもの」であり、増沢の最小限住居を原型として、その魅力を受け継ぎながら、リメイクデザインするという。二〇〇二年四月から、Boo-Hoo-Woo.com は、インターネットを活用しながら、小泉誠のデザインによる「TYPE 1」、「TYPE 2」の販売を開始した。両タイプは、基本的にはスミレアオイハウスとほぼ同じものであり、「TYPE 2」は「TYPE 1」から玄関や家具を省き、トイレ、バス、洗面所を一体化しており、シンプルにすることで、コストダウンを計る。またスミレアオイハウスの有料見学会も企画しており、購入希望者が、デザインされた住宅でありながら、建売住宅のように、実際に見学できるのは興味深い。

九坪ハウスの最大の利点は、施主が事前に想像可能なデザイン住宅を購入できることだろう。建築家に依頼すると、完成するまで全体像がわからない。だが、九坪ハウスという形式が固定され、しかも実物を見学できるならば、そうした不安をなくせる。建築家の側も、最初から施主と具体的なイメージを共有できるため、そこに到達するまでの労力を省けるだろう。大変な作業をとばせるのだ。設計の効率化はコストダウンにつながる。かといって住宅メーカーのような無個性の家でもない。九坪ハウスのプロジェクトは、建築家とメーカーのちょうど中間を狙う、したたかな戦略である。

こうした試みが以前になかったわけではない。筆者が知見したなかでは、塚本由晴が似たようなアイデアを持っていた。建築家が個別に住宅を設計するのでは採算があわない。そこでいろいろな敷地条件に対応するプロトタイプを幾つか共有し、個別の設計では細部を修正する。そうして浮いたお金から資金をプールして、新しいプロトタイプを開発するというものだ。F.O.B. HOMESも、建築家とメーカーのあいだを意識したデザイン住宅の販売を行う。これはF.O.B. COOPのイメージを利用していたが、九坪ハウスは、有名な最低限住宅を下敷きにした点が決定的に違う。デザインの関係者にはよく知られた家であり、メディア受けする話題性をもつ。しかも、これをプラットフォームとして、さまざまな建築家・デザイナーの参与を可能とする、開かれたシステムなのだ。

OSとしての五原則

二〇〇二年、九坪ハウスのプロジェクトでは、増沢の息子である建築家・増沢幸尋の助言を受けて、以下のようなデザインの五原則を設定した。

1．正方形のプラン（三間×三間）……………………汎用性と美学
2．吹抜け（三坪）……………………………………空間の連続性
3．外部は切妻屋根……………………………………単純性、合理性
4．丸柱を使う…………………………………………構築性、柔らかさ
5．メインファサードの開口部（幅一二尺×高さ一三尺）……比率、内外の一体化

いうまでもなく、ル・コルビュジエの近代建築の五原則にならったものだが、実は増沢洵も、その師匠のレーモンドも五原則を記している。レーモンドはこうだ。

1．自然性
2．単純性
3．直截性
4．正直性
5．経済性

増沢の五原則は次のようなものである。

1．時代性

2. 調和
3. 合目的性
4. 機能性
5. 経済性

これらを比較すると、増沢の五原則はレーモンドの影響を受けたせいか、よく似ており、いずれも建築のモラルに関わる提言といえる。一方、九坪ハウスの五原則は、構成のルールに限定し、あえて思想に踏み込まない。むしろ、建築の文法だけを挙げたル・コルビュジエの五原則に近いだろう。つまり、これらに従えば、自動的に特定のデザインが生産できるというわけだ。ただし、ル・コルビュジエが「近代建築」というイメージを推進したのに対し、九坪ハウスは「最小限住居」という作品を反復することを目的にしている。

またル・コルビュジエの五原則は、すべて近代以前の古い建築の文法に対抗するアンチの態度だった。一方、九坪ハウスの五原則は必ずしもそうした革新性を意図しない。一九五〇年代のリヴァイヴァルとして想定されている。と同時に、これはコンピュータをメタファーにした新しい住宅デザインのあり方だという。どういうことか。Boo-Hoo-Woo.com の企画書では、以下のように記している。

九坪ハウスは、住宅デザインを「新しいライフスタイル」を生み出すソフトウェアであると捉え、各建築家／デザイナーは個別のライフスタイルを想定してデザインする。（…中略…）九坪ハウスの五原則はコンピュータのＯＳ（Windows XP や Mac OS X など）、建築家／デザイナーのリメイクデザインはＯＳ上で走るアプリケーション（例えば MS Word や Adobe Photoshop など）、そしてユーザーがそれを「ライフスタイル」として使用する。(11)

ソフトの比喩は、F.O.B. HOMES のコンセプトでも使われている。ハードとしての住宅生産のラインよりも、デザインというソフトからシステムを変えること。かつて石山修武のセルフビルド的な活動が不透明な住宅生産をゲリラ的に批判したのに対し、若い世代は自ら住宅産業と近い立場をとって、システムをずらそうとする。グレッグ・リンも、コンピュータにより住宅のヴァリエーションを無限に提示し、消費者に選択させる方法論を唱えていた。これらはコンピュータ的な想像力から導かれている。ともあれ、九坪ハウスのプロジェクトは、五原則を提示しつつ、八人の建築家・デザイナーに設計を依頼した。

複数化する九坪ハウス

五原則により規定された最小限住居をプロトタイプとして、多様なデザインが展開する。何度か打ち合わせに参加し、その過程を見ながら、小さいこと、厳格なルールは俳句の形式性のようだと思った。実際、五原則を遵守すると、かなりの自由度が失われる。つまり、俳句のような家。さて、リメイクデザインを依頼されたのは、以下の八組。阿部仁史、五十嵐久枝、小泉誠、佐々木龍郎、手塚貴晴＋手塚由比、西森陸雄、橋本夕紀夫、山本健太郎である。彼らはどのような案を提示したのか。

西森と橋本は、主にライフスタイルに関わる案だった。西森の「セラーハウス」は、ワインを好む施主を想定し、住宅の中央に一坪の冷蔵倉庫を設置する（図13）。そして通常は倉庫の壁面は可動パネルで閉じられるが、パーティのときは外され、陳列物が姿を現わす。しかも施主の寝室はセラーの真上である。西森自身がワイン通で知られ、生活の楽しさがリアルに表現されていた。橋本の「FUZEI—土間のある家—」は、土壁を外部に張りだすとともに、限られた内部空間にあえて大きな土間をつくり、自然を呼び込み、内部と外部の境界を曖昧にする（図14）。和風というよりも自然素材の選択にこだわったという。いずれも貧乏ミニマリズムの時代とは違い、趣味の家という性格を打ち出している。

スケールに関しては、五十嵐と阿部の案を見よう。

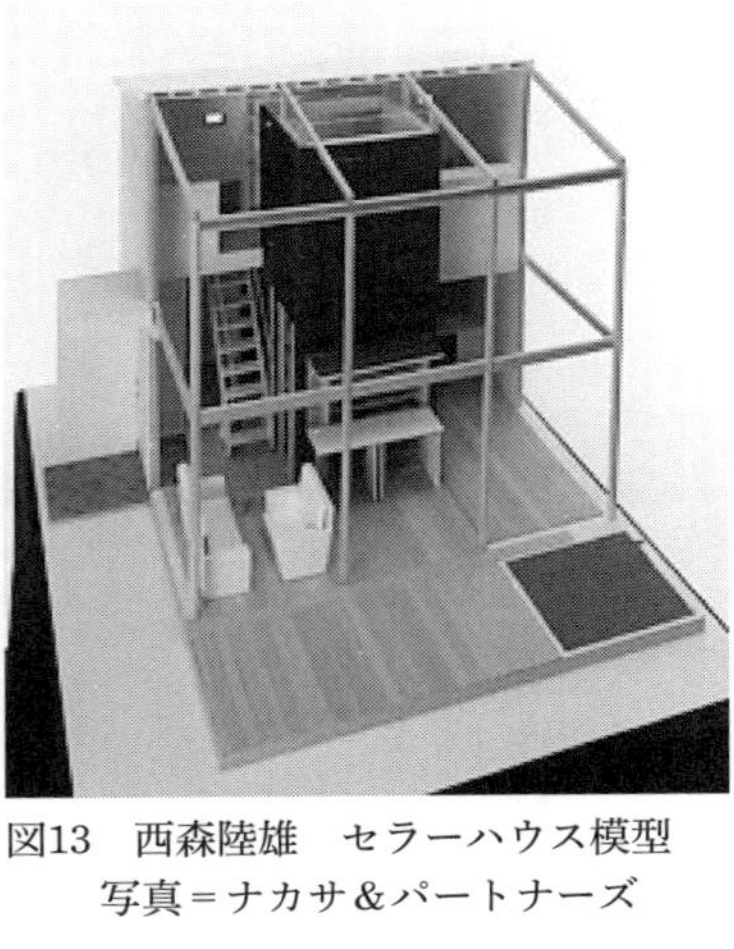

図13　西森陸雄　セラーハウス模型
写真＝ナカサ&パートナーズ

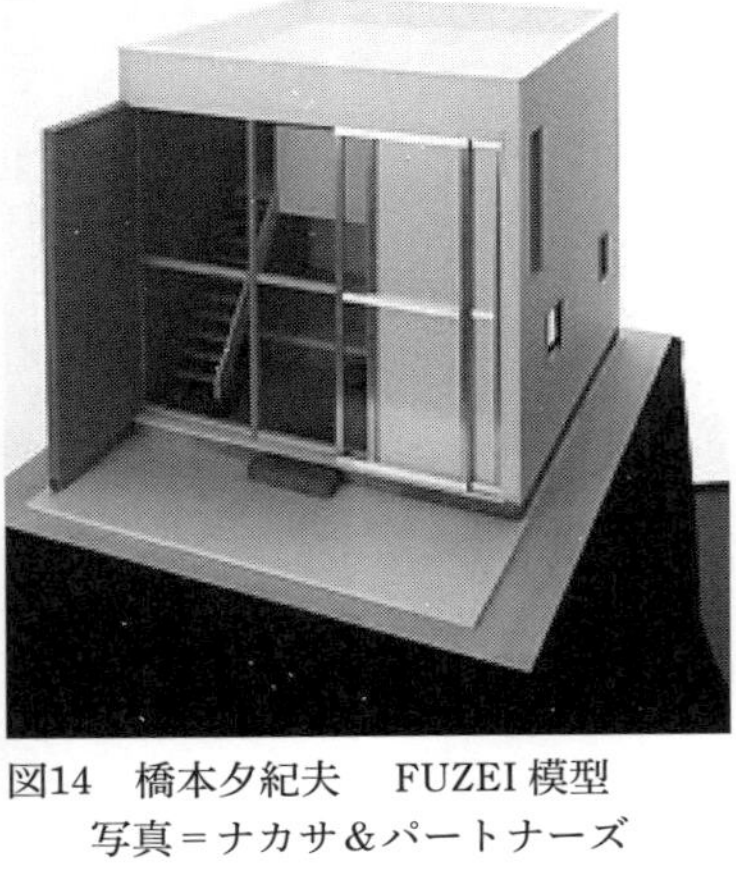

図14　橋本夕紀夫　FUZEI 模型
写真＝ナカサ&パートナーズ

五十嵐の「コレクターハウス」は、コレクターの施主というライフスタイルを考慮しつつ、小さい家の壁面を全体的に棚とし、コレクションを陳列する(図15)。スミレアオイハウスでは引っ越しするときにモノをどんどん捨てたらしいが、逆にこのサイズは好きなモノに囲まれて暮らすのに適当な大きさだと読み替え、棚の家が提案された。阿部の「九坪ハウスTall」は、原型を垂直方向に約三メートルのばし、三階建ての高さに変え、どんな土地にも対応できるよう開口部を四方向に対して均等に配置する(図16)。「Tall」は、スターバックスのコーヒーのサイズにひっかけたものだが、ただ空間の量が増えるだけではなく、空間の質も変容するだろう。

阿部の案は、開口部など、五原則の一部を違反しているが、空間を操作するすぐれて建築的な思考といえよう。もっともルールを破っていたのが、手塚貴晴+手塚由比の「LGS Kit House」だ(図17)。組立てキットハウスは、手で運べる超軽量パネルを使

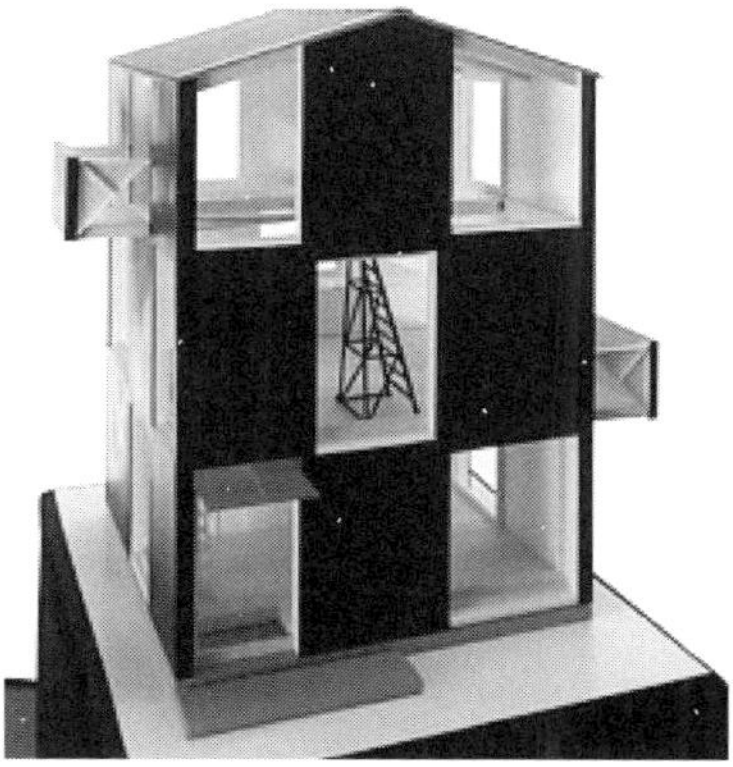
図16　阿部仁史　9坪ハウスTall 模型
写真=ナカサ&パートナーズ

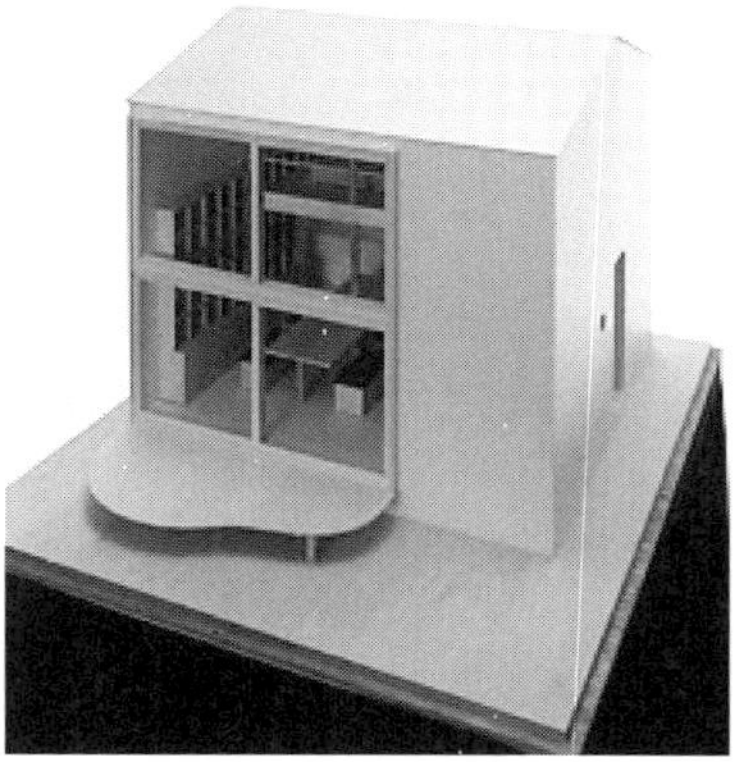
図15　五十嵐久枝　コレクターハウス模型
写真=ナカサ&パートナーズ

い、厳しい敷地条件でも対応できる。そして吹き抜けをなくす代わりに、前後の窓を大きく開く。増沢幸尋のチェックによれば、正方形のプラン以外はルールを厳密に守っていない。だが、オリジナルがもっていた垂直方向の抜けを水平方向に転換し、突き抜けた空間の質は維持されていると解釈できよう。実際、萩原に今度はこの家に住みたいと言わしめた。もっとも、この家は都心よりも景観がいい場所のほうがふさわしいかもしれない。

手塚案は、五原則に対する意義深い問いを投げかけた。山本の「ガレージライフ」は、四方に開くルーバー庇により、一階のガレージを開放的に演出する（図18）。打ち合わせの際、彼の途中段階の案を見たのだが、五原則は縛りとして作用し、デザインに迷いを残していた。しかし、最終案は、思いきって四方向に全開し、ルールを破ることで明らかに洗練されたものになる（図18）。反対に、小泉の「九坪ハウスで働こう！ ― TYPE 3 ―」は、最小限住居

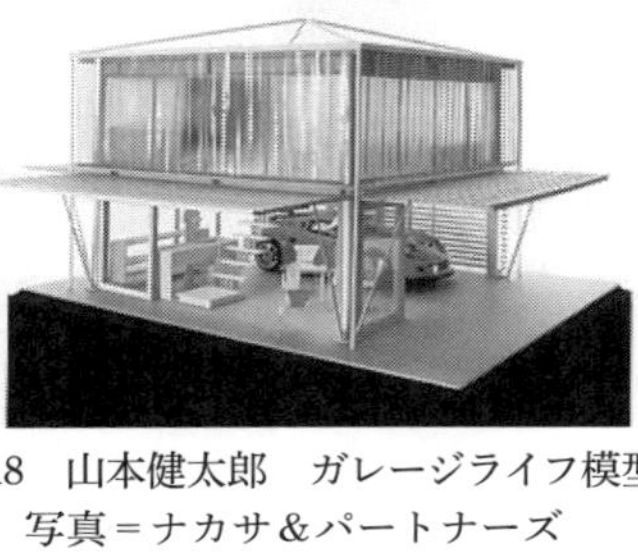
図18　山本健太郎　ガレージライフ模型
写真＝ナカサ＆パートナーズ

図17　LGS Kit House　手塚貴晴＋手塚由比　模型
写真＝ナカサ＆パートナーズ

の骨格が好きだと述べ、それをまったくいじらない（図19）。可動のキャラクターウォールのみを加えることで、固有の空間を発生させるのだ。そして居住空間にこだわらず、事務所や商店として使うことも提案する。

総じて言えば、手塚、阿部、山本らの建築家は五原則を違反し、小泉、五十嵐、橋本らのデザイナーは守る傾向があった。それはデザイナーが、インテリアを仕事にすることが多いという職能に起因するのかもしれない。もっとも、九坪ハウスのプロジェクトの依頼の順番は、デザイナーのほうが早く、五原則がより強く機能していたという事情もあるようだ。ともあれ、八人が独自の解釈を示したことにより、最低限住宅の同一性とは何かを改めて考えさせる機会が生まれた。

佐々木の「present house/gift house」は、建築としての五原則に商品としての五原則を追加する（図20）。一．ＥＶ（シニアライフスタイル）、二．

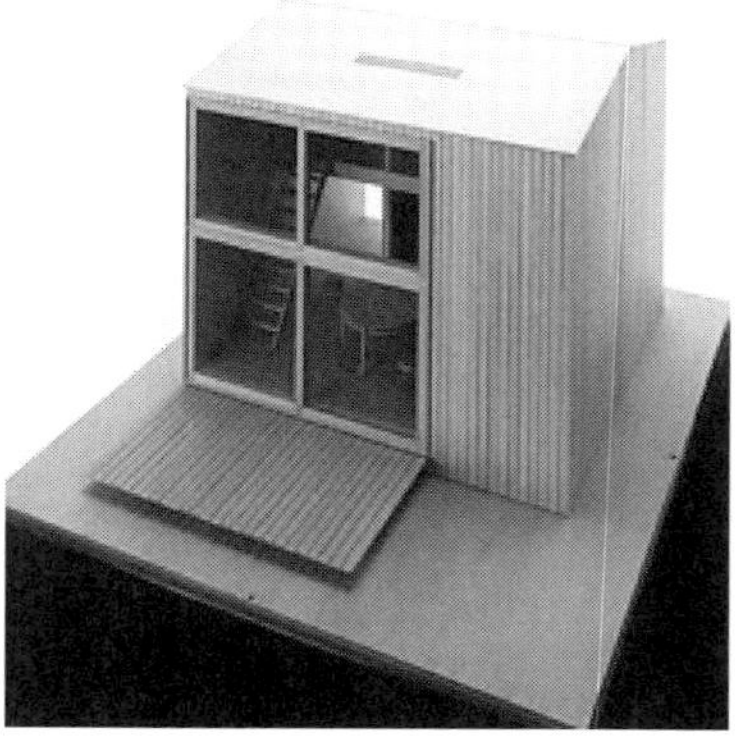

図19　小泉誠　９坪ハウスで働こう！模型
写真＝ナカサ＆パートナーズ

図20　佐々木龍郎　present house／gift house 模型
写真＝ナカサ＆パートナーズ

WATERLIVING（水廻りの居場所）、三．1F FREE（フレキシビリティ）、四．SWALL（ビジネス／デザインプラットフォームとしての九坪ハウス）、五．PLUS-MENU（生活の拡張、縮小、交換）である。興味深いのは、取り外し可能な壁を贈り物として使うアイデアだ。プレゼントとしての住宅のパーツ。例えば、結婚などのお祝いに家具を贈る感覚で、高性能の壁を贈るというのだ。つまり、住宅がまるごと商品になるというよりも、さらに部品に解体し、それぞれが他の産業とネットワークを結びながら、新しい贈与の関係を創出する。

九坪ハウスのプロジェクトは、トリュビート・アルバムと似ているかもしれない。さまざまなミュージシャンがリスペクトするアーティストの楽曲をカバーするように、さまざまな九坪ハウスのリメイクデザインが寄せられているからだ。もともとオリジナルの最小限住居も、さまざまな変更を経験している。三人で住みはじめ、二年後に長女が生まれ、す

図21　最小限住宅の移築
出典＝『九坪の家』

ぐに二階の床を張ったらしい。そして一九六五年、増沢事務所の所員だった淀川潤三が譲り受け、世田谷に移築される（図21）。ただし、吹き抜けはなく、総二階であり、増築も行われた。生き残る家である。

そして今やその遺伝子は各地の住宅に移植されたのである。

（1）萩原百合『九坪ハウス狂騒曲』マガジンハウス、二〇〇一年。
（2）『新建築』一九五二年七月号、新建築社。
（3）増沢洵「敷地と建物の関係」『新建築』一九五七年三月号、新建築社。
（4）難波和彦『戦後モダニズム建築の極北――池辺陽試論』彰国社、一九九九年。
（5）難波和彦『箱の家に住みたい』王国社、二〇〇〇年。
（6）篠原一男『住宅論』ＳＤ選書、一九七〇年。
（7）萩原修『九坪の家――Sumireaoihouse』広済堂出版、二〇〇〇年。
（8）拙論「アプロプリエイトする若手建築家」『GA JAPAN』No.49、エーディーエー・エディタ・トーキョー、二〇〇一年。
（9）『BRUTUS』一九九七年十一月一日号「特集＝有名建築家が作った集合住宅情報2」（マガジンハウス）や、同誌「特集＝スタイルのある集合住宅情報3」一九九八年十二月一日号など。
（10）「リノベーション・スタディーズ　三」（タマダプロジェクト、二〇〇二年二月十九日）のレクチャーにおける発言。
（11）「九坪ハウス展」（二〇〇二年八月）企画書より。

12. 一九五〇年代の国鉄建築はいかに優れていたか

鉄道がもたらした近代

近代建築は鉄道とともに始まった。

十九世紀に新しいビルディング・タイプとして鉄道駅は登場したが、古代から存在する神殿や闘技場とは違い、これまでになかったタイプの施設をつくるとは、いかなることだったのか。それは鉄とガラスの大屋根がプラットホームをおおう、近代的な空間を必要とした。ロンドンのキングス・クロス駅（一八五二）やパリの北駅（一八六五）のように。だが、パリの東駅（一八五二）を含む多くの駅のファサードは古典主義の様式をまとい、大きな半円形の窓のみが背後のガラスのヴォールト屋根を暗示していた。つまり、前近代的な外部と近代的な内部という断絶が集約されている。これは十九世紀の建築界が抱えていた問題でもあった。ギュスターブ・エッフェルも、エッフェル塔を設計する以前に、トラス屋根をもつブダペストの駅を手がけている。

テオフィル・ゴーチェは、一八六九年にこう語ったという。「駅とは、鉄道という十九世紀の宗教が形となって現れる近代産業の宮殿である」、と。

二十世紀への転換点となったデザインに駅は関与していた。アール・ヌーヴォーはパリのメトロ、ゼツェションはウィーンの地下鉄において、鉄とガラスの特性をいかした造形を試みている。オットー・ワグナーの郵便貯金局（一九一二）のガラスのホールも、空間の形式としては、駅のプラットホームを連想させるだろう。素材やテクノロジーのイメージだけではなく、近代建築と鉄道駅は明るくて広い大空間というモチーフを共有している。アヴァンギャルドの建築家も、交通空間に注目していた。例えば、速度の美を謳歌した未来派のアントニオ・サンテリアや、表現派のエーリッヒ・メンデルゾーンは、一九一〇年代に駅のプロジェクトを発表している。モダニズム建築は、工場や駅に新しい時代と機能主義のモデルを求めていた。

日本の場合、明治時代に西洋の様式建築が輸入されると同時に鉄道も建設された。したがって、二十世紀に復元された新橋駅（一八七二）や旧長浜駅（一八八二）は、古典主義のデザインを採用している。鉄道という新しいテクノロジーの空間は、当時において西洋化／近代化を意味しており、記号としては洋風建築と結びつく。

明治末に各地の鉄道が国有化されてから誕生した最大のモニュメントは、一九一四年に完成した東京駅だろう。皇居の正面という東京の顔となる位置、そして巨大さゆえに、国家的なプロジェクトであり、華やかな開業式典が催された。設計は辰野金吾。東京大学建築学科の第一期の卒業生にして、当時の建築界のボスである。当初、ドイツのお雇い鉄道技師バルツァーが駅の規模や様態など、基本的なプログラムを組み立て、和風の外観を構想していたが、辰野はヨーロッパの駅舎を観察し、平面計画は踏襲したものの、古典主義系のデザインでまとめた。日本らしさを強調すべく和風か、欧米と比肩できる洋風か。皮肉なことに、洋風しか学んでいない日本人建築家の辰野であれば、後者しかないだろう。だが、モダニズムが興隆し、東京駅が竣工した時、様式建築は時代遅れになりつつあった。なお、一九二九年に土橋長俊は鉄道省を休職し、ル・コルビュジエの事務所で修業している。彼のほか、伊藤滋は、一九三〇年代に兵庫駅や御茶の水駅舎を手がけた。

戦後に登場したモダニズムの国鉄建築

戦後における駅舎デザインの変化を象徴的に示したのも、東京駅だった。

一九五二年の鉄道開通七〇周年事業として、東京駅の八重洲口本屋が建設された。つまり、駅の表玄関が、皇室用の正面入口があった丸の内側から、民衆のための八重洲側に移ったのである。それまでの東京駅は、デパートなどの商業施設がある京橋や日本橋に背を向けていた。しかも八重洲口の本屋には大丸百貨店も入った。例えば、一九五七年に池袋駅東口でもデパートのビルの下に駅を入れる「民衆駅」がつくられた。これは駅の一部を外部に使わせる代わりに、駅舎の復興費用を負担させるというシステムである。

東京駅における両面のデザインの対比も興味深い。前近代のヨーロッパ的な古典主義とアメリカ的なモダニズムによる高層ビル。前者が皇都を祝福するものだとすれば、後者は民衆の都市にふさわしい。実際、戦後の日本建築界では、モダニズムが民主主義を担うものとして考えられていた。一九五四年に竣工した新生の東京駅は、装飾を排除し、直線による幾何学的な構成と美しいプロポーションによって勝負する。有名な建築家の作品ではなく、東京工事局建築課や鉄道会館技術部らが設計した優れた作品だった。

伊藤滋は、論文「国鉄建築の性格」(『国鉄の建築』一九六〇)において、その歴史を三段階に分けている。第一期は、大正中期から関東大震災までの準備時代。第二期は、大正末期から第二次世界大戦までの発展時代。「ちょうど世界的な設計理論の変革期に当たっていた故もあってか、……あるものは古い建築理念から脱却しきれず、あるものは消化不良のままの新建築の型体模写に終わってしまった」という。そして戦後を第三期と位置づけている。最初の五年は戦災応急復興だが、一九五〇年代は施設不燃化を進めた。彼は、「地味であっても、全線区随所に渉って着々と建てられている諸建築の一つ一つに、一見少しの遊びや投げやりが無く、設計者の精根を尽した緊張さを思わせるものがある」と評価していた。そして国鉄建築のオリジナリティが生まれつつあるという。

確かに、一九五〇年代の国鉄建築の作品集を眺めると、非常にていねいにつくられたモダニズム建築ばかりであることに改めて驚かされた。例えば、川崎駅(一九五九)、岐阜駅(一九五九)、姫路駅(一九五九)、八幡駅(一九五五)、小倉駅(一九五八)、水戸駅(一九五七)、魚津駅(一九五三)などである。わかりやすい派手さがないので、その素晴らしさは専門家でないとわかりにくいかもしれない。また当時の状態で残っているものは、少ないと思われる。しかし、水平に長く連続する窓、大きく張りだしたキャンチレバー、直線を主体とした構成、横長のプロポーション、リズミカルなコンクリートの列柱、光と影の戯れ、的確なヴォリュームの組み合わせなど、モダニズムの語法を吸収し、巧みに活用している。すがすがしい透明感をもつ建築群だ。誉め過ぎかもしれないが、イタリアのミケルッチによるフィレンツェ駅（一九三六）やマッゾーニらによるローマ駅（一九五二）が与える建築的な感動を思いだす。地震国の日本では、どうしても柱を太くしないといけないというハンディをのりこえ、国鉄建築はモダニズムのハードコアに肉迫している。

国鉄建築の歴史において、辰野金吾のような建築家が関わることは、むしろ例外的である。ほとんどの駅は、各地の鉄道管理局や工事局の建築課が設計したものだ。二十世紀の中頃であれば、国鉄の建築職員は七千人程いたらしい。だが、匿名とはいえ、決して手を抜かず、高い志をもって設計されている。著名なモダニズム建築家ではない。ゆえに、当時の建築雑誌をめくっても、ほとんど登場しない。それこそ『プロジェクトX』ではないが、無名の男たちによるモダニズムの底上げとして国鉄建築は再評価に値するのではないか。ちなみに、一九六四年に開通した東海道新幹線の駅舎群が日本建築学会賞を受賞したのは、合理主義と標準設計が高く評価されたからだ。

民営化とポストモダン

国鉄の民営化は、ポストモダンの導入と符合している。

民営化以後、最大の建築的なイベントは京都駅だろう。一九九〇年、コンペの要項が発表され、安藤忠雄や黒川紀章らの建築家が参加し、メディアでも注目を集めたが、翌年に原広司が設計者として選ばれた。竣工は一九九七年である。正確に言えば、京都駅ではなく、京都駅ビルだが、あえて原は「京都駅」として設計したという。メディアは六〇メートルという京都の高さ規制ばかりを話題にしていたが、京都駅の本質は高さではなく、その異常な長さにある。五〇〇メートル近くに及ぶ、敷地の条件を生かして、巨大な階段を内包するアトリウムをつくり、上部では空中回廊が走る。その結果、広場が成立しないと言われる日本に、真に都市的な広場を与える試みとして成功している。いかにも原らしい、きわめて未来的な大空間だ。しかも彼は「鉄骨の構造の大空間が駅らしい駅という意味」において、十九世紀のヨーロッパの駅も意識している（『新建築』一九九七年九月号）。なるほど、駅を改築したオルセー美術館の中央を貫く吹き抜けのコンコースとも似ていよう。京都駅は、きわめて密度の濃いデザインのポストモダン建築であり、原広司の代表作だろう。当初は批判の声が多かったけれど、現在では京都の新しい顔になっている。

だが、一九八〇年代以降にいい加減なポストモダンの駅舎が全国的に増えていることは大きな問題だ。例えば、ローカル線の活性化や地域経済の振興をはかる駅の事例として、地元の杉材を利用した丸太づくりの大堀駅、観光地としてのイメージアップのために茅葺屋根に改造された湯野上温泉駅である。誤解を招かないよう記しておけば、地域性を意識するからダメなのではなく、記号としての地域性を付加すれば、それで客が喜ぶだろうという企画者の単純な意図が丸見えなのが良くないのだ。人知れず、いいモノをつくろうとした国鉄建築の志が消えている。

JRの駅舎でも、中川理が指摘した「公共施設のディズニーランダゼイション」が起きている。和風に改築した山寺駅（一九八九）、温泉風の陸中川尻駅（一九九一）、ステンドグラスのアーチをつけた土気駅（一九八六）、ディズニー風の装飾がある舞浜駅（一九八八）、メルヘンチックな野辺山駅（一九八三）、ヨーロッパの山荘風を意識した大白川駅（一九八八）、町の発展を象徴した酒々井駅（一九八九）などが挙げられるだろう。筆者は、こういうタイプのデザインに対して許容度は高い方なのだが、それでもひどい作品が多いように思われる。ポストモダンであろうと、メルヘンチックにつくろうと、それが真剣になされていれば、個人の好き嫌いは分かれるかもしれないが、一定の評価はできる。少なくとも、ディズニーランドの建築は本気だ。だが、ポストモダンを言い訳にして、手を抜いたデザインを行うのは罪深い。

駅はひとつだけでは存在しない。つねに複数が同時に存在し、ネットワークを形成する。ゆえに、同じスタイルを反復するモダニズムは適しているが、場所によって戦略を変えるポストモダンはそれなりの覚悟が必要なのだ。

二〇〇四年に開業した九州新幹線の新水俣駅は、ＪＲの駅舎として久しぶりの力作の誕生といえよう。設計者の渡辺誠は、速度感のある造形と、コンピュータを活用したデザインを特徴としている。新水俣駅も全長二一〇メートルに及ぶ筒状の構築物が、高架のプラットホームを包む。弾が飛び出す大砲のようだ。もっとも、円筒は細長いパネルの集積によって構成されており、巨大なヴォリュームの圧迫感を減らす。日本では、ヨーロッパ的な終着駅が少ないが、これは通過駅ならではのデザインといえる。新水俣駅は、速度のダイナミズムを抽象的に表現した二十世紀初頭のアヴァンギャルドが、現代的によみがえったかのようだ。

二十一世紀の注目すべき動向は、三つ挙げられる。第一に、駅ナカという商業空間の肥大化。

第二に、西村浩による岩見沢複合駅舎（二〇〇九）が街の歴史を引き受けながらワークショップを行い、グッド・デザイン賞の大賞まで獲得したこと。つまり、住民参加である。そして第三に、内藤廣の高知駅（二〇〇八）のように、木材を活用した構造デザインである。

参考文献
C.L.V.MEEKS "THE RAILROAD STATION" UNIV. PRESS, 1956.
東日本旅客鉄道株式会社編『鉄道ルネッサンス　未来へのデザイン』丸善株式会社、一九九一年。

東秀紀『東京駅の建築家』講談社、二〇〇二年。

志賀浩平「日本国有鉄道におけるモダニズムの実践とその建築史的意義」東北大学修士論文。二〇一五年。

『サヨナラ国鉄』毎日新聞社、一九八七年。

岡並木監修『駅の新しい機能』地域科学研究会、一八七七年。

13.

東京タワーが意味するもの

メディアからの再評価

学生と話をしていて、東京を代表する構築物は何かと聞くと、東京タワーの名前が挙がることが多い。筆者にとっては隔世の感がある。なぜなら、一九八〇年代の後半に上京し、大学に通いはじめ、建築を学ぶようになった個人的な経験から言うと、当時東京タワーはすでに時代遅れのものだと思っていた。実際、わざわざ訪れた記憶はなく、卒業設計のリサーチで、東京を上から眺めるために登ったくらいしかない。景観工学の研究者、岡田昌彰の著作『テクノスケープ』(鹿島出版会、二〇〇三)でも、一九八〇年代から九〇年代にかけて、東京タワーのイメージがだいぶ落ちていたことが指摘されている。しかし、逆にいまの学生は、圧倒的に東京タワーを支持している。つまり、世代によって受け取り方が違うのである。

その再評価の契機となったのは、二〇〇二年に東京タワーがリニューアルされたことも大きいが、やはりメディアの影響だろう。リリー・フランキーの『東京タワー　オカンとボクと、時々、オトン』（二〇〇五）や江國香織『東京タワー』（二〇〇一）などの小説が話題を呼び、さらに映画化されてヒットした。男と女、あるいは母と息子、異なる場所にいる二人を結びつける存在として塔が描かれる。極めつけは、古き良き昭和の東京のシンボルとして建設途中の東京タワーの風景を描いた『ALWAYS 三丁目の夕日』（二〇〇五）だろう。この映画は、垂直に上昇していく世界一高い塔が、敗戦後、がむしゃらに突き進んでいた日本人にとって、『プロジェクトX』的な誇るべきプロジェクトであり（実際、この番組でもとりあげられた）、明日への希望を重ねあわせるものだったことを思い出させる。とりわけ、東京タワーが日本再生の象徴だった高度経済成長期や、存在感が薄れていったバブルの時代を知らない学生にとって、東京タワーはメディアを介して劇的に復活した。

個人的な経験だが、二〇〇三年、六本木ヒルズが登場し、森タワーの展望台から東京タワーを見下ろせるようになったとき、それがとても愛おしいものに感じたことをよく覚えている。小さくかわいらしく見えるからだ。またある学生が、卒業設計において足元を操作することで、東京タワーにスカートをはかせよう、というプロジェクトを提案したとき、東京タワーは女性的なものとみなされていると理解した。最初は都市の大黒柱というべき、男性的なものとして東京に出現したはずだ。それゆえ、怪獣も破壊の対象とした。しかし、社会が変わり、異なる意味を獲得したのである。なお、一九八七年の映画『微熱少年』でも、二組のカップルの想いを交差させながら、東京タワーに巨大なリボンを吊るシーンがクライマックスになっていた。ここでも、すでに男性としての塔ではなく、女性としての塔にシフトしていることが読みとれるだろう。実際、一九八九年に石井幹子によるライトアップ、一九九二年に光と音のパフォーマンスが始まり、塔は装飾の対象になっている。

一九九八年、東京タワーには、ノッポンというキャラが誕生している。双子の兄弟という設定だが、威厳のある男という感じではない。むしろ、いまで言うゆるキャラに近く、永遠の十歳ということになっており、ピンク色で、さつまいものようなシルエットをもち、かわいらしさを売りにしている。ともあれ、建築の評価というものは完成した時点ですべて決定するものではない。長い年月のあいだに、一度は忘れられ、しかしまた評価され、そうしたサイクルをのりこえて、歴史的な価値が定着していく。

デザインはどう決まったか

そもそも東京タワーは、テレビやラジオなど、十以上の放送局が使う総合電波塔だった。そして関東一円をサービスエリアとするために、三〇〇メートル以上の高さが必要とされている。最初の構想段階では、シュトゥットガルトの高さ二一〇メートルのテレビ塔を参考に、鉄筋コンクリート造も検討されたが、重すぎるために、地震の影響を考えとりやめている。また当初エンパイアステートビル級の三八〇メートルも検討されたというが、暴風雨の影響を考慮し、現在の高さになった。設計のプロセスを見る限り、わざわざエッフェル塔より少し高いものを狙ったわけではない。さまざまな条件を解いて、結果的にそうなったようである。なお、エッフェル塔のサイドでも、世界一を抜かれるということで、つぎ足して高くすることを一時検討したという。また東京タワーのデザインも、エッフェル塔を真似たというよりも、機能性や合理性を最優先した結果導かれたものである（『建築界』一九五九年四月号）。構造設計を担当した内藤多仲は、奇抜な形態を優先するデザインを批判しつつ、こう語ったという。「東京タワーの美しさについて、別に作為はしませんでした。ムダのない、安定したものを追求していった結果できたものです。いわば、数字がつくった美しさとでもいえましょう」（鮫島敦『東京タワー50年』日本経済新聞出版社、二〇〇八）。

建築界でもエッフェル塔に触れながら、東京タワーを批判している。『新建築』一九五九年一月号によれば、ル・モンド紙の東京特派員ロベール・ギラン氏は、「パリから飛行機で東京に着いた旅行家は〝アレ、パリへもどちゃったかな?〟と目を白黒する」と語った。そして「高さの点で世界1　世界1と大騒ぎするならば、デザインの点でもそれにふさわしく、もう少しクリエイショナルなものであってほしかったという」。一九五〇年代は、新しいタイプの塔を可能にする、コンピュータ解析の発達、または地震や台風のある国でも通用する技術や素材の革新がまだ本格的になく、鋼材を使うエッフェル塔の時代の枠組にとどまるしかなかった背景を考えると、やや酷な批判かもしれない。それでも、エッフェル塔と比べて、東京タワーは半分以下の重さとなり、相当な軽量化が実現されている。やはり内藤が関わった名古屋のテレビ塔では展望台から上が直線だったために少し膨れて見える欠点も、東京タワーの設計において改善しようと試みた（『タワー』ＩＮＡＸ出版、二〇〇六）。また工期がわずか一年半というのは驚きだ。それを可能にしたのは、優秀な鉄塔トビ集団の存在が大きい。逆に現代ではこうした職人を集めることが困難だという。そうした意味でも東京タワーは、このときの日本だからこそ誕生した時代の産物である。

そう、時代とともに記憶される建築なのだ。一九五三年に放送が開始されたテレビの普及が要請したことで生みだされたランドマークである。だが、純粋な電波塔ではない。観光を意識した展望台を備え（当初、空中ビアホールの計画もあったらしい）、最新の電化製品が展示された近代科学館が入る五階建てのビルが足元にたつ。エッフェル塔が近代初期における最先端のテクノロジーを集める万博の産物だとすれば、東京タワーはテレビ、冷蔵庫、洗濯機などの機械が日用品として大衆化する社会が深くつながったものである。とすれば、東京スカイツリーはデジタル放送や携帯電話の時代に符合するだろう。

3

海外のモダニズム

1.

建築家R氏の部屋――テラーニの現代性を思考するためのモノローグ

LEVEL 0 = + 0.00 m

死とはこういうものなのか、と、わたしは考えていた。[1]
わたしには何者だったのかという記憶がない。確か最期は交通事故にあった気がするのだが。R、R、R……。イニシャルにRをもつ建築家だったことと、それにまつわる事柄は思い出せても、名前がわからない。そして一体、ここはどこなのか。いつのまにかわたしは暗い森のような空間をさまよっていた。無数の柱がとり囲む。いや、無数ではない。数えてみれば、縦に一〇本、横に一〇本、全体で一〇〇本の直立柱が矩形の部屋を埋めつくしている。なんとも大仰な舞台装置だ。しかし、なぜかわたしはこの空間を前にも見たことがある。訪れるのは初めてなのに。そして気がついたのである。
この空間はまるでダンテウムではないか。
そんな馬鹿な！　ひょっとして、わたしは悪戯ものの同僚の手によって冷凍保存され、建築のディズニーランドに実現されたダンテウム・ランドで目が覚めたのだろうか。でも、これではスーパースタジオが好むSFチックな悪い冗談だ。いずれにしろ、かつてこれを設計した偉大なる建築家の名はジュゼッペ・テラーニだ。わたしは彼のことをよく知っている。なぜなら以前、彼に関するいろいろなテクストを読み、そして考えていたのだから。

もしかしたら、建築を手がかりにして過去の記憶がよみがえるかもしれない。

そう思いたって、柱の森を散策しながら、少し建築のことを考えてみることにした。事態を把握するまで。どうせほかにすることはない。幸いあたりは音ひとつない沈黙の空間だ。たとえ記憶を取り戻す試みが失敗に終わったとしても、わたしが何者かわからないという苦痛を一時でも、まぎらわすことができるだろう。私は意識を建築のことに集中させていった。そして次第にまわりの暗さにも目が慣れてきた……。

およそ二〇メートル四方の空間に、一〇〇本の御影石の柱が整然と並ぶさまは、図面で想像していた以上の重厚感がある。柱の束に圧迫されそうな密度だ。この空間は、古代建築なら、ペルセポリスの百柱殿やセルリオによるギリシアの議場に範を求められるだろうが、むしろ完全数10の2乗という数自体の意味や、ダンテの『神曲』では序文の一曲と各三三曲の三篇があわせて一〇〇曲になることに関わっている。ゆえに、ここは数のシンボリズムを担う、歴史的な引用であると同時に強い構築性をもつ。

近年では、磯崎新が豊の国情報ライブラリー（一九九五）において「百柱の間」を設計していた。

これは約一〇〇メートル四方の正方形に九×九の柱を建て、外周を含めて一〇〇本になるものだが、タテヨコの高さを同じにする七・五メートルの立方体フレームを強調していることから、ダンテウムのような窮屈な印象をあたえない。七〇年代以降の彼はフォルマリスティックな形態操作を行なった建築家であるが、群馬県立近代美術館（一九七四）なども含めて、立方体のフレームの使用に際しては意味性や作者性を消去しつつ、自律する抽象的な記号への還元を目ざしたのだから、ダンテウムの方向性とは微妙に異なる。多分、試みとしてはカサ・デル・ファッショの方が近いだろう。

また磯崎新の岡山西警察署（一九九七）も、テラーニの構成手法と類似している。細いプロポーションの列柱が並ぶ一画は、開放感という点ではまったく反対の印象をあたえるが、柱の密度ではダンテウムのそれに近い。そして一辺一六メートルの正方形の底面、長さが四倍の六四メートルの直方体が二つ並ぶ、このシンプルな整数比をもつ箱は、カサ・デル・ファッショが約三三メートルの正方形平面をもち、高さがその二分の一の約一六メートルの直方体であることを想起させる。さらに両方ともに、その後は分割によって各部のヴォリュームを決定していく。前者では二分割法を平面・立面に繰り返しているし、後者では三×三の平面分割や七×四の立面分割などを使用している。(2) 磯崎はこうした建築の自動生成システムを関西国会図書館コンペ案でも試みているが、素材の選択と絡ませているという点で、記号に還元するために同じ素材の均質性を強調していたテラーニとは別の位相にある。

こうして柱の森で思索に耽っていると、突然、ウィトルウィウスを名のる男が現われ、ガイド役をかってでてきた。本物の顔は知らないが、きっと彼は気がふれているのだろう。『神曲』に登場した偉大なる古代の詩人、ウェルギリウスのつもりなのか。だが、教えてもらわなくても、わたしはこの建物を熟知している。次は地獄篇の部屋が出てくるはずだ。彼をふりきって、わたしは階段をのぼることにした。

LEVEL 1 = + 2.70 m

わたしの目の前に七本の柱が、支える天井の重量に比して、その直径を徐々に縮めながら、スパイラル上に並んでいる。そしてダンテの『神曲』では、地獄が擂り鉢状の構造で描かれたことを反映して、床面が渦をまくように少しずつ下降していく。まさしくテラーニの構想したインフェルノだ。ここでは静寂をやぶって、向こうにかすかなうめき声が聞こえた。近づいてみると、柱の一本に人間が埋め込まれているではないか。彼は言う。わたしの名はテラーニだ、と！　苦痛と憂欝によってひどく歪められていたが、その顔は肖像写真で何度もみていたテラーニそのものだった。

恐るべきことに、テラーニは自ら命を断ったがゆえに、『神曲』の地獄篇第一三曲で記された第七の圏谷の第二円の通りに、自らに暴力を働いた罪人がいきつく、自殺者の森に幽閉されたのであった。だが、それはドレの描いた絵のような激しいものではない。たぶん、死の直前に彼が巨大なカトリックの大聖堂を考案していたことがその罪をいくぶんか軽くしたのだろう。信者である彼がその大聖堂に救いを求めたことは想像に難くない。そしてもっと前のものだが、テラーニは別の教会案も残していた。これも実現されなかったものであるが。

後世の研究者は、テラーニにとっての墓はル・コルビュジエにとってのヴィラのようなもので、墓やモニュメントをとおして彼は形態のスタディを積み重ねていたと指摘したが、よもやダンテウムの世界に囚われるとは思ってもみなかっただろう。[3] まったく皮肉なことに、自己の牢獄につながれているのだ。そして許嫁のアパートで自殺した彼のもとに、救いの美神ベアトリーチェが訪れることはおそらくない。

わたしが建築に詳しいことを知って、彼は死後に自分がどう評価されてきたのか、教えて欲しいと頼んできた。そして、しばし考え込んで、疲労から口数の少ない彼に向かって、わたしはこう語りはじめた……。


そう、あなたがテラーニだとして、いやそうでなくてもよいのだが、あなたはすでにポストモダニストでした。モダニズムと同時にポストモダンは始まっていたのです。例えば、カフカとジョイスを引きながら、ある意味においてポストモダニストがモダニズムに先行するとジジェクは言いましたが、少なくともあなたはモダニズムの生成とともにポストモダンへの道を用意していました。最初からアヴァンギャルドのトップランナーでありえなかったことは、グルッポ7の宣言文がル・コルビュジエの強い影響を受けていることからも明らかです。その遅さは雑誌媒体の速度そのものだったとしても。そしてイタリアではシカゴやニューヨークのように過去を考え

ることなく高層ビルを建てることが許されなかった。だからこそ、「建築の学習における古典的伝統の強固な基盤を適切なものと信じ」(『建築』)、「古典的なモニュメンタリティを達成するとしたら、合理主義こそがそれを成し遂げる」(『建築、新しい古代』)と、あなたたちは語ったのです。[4]

あなたは機械の美学からは距離を置き、近代と古代のぶつかりあう地点で制作を続けていました。多くの作品に認められる弁証法的な関係、すなわち現在と過去への配慮、あるいはコンテクストへのまなざしは、まさに今日の建築界が保存や地域主義という名で重視しつつあるものなのです。おそらく二十一世紀の建築は、これなしには語れませんから。醜い家、カ・ブルッタ(一九二二)を手がけたジョバンニ・ムーツィオも、古典建築を直接に引用したポストモダンの先取りと言えるかもしれません。そしてあなたも過去の建築から同時代の建築まで、多くの参照をされてきました。ノヴォコムンやカサ・デル・ファッショのインスピレーション源についてはよく指摘されています。さらにシューマッハーの詳細な研究によれば、高校のコンペ案(一九三四)では一九三二年に雑誌で掲載されたベルリン大学の建物から引用したり、カサ・デル・フロリコルトーレではマリオ・ラディーチェの絵画から矩形の構成を参照したり、セットバックするアパート案では自身の作品であるサルファッティ・モニュメントの形態を用いています。[5] 真偽のほどはわかりませんが、あなた自身も、いまとなっては細かい参照のことは覚えてないでしょう。

わたしは特にリットリオ宮コンペのA案に興味をもっています。なぜなら、その敷地図では参照源となる様々な建築のドローイングをコラージュしているからです。ローマ時代の建築、古代エジプトの墳墓、アクロポリスの丘、ギリシア神殿など、そうしたイメージの集積体としてモニュメンタルなA案が構想されたことを示すために。このコラージュ感覚はわたしにピラネージのカンポ・マルツィオや、名前は忘れましたがイタリアのある現代建築家のドローイングを思い出させます。でも、あなたの残したものは引用や参照によるポストモダン的な手法だけではありません。形態操作の側面において、もっと大きな影響力をもっていました。

それをお話する前に、すでにテラーニがポストモダンだったというささかレトリカルな認識は事後的につくられたものであることを確認しておきましょう。あなたが建築界で再評価を受けた過程は、反近代の動きとほぼパラレルでした。世界各地で反動の嵐が吹き荒れたあの年、すなわち一九六八年にあなたとゆかりのあるコモにおいて、テラーニの研究学会が開かれましたし、同年には建築雑誌で特集号が組まれました。また、一九七〇年代にはイタリアの代表的なポストモダンの建築家……、そうアルド・ロッシという男によって、合理主義の建築展が行われたのです。逆にこうした一連の動きがあるまで、あなたはほとんど忘れられていました。例えば、イタリアに遊学した成果をもとに著した、ロバート・ヴェンチューリによるポストモダニズムの理論的マニフェストの書『建築の複合性と対立性』（一九六六）でも、豊富な事例をあげているにもかかわらず、あなたのことを言及していなかったと記憶します。マニエリスム建築など、複雑な形態操作に注目するこの本に、近代のマニエリストと呼ばれるテラーニの分析がないことは、今日からみれば、不思議なくらいですが、まだあなたの存在が深く認識されていなかったからでしょう。

九〇年代に入り、ミラノでは一九九六年にテラーニ展がムーツィオの設計したパラッツォ・

デ・ラルテ（一九三二―三三）で行われ、日本でも同展は開催されると聞きます。残念ながら日本では見ることができないようですが、ミラノでは〈ファシスト革命一〇周年記念展〉の会場デザインも復元されました。一九九三年であれば没後五〇周年、一九九四年であれば生誕九十周年になるのですが、いずれもそれより遅れての開催ということになります。でも、このタイミングのズレというか居心地の悪さは、あなたが経験してきた困難な立場にふさわしいのかもしれません。そしてあなたは正しく埋葬されなかったのです。少なくとも近代建築の単なる追従者と同じ棺に入れて埋められるべきではなかった。だから、ゾンビのようによみがえるし、何度も掘りかえされるでしょう。今度の波はどのようなテラーニ受容を生むことになるのでしょうか。(6) このことについては、また後で考えたいと思います。

たぶんあなたも予想しなかった作品の深読みは、アイゼンマンによってなされました。二十世紀の前半に生きたあなたにとって、チョムスキーの言語論を応用した彼の分析は難解かもしれません。二十世紀後半の建築論はかくも難しくなっていったのです。彼は一九六一年にフォルマリズム批評の大家コーリン・ロウと一緒にコモを訪れて、どうやらそこで「啓示を受けた」ようです。(7) むろん、ロウ風の分析をさらに洗練させているのですが、アイゼンマンはレジェとマレヴィッチの絵画の違いを、論文名である「対象から関係へ」という視点で読みとり、前者がいまだ伝統的な「対象」を利用してその文脈を変えているのに対し、後者が純粋な関係性に移行した世界を創造したと考えます。(8) この対比はル・コルビュジエとテラーニにも応用され、後者がより純粋なシンタックスの建築であるから、次にチョムスキーにならって、深層構造と表層構造のあいだをつなぐ生成変形の文法を調べるのです。

こうした理論をアイゼンマンは自作の設計にも用い、ホワイトのメンバーの一人になり、後にディコンストラクティヴィズムの建築家とみなされ、アメリカの主要なポストモダニストになりました。余談ですが、テラーニやホワイトの建築を表象する際、アクソノメトリックのドローイングがよく使われることは偶然ではないと思われます。その図法が人間を排した形態操作や、シンタックスへの関心を表現するのにふさわしいからでしょう。またアイゼンマンも関わった建築理論誌《Oppositions》では、積極的にイタリア合理主義の建築家たちを紹介しました[9]。かくして近代のマニエリストとしてのあなたの評価は決定的になっていったのです。

イタリアの理論家マンフレッド・タフーリは、来たるべきアイゼンマンのテラーニ論への序文として、魅力的なテクストを書きました[10]。

彼はマニエリスティックな操作を尽くしているあなたの作品に、「もの」から「名前」を引き剝がしてしまう無調的な性格を読みとり、それが言語を切り裂き、亀裂に空白を現出せしめて、意味を宙吊りにしてしまうものと言っています。ここからドゥルーズによるベケット論への補助線を引くという誘惑にもかられるでしょう。ところで、タフーリが論じる際に引き合いにだしたルイジ・ピランデルロの「作者を探し求める登場人物」とは、記憶を失いながらも語りつづける役者としてのR氏、すなわちわたしの状況と似てはいないでしょうか。

少々話が脱線しました。一方、このタフーリの分析が重要な作品を無視していることから、皮相的な解釈だと批判するブルーノ・ゼーヴィは、あなたをミケランジェロと並べて、体制への叛逆児としてとらえています」彼はシンメトリーや重厚性など、建築におけるファシズム的な兆候を列挙し、あなたがそれとはまったく反対の建築をデザインしてきたことを論じようとしました。(11)どう思われるかわかりませんが、ファシストの汚名からあなたを救出しようとする試みです。一方でダイアン・ギラルドのような社会派の歴史家は、やはり合理主義者とファシズムの連携を問題にしていて、そこからあなたを位置づけようとしていました。(12)さて、ここでわたしはあなたとめぐりあい、歴史家であればうらやむような状況にいます。だから、お尋ねします。本当のところ、あなたはどのように考えていたのですか?

しかし、彼はうわごとのように「あなたは僕を許してくれるだろうか」と繰り返すだけで、それ以外のことは黙して語らない。いまだ彼は自殺の原因となったと思われる戦線でのトラウマからは逃れていないようだ。よほど深い心の傷を負っているのだろう。だが、一方でわたしは問わず語りを続けているうちに、この男が本当にテラーニであるか疑わしくなっていた。なにか巧妙な罠におとしいれられているのではないか。そもそもダンテウムのなかでテラーニと会話をしていること自体、あまりにも馬鹿げている。と、ここまで考えたとき、ふと、わたしはこの建物にまつわる、ひとつのエピソードを思い出した。一九四九年にコモで開かれたテラーニ展で、ル・コルビュジエがテープカットを行った後、ダンテウムの展示の前で立ち止まり、これぞ建築家の作品であると語ったことだ。そう伝えると、テラーニを名のる男は一瞬嬉しそうに喜んだように見えた。

テラーニ　カサ・デル・ファッショ

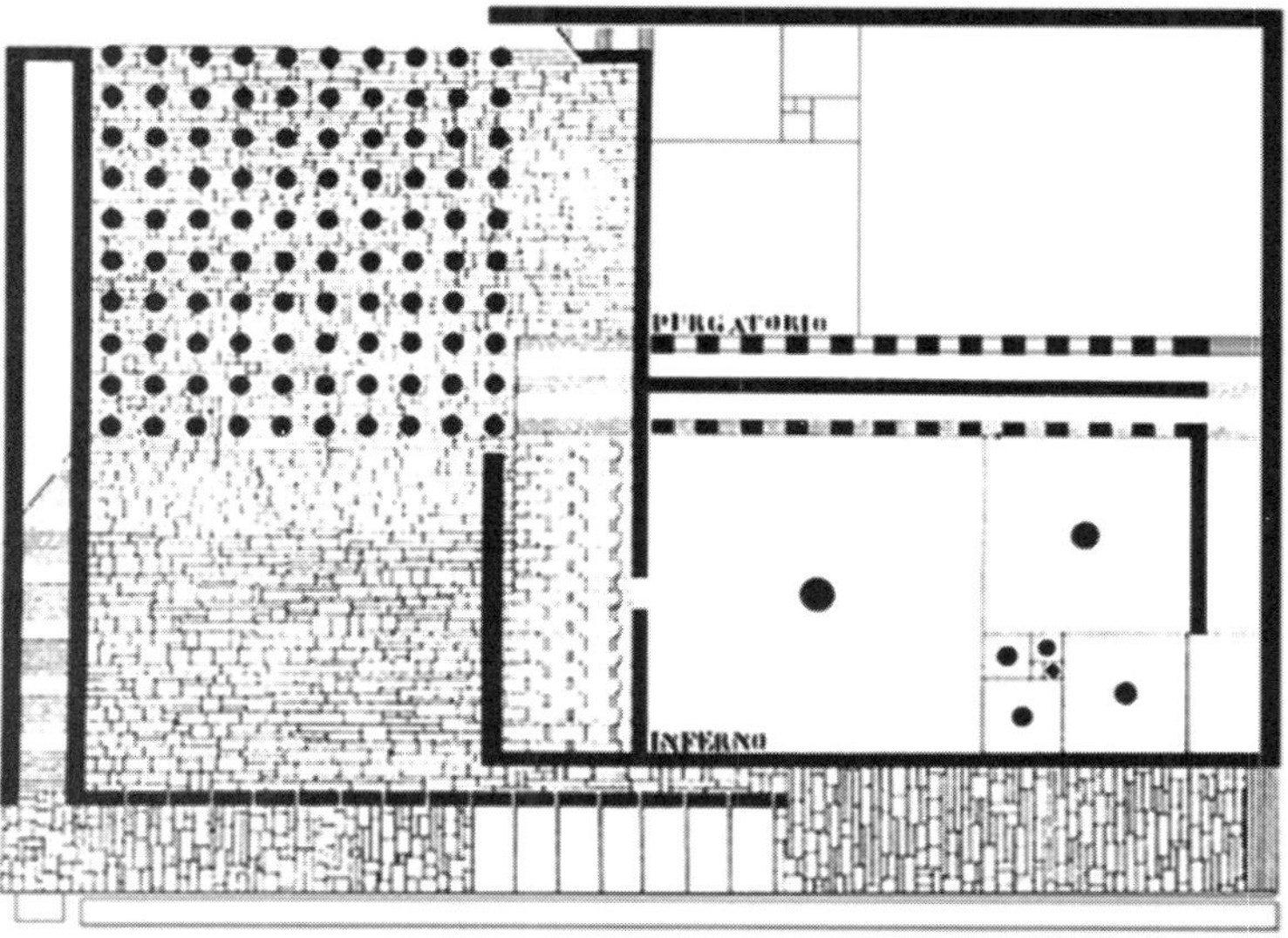

ダンテウム　平面図

続いて、かすかに彼がしゃべろうとする。もしかしてあなたは、あなたが話していたアルド・ロッシその人ではないですか、と彼は聞く。

……そうかもしれない。やはりわたしにはRという頭文字しか思い出せないのだが。

長い沈黙の後、わたしは次の部屋に向かい、階段をのぼりはじめた。

LEVEL 2 = +5.40 m

ここは煉獄の部屋である。ダンテの煉獄篇が七つの環道をもつ山として描かれていることに対応し、黄金分割によってわりつけられた床面がスパイラル状に高くなっていく。しかも、その天井が段階的な床の面積に比した七つの開口部によってくり抜かれている。だから、閉鎖的な地獄に比べて、煉獄は非常に開放的な空間だ。また地獄と煉獄では、細かく分割された部分が、進路にしたがい、反対向きになっている。つまり、煉獄はちょうど地獄の部屋を裏返しにしたような空間構成になっているのだ。

ダンテウムの中を歩いていることには、もう驚きはしない。わたしは自分の置かれた状況を受け入れることにしたのだ。ひとしきり、テラーニの図面どおりの空間になっていることを確認したあとで、さっきの質問を思い返す。わたしはアルド・ロッシなのか？　わからない。でも彼、アルド・ロッシこそはイタリアにおいて合理主義者に再び脚光をあてることに寄与した人物である。そして、とりわけテラーニ、それもダンテウムからは大きな刺激を受けたことを表明していた。わたしはアルド・ロッシなのだろうか？

自然にわたしは彼のことを考えはじめていた……。

自伝のなかでは、テラーニのことを語らなかったけれども、ロッシはネオ・ラショナリズムの建築家の一人として括られたように、テラーニと幾つかの共通点をもつ。

第一に、合理主義への傾倒である。ロッシは近代のイタリア合理主義はもちろんのこと、その興味をフランス十八世紀の建築家にまでさかのぼらせていた。第二に、二人とも墓とモニュメントが重要なビルディング・タイプであること。テラーニについてはさっきもこれを指摘したが、おそらくロッシの建築で最も美しいのは、サン・カタルドの墓地（一九七一）のように、さほど複雑な機能がない、純粋な形態操作が可能な種類のプロジェクトではないだろうか。それも実現しないで、図面のままでいる方がもっと美しいのだ。ただ、ロッシは古典主義的な態度をテラーニと共有しながらも、さらにミニマル志向が強い。例えば、対独抵抗運動の記念碑案（一九六二）は、一辺一二メートルの立方体にシンプルな階段と広場をくり抜くというものである。[13]第三に、列柱のモチーフや幾何学への愛好である。特にガララテーゼの集合住宅（一九六九—七六）のような白い建築で使われる列柱や、正方形の窓の反復は、テラーニを含むファシズムの空間を容易に想像させるし、実際、そうした批判もされていた。第四に、コンテクストへの配慮。両者は「都市の中の建築」について意識的である。

それから、さきほどは名前を失念してしまい詳しく述べられなかったが、ロッシの「類推的都市」（一九七六）は、リットリオ宮コンペA案のコラージュ感覚と似てなくもない。とはいえ、ロッシは歴史的な街区に自己のドローイングを挿入し、参照源をはりつけたテラーニとは異なることを試みている。またデヴィット・ワトキンによる新しい西洋建築の通史でも、ロッシやロブ・クリエの作品をテラーニのリヴァイヴァルと結びつけていた(14)。ちなみにクリエの兄弟レオンは、一九七五年にロンドンで、イタリアを含むヨーロッパ各国の合理主義建築の展覧会を開いている。彼もまた伝統的な都市に関心をもつ有名なコンテクスチュアリズムの建築だ。いずれにしろ、わたしが少なからぬダンテウムに惹かれていたロッシであるとすれば、わたしの意識のなかでその空間を再構成することもありうるのかもしれない。わたしはわたしの他者になって……。

だめだ、だめだ。ロッシのことを考えると頭が痛くなる。わたしはもっと深く、彼のことを知っているような気がするのだが、これ以上考えることができない。そしてどうしても、わたしがロッシであるという実感をもつことができない。わたしはただの建築家Rでしかないのか。わたしはあきらめて、次の階段をのぼることにした。最後は天国にたどりつくのだから、もうこれでのぼる必要ないはずである。壁に挟まれた狭い部屋の向こうに光が見えてきた。

LEVEL 3 ＝ ＋8.10 m(15)

三段ずつ三回、計九段をあがると、そこは美しい天国の部屋だ。ほのかなブルーを漂わす、三三本のガラスの柱が、透明なフレームを支えており、あいだからは彼方に空が見える。宇宙に広がる天国篇は三三曲からなり、柱は天使のごとく透明に、というわけだ。あるいはムッソリーニが語ったファシズムの「ガラスの家」のイメージが重ねあわされているのか。この部屋では、さらにブロックのあいだにガラスをはめこみ、全体がふわっと浮きあがったような効果を演出している。ちょうど真下が一〇〇柱の部屋になっていて、その上に三三本の柱がのっているのだ。ムッソリーニといえば、わたしの見間違いでなければ、天国の部屋に隣接する重厚な帝国の間の奥で、どうやら彼らしき人物が鎖につながれていた。

テラーニは単にダンテの博物館ではなく、神殿としてダンテウムを設計したのだ。[16] もともと『神曲』自体が壮大な数の大聖堂なのであるが、テラーニは創造的な翻案を行い、ダンテウムによって1、3、7、10の象徴的な数字が支配する聖なる場所を実現しようとしたのである。とすれば、ここで永遠に閉じこめられていることは、むしろ彼にとって幸せなのではないか。ダンテを媒介にして、自らの思考力が生み出した世界に住んでいるのだから。いずれにしろ、ルクーによるフリーメーソンの入会儀式、チュミによるジョイスの庭、リベスキンドによるヴォルテールの『ミクロメガス』など、建築による文学的想像力の翻案は数あるが、これほど徹底したものも珍しい。そうそう、ロッシもまたトリエステの地方事務局のコンペにおいて、ウンベルト・サバの詩集『トリエステと一人の女』からインスピレーションを得ている。[17]

ところで、わたしはこの透明な空間が意外に現代的であることに気がついた……。

──九〇年代の建築界では、まさにこうした透明性や軽い構築がもてはやされていたのではなかったか。たとえ、創作論につながる再評価にはたぶんに誤読があったとしても、七〇年代のテラーニ再読がマニエリスティックなフォルマリズムによるものだとすれば、今日ではテラーニがもつ軽さの側面が注目されるのだろう[18]。では、どこが軽く、透明なのか？　浮遊感のある天国の間であれば、リテラルに透明なガラスの柱が連なっており、その宙に消えていくような存在感の希薄さは、例えば、伊東豊雄が志向する空間を髣髴させる。一方、カサ・デル・ファッショや諸々の集合住宅であれば、まずそのファサードにおける複雑な層の重ねあわせが、フェノメナルな透明性を想起させるだろう。カサ・ルスティチのファサードの多層性と曖昧性は、シューマッハーもヴェネツィアのパラッツォを引き合いに出して分析しているが、きわめてコーリン・ロウ的な読解を誘発させるような作品である[19]。現代の集合住宅であれば、例えば、近代の合理主義の精神を継承しながら、開きつつ閉じるといった微妙なファサードを構成する、松永安光＋坂本一成の幕張ベイタウン・パティオス四番街（一九九五）などにも、その反響音を聴くことができるだろう。

そして内部と外部を剝離させて、自律したファサードを構築すること。テラーニによる、リットリオ宮A案の湾曲する巨大な壁や、カサ・デル・ファッショのグリッド状の皮膜における戦略をこう解釈できるかもしれない。ジャン・ヌーヴェルのカルティエ財団（一九九四）のガラスの壁や、アラブ世界研究所（一九八七）の幾何学模様の皮膜から、遡及していけば、こうしたテラーニ像が浮かびあがるだろう。表層性への関心は、膜構造など全体の造形を表現主義的にねじまげたものではなく、とりわけ今日の主要な動向のひとつであるシンプルな箱型の建築において、作家の表現が皮膜に集中している状況ともリンクするはずだ。社会的な制約もあって、箱の内部はあまりいじらずに、ひたすらファサードを練りあげていく、ジャック・ヘルツォークらやピーター・ズントーらの建築である。ただし、違いをあげるとすれば、彼らの方がテラーニよりも細かい素材の使い分けに意識的ではないだろうか。ともあれ、この傾向は、スイス・ミニマリズムと呼ばれる連中に顕著だが、かつてロッシがイタリアを出て、チューリッヒ連邦工科大学で教えていたことや、ヘルツォークがその教え子であったことを考えると興味深い。しかし、これだけでは内部を均質な空間とする一方で、箱型の外部のスキンに表現の核をあたえるという今日的なミースの受容とほぼ重なってしまう。ではその違いは?

そこでファサードの単純な独立ではなく、表層構造と深層構造のズレ、すなわちアイゼンマン、チョムスキー風に言うならば、生成変形の操作こそが、テラーニの刺激的な作法であったことを思いおこそう。以上の視点に立てば、逆にテラーニによって現代建築を批判することも可能だ。内部と外部の葛藤を放棄し、外部だけに表現の力点を置くことに対して。あるいは、内部と外部の単純な一致に安堵し、両者の関係性を思索しないことに対して。要するにミニマルとサイバーの建築であり、どちらも近年の有力な傾向だが、これに対する批判としてテラーニを読解すべきではないだろうか。弁証法的関係とは言わないまでも、内部と外部のダイナミックな関係性が、ミニマルとサイバーの建築では忘れられるのだ。近年のミニマル・アーキテクチャーは、ともすれば壁だけの存在になってしまっている。もっと複雑なボックスを設計する可能性が模索されていいはずだ。サイバー・アーキテクチャーは、なるほど内部と外部、そして細部と構造の対立をなし崩しにしてしまう面白さをもっているのだが、結局はデジタル表現主義に陥っていることが多い。ここに、いかにして仮面の操作の面白さを持ち込めるかが試されていいはずだ。

だが、テラーニの現代性について思索をめぐらした後で、あの不安が再び頭をもたげるのであった。わたしは一体誰なのか？　わたしは本当にわたしの声を語っているのか？　それとも見知らぬ誰かの声を語っているのか？　でも、ここにいる限り、わたしは誰であるかを思い出せそうにない。ここを出るにはどうしたらよいのか。そうだ。確かこのダンテウムには、原作の『神曲』と違って、天国の部屋から外に通じる出口があったはずである。テラーニの設計では、部屋の片隅に小さな通路があって、そこから一気に下る階段がつくられていた。探してみよう。

しかし、わたしはさんざん探したあげく、見つけることができなかった。この空間がテラーニの講想案とたったひとつ違うのは、まさに出口がないことなのだ。だが、おそらくテラーニも、本当は出口という現実的な要素はつけたくなかったのではないか。当初は実現性が高い計画だったからこそ、あのプランにそれがあったのに違いない。でも、ここは純粋に彼の頭の中の空間である。それゆえ、出口は不要なのか。しかも、わたしはどうやってここに入ったかも定かではなかったのだ。入口もないのだろう。実際、この方が、いつのまにか地獄にさまよいこんだダンテの原作に忠実ということになる。

初めてわたしは悟った。わたしは完全に他者の構想した建築の牢獄にとらわれている。おそらく誰かの記憶の劇場の内部を歩くのはこんな感じなのだろう。そして永遠に記憶が戻らない以上、もはやわたしR氏は誰であってもよいのだ。このことは、さしたる問題ではない。きっと。

（1）本稿は、L・ニーヴン&J・パーネル『インフェルノ　SF地獄篇』（小隅黎訳、東京創元社、一九七八）に想をえて、メタフィクションの形式を借りて、テラーニを論じるものである。むろん、題名から予想されるように、『カリガリ博士の部屋』的な状況を想像してもらって構わない。

（2）磯崎新「輪郭線消去と二分法」『新建築』一九九七年四月号。

（3）T. L. Schumacher, *Surface & Symbol*, Princeton Architectural Press,1990.

（4）グルッポ7の宣誓文は、八束はじめ編「近代建築史資料・イタリア建築一九二六―一九四三」『SD』一九七九年三月号の邦訳を参照。

（5）T. L. Schumacher, *The Danteum*, Princeton Architectural Press,1993.

（6）S.Von Moos, *Exhibition; Giuseppe Terragni*, in *Jsah*, March, 1997. も参照されたい。

（7）C. Rowe, *Introduction in Five Architeccts*, 1972.

（8）P. Eisenman, *From Object to Relationship*, in *Perspeta* 13/14, 1971.

（9）例えば、*Oppositions*, 6, Fall, 1976, *Oppositions* 9, Summer, 1977, *Oppositions*, 12, Spring, 1978. などで、解説を付して、イタリア合理主義関連の資料の英訳を掲載している。

（10）M・タフーリ『主体と仮面――G・テラーニ序説』八束はじめ訳『SD』一九七九年九月号。

（11）B・ゼーヴィ『ジュゼッペ・テラーニ』（鵜沢隆訳、鹿島出版会、一九八三）。

（12）D. Ghirardo, *Italian Archiects and Fasist Politics* in *Jsah*, 39, 1980. 建築と政治についてはD. P. Doordan, *Building Modern Italy*, Princeton Architecural Press, 1988 も参照。

（13）バルセロナで開かれた建築とミニマリズムの展覧会カタログ、V. E. Savi & J. M. Montaner, *Less is More*, 1996. にも掲載されている。

（14）D. Watkin, *A History of Western Architecture*, Laurence King, 1986.

(15) テラーニが残したメモによれば、高さも数字の3に支配されている。各階は二・七メートルの倍数となっており、それゆえすべての高さは3の累乗に関わる。
(16) テラーニのメモ「*Relazione sul Danteum*」において、博物館でも宮殿でも劇場でもなく、神殿を建設したいのだと記されている。
(17) A・ロッシ「類推的建築」『a+u』一九七六年五月号。
(18) 塚本由晴『反重力の建築』(『インターコミュニケーション』二三号、一九九七)は、カサ・デル・ファッショの基壇が排除され、上下にひっくり返せる自律的なフレーム構造に、ある種の軽さを指摘している。実際、テラーニを〈Light Construction〉(MoMA,1995)的な視点から再評価することは可能だろう。ちなみに、主にフランス圏の若手建築家を集めたボルドーの展覧会〈36 Modeles pour une Maison〉(1997)でも、軽い箱型建築の流行は如実に現われている。註3の文献では、一九八七年のPAデザインコンペの受賞作に使われた列柱の古典性にテラーニの残像を指摘しているし、一九九七年のある建築誌では「アルプスの合理主義者たち」という呼称を用いていた。
(19) 註3の文献を参照。

2. モダン・マスターズ

巨匠とは何か

マスターとは何者か?

本質的に偉大な作品を残した作家たちと答えれば、あまりにナイーブ過ぎる。もう少しうがった定義をしてみよう。つまるところ、シェイクスピアのおかげで英文学者に膨大な研究ネタが発生したように、死後にどれだけ多くの学者を食わせることができたか、あるいはどれだけ多く誤解されてきたかが、マスターの尺度といえる。さらに、多く引用やパロディの対象になり得たかも一つの条件になるだろう。

だが、なぜル・コルビュジエが偉大なのかを考えはじめると、業績が多岐にわたるがゆえに答えくにい。なるほど、彼はすぐれた建築を設計した。しかし、すぐれた空間を生みだす建築家は他にもいる。彼は都市計画も構想した。けれども実現したものは少ない。あふれんばかりの創造力は、絵画や彫刻にも及んだが、純粋なアーティストの作品に比べると弱い。そして彼はものすごい量の著作を残した。これは簡単に真似できないだろう。

では、何がすごいのか。

それはル・コルビュジエが、近代化を経験した建築家がとりくむべき、新しい問題系を発見したからではないか。例えば、黒川紀章は都知事選挙に立候補したとき、アジテーション的な文章を書きながら、「東京計画2025」(一九八七)を唱えた。もっとも、刺激的なマニフェストを掲げ、建築や都市のデザインによって社会問題を解決するといった姿勢は、ル・コルビュジエが流布させたことだ。現代の建築家が提示するプロジェクトの形式や考え方は、大昔から存在したわけではない。様式の習得や外観のデザインが重要だった二十世紀以前にはなかった。それを発明したのが、ル・コルビュジエのすごさである。つまり、二十世紀以降の建築家が闘う土俵そのものを創造した。ほとんどの建築家は強い力士に過ぎない。だが、真の革命者は、相撲という形式を生みだし、土俵をつくりだした人物である。もちろん、近代化は大きな社会の変わり目だったからこそ、彼も新しい問題を発見できた。

デザインの手法も摩耗していない。近代建築の五原則のうちの横長の窓は個人的な趣味が強過ぎたが、屋上庭園やピロティはまだ可能性をもつ。ユニテ・ダビタシオンの立体パズルのような部屋の組み合わせ、複数の層を重ね合わせたファサード、スロープなど、いまも豊かな資源になりうるネタを数多く残した。ル・コルビュジエ以前に、スロープやピロティを重要なデザインとして使う建築家はなかった。ゆえに、これらも彼が発明した空間の形式である。

ル・コルビュジエは、現在の建築家の仕事の枠組を定義した。われわれが何の疑いもなく、建築家とはこういう仕事をするものだと思い込んでいる前提である。つまり、ル・コルビュジエという固有名の職業モデルが、「建築家」という名詞にすり替わった。二十一世紀を迎えても、それが簡単に変わらないことが明らかになるにつれて、彼の偉大さがますます強く感じられる。

ミースとル・コルビュジエ

以上を確認したうえで、近代の建築家において最もよく語られる人物は誰かといえば、間違い

ミース・ファン・デル・ローエ　シーグラム・ビル

なくミース・ファン・デル・ローエとル・コルビュジエである。例えば、二人の業績を原広司はこう図式化する。近代建築の総体は、ミースが描いた座標があって、ル・コルビュジエが様々な関数のグラフを描いたものだ、と。またそれを建築モデルに変換すれば、「ガラス箱のなかのロンシャン」になるという。つまり、ミースのカルテジアン的な均質空間はガラスの箱で、そこにル・コルビュジエのぐにゃぐにゃした教会が入るのだ。

藤森照信は、ミースこそがインターナショナル・スタイルの絶対零度とさえ言い切る。これを近代においてミースは様式の極限を追求したのに対し、ル・コルビュジエは多様な表現を展開したと言い直せるかもしれない。両者の関係は、ギリシア建築の様式美とローマ建築のヴァリエーションを生む多様性になぞらえることができそうだ。さらに西洋建築史の洗練していくヴォキャブラリーで、もうひとつの対比を試みるならば、壁を排除し、ガラスを最大化しようとするミースはゴシック的であり、あくまでも壁に窓を開けるル・コルビュジエはロマネスク的だ。

二人のプロフィールを確認しよう。ミースは一八八六年に生れ、安藤忠雄ではないが、正式な建築教育を受けないまま、ベルリンでアヴァンギャルドの代表選手になる。三十代の時にフリードリヒ街のオフィスビル案（一九二一）やガラスのスカイスクレーパー案（一九二二）を発表し、やや表現主義的な傾向を帯びてはいるものの、抽象的なガラスの積層空間のイメージを提出する。これは後にミースがアメリカに渡り、各地で建設された幾つもの矩形の高層ビルによって実現されるだろう。シカゴに至っては、他の建築家もこれを反復し、ミースもどきの高層ビルが街に林立する。これほど極端ではないにせよ、世界中の都市を埋めつくす高層ビル群を見れば、二十世紀に固有のビルディングタイプであるカーテン・ウォールのオフィスビルは、ミースによってそのプロトタイプが示されたといえよう。

そして「レス・イズ・モア」というミースの言葉を連想させる、ミニマルな要素で組み立てられた至高の作品、バルセロナ・パヴィリオン（一九二九）は、彼の名を不朽のものとした。が、それゆえに巨匠なのだが、ミースは誤解され続ける。日本では戦後に桂離宮や伝統的な家屋との類似性が語られ、住宅の貧乏ミニマリズムを勇気づけた。またミースは一義的な原理でしか建築を作らないとして、ポストモダンの仮想敵にもされた。しかし、その後のミース研究は、彼を単純な英雄的人間ではなく、むしろ矛盾を抱え込んだ存在としてみなす傾向にある。すなわち、伝統と近代、物質性と非物質、ナチスへの接近とドイツからの離脱のほか、複数の対称軸が混在する設計や、非場所性に対してダーティ・リアリズム的な側面など、様々な両義性が指摘されているのだ。明晰だと思われたミースのガラス箱が、実は微妙にねじれており、不透明であったと言わんばかりに。

ル・コルビュジエは、一八八七年にスイスの田舎で生まれたから、ミースとほとんど同時代人である（死去したのも四年早いだけ）。二人の作品は、モダニズムの成果を集結したシュトゥットガルトのヴァイセンホフ・ジードルング住宅展（一九二七）で肩を並べた。ここではミースが全体の指揮を行い、地元の反対をはねのけて、ル・コルビュジエの参加を実現させている。彼は三十歳でパリに上京し、近代建築のスターダムにのしあがった。ルネサンスの時代の万能人のように、彼は器用な人物であり、建築、都市、家具の設計のほか、絵や彫刻を制作し、雑誌を編集し、特に詩や文明論を含む著作活動で知られることになった。それゆえ、彼は他の分野にもアピールする二十世紀最大の建築思想家である。後世の建築界は、彼のような、歌って踊れる建築家が登場したことを感謝しなければならない。

ル・コルビュジエは来るべき建築のプロトタイプとしてドミノ・システム(一九一四)を発表し、「近代建築の五原則」(一九二六)によって明文化する。これらは様式という規則でがんじがらめだったボザール系の古典主義が強かったパリにおいては挑発的なマニフェストだった。彼は自己の思想を著作や雑誌を通じて、日本の丹下健三や前川國男、イタリアのジュゼッペ・テラーニ、メキシコのルイズ・バラガン、アメリカのバックミンスター・フラーなど、多くの建築家を感化した。また事務所に弟子入りする各国からの若き建築家を通して、世界に広めていった。まさに彼らはル・コルビュジエ教の伝道師である。

もともとル・コルビュジエは、単一なイメージに収斂しにくい活動をしていたが、それでもロンシャンの礼拝堂(一九五五)を発表したときは、モダニズムの巨匠が裏切りの方向転換をしたのではないかと建築界は困惑した。しかし、その後、彼の多重人格的な側面を強調する研究が増えている。実際、彼は機械文明と大量生産の新時代に興味を示したけれど、同時にギリシア建築に代表される明晰さと幾何学的な形態を好んだ。つまり、装飾には反対したが、古典的な秩序が嫌いだったわけではない。過去をすべて切り捨てる未来派や、自己の夢想を肥大化させる表現主義に比べて、多様な解釈が可能になるのは、こうした彼の曖昧な態度による。またほとんど抽象的な表現に徹したミースに対し、ル・コルビュジエは具象的な表現を取り入れていることも大きい。

それはシンボリックな読みも可能にするからだ。

したがって、モダン・マスターズの代表的なふたりについては、かつてのステレオタイプな見方から、ともに多義的な解釈に移行している。おそらくそれは情報の増加と研究の蓄積が導いた結果だろう。かくしてモダン・マスターズの肖像は分裂しつつある。とはいえ、ふたりの重要性が減じたわけではない。なおさら、両者をめぐる言説は増えており、最初に述べたように、ますますマスターの資格を不動のものにしているからだ。

アドルフ・ロース　ロースハウス

フランク・ロイド・ライト　ロビー邸

近代建築という物語

他のマスターにも一瞥をあたえよう。

エッセイがうまく、言説のレベルで再読が進むのが、ウィーン世紀末を体験したアドルフ・ロース。外部の都市に対しては無表情なファサードをつくる一方で、内部はラウムプランと呼ばれる細かく三次元的に展開する空間を考案したことが特筆される。これは階段にまとわりつくように上昇する空間だ。加えて鏡やアルコーブを利用したり、多層的な奥行を演出するなど、豊かな内部空間の文法を整えたことがロースの功績といえよう。ル・コルビュジエの自由な空間に比べて、より濃密なインテリアである。彼のショッキングな言葉「装飾は罪悪である」は有名だが、現在の感覚から見れば、その作品は十分に装飾的だ。こうした言動のギャップ、そしてコロミーナが指摘するように、ル・コルビュジエと反対にロースは写真メディアと距離をとっていたことは、彼が一八七〇年の生れで少し古い人間だからなのかもしれない。

ヴァルター・グロピウス　バウハウス校舎

意外と再読の対象にならないのが、フランク・ロイド・ライトである。ただガウディと同様、CMに使われているように、逆に一般からの認知度は高い。某住宅メーカーではライトもどきのデザインを売りにしているくらいだ。彼は一八六七年の生れだから、ロースとは同世代であり、ミースとル・コルビュジエの一世代上である。一九〇〇年代にライトはプレーリー・スタイルを確立し、外観は水平線を強調したデザイン、内部は箱を解体しつつ流動する空間をアメリカで実践したが、その頃にヨーロッパで作品集が出版されたり、展覧会が行われ、ミースを含む現地のアヴァンギャルドたちに影響をあたえた。この人は説教臭い建築論よりも、人間臭い自伝の方がめっぽう面白い。施主の妻と逃避行するなどスキャンダルが多く、それを弁解するために自伝を書いたようなところがあるからだ。日本で帝国ホテルや住宅の設計を行ったのも、ほとぼりがさめるのを待っていた期間に重なる。

さらに幾人か列挙しよう。近代デザインの教育機関、バウハウス設立の立役者であるヴァルター・グロピウス。しばしば有機的なデザインと形容され、地域主義的建築の先駆とされる、フィンランドのアルヴァ・アアルト。そして工業社会のプラグマティズムとスケールの大きいデザイン思想を融合させた知の巨人、バックミンスター・フラー。数えあげればきりがない。

しかし、歴史は作られた物語である。スターシステムに加担する「近代建築史」も例外ではない。偉人（＝淘汰から生き残った勝者）で綴る歴史は、選択された事実で構成されているからだ。外部には無数の語られなかった事実が存在する。ゆえに個々は事実であったとしても、何かを切り捨て、何かを選ぶことによって、フィクション性が発生する。このことには留意しておこう。そうしたうえで大きな物語を楽しむべきだ。その余白を想像しつつ。

3.

幽霊のような建築——バルセロナ・パヴィリオン

あまりにも多く語られてきたミース・ファン・デル・ローエのバルセロナ・パヴィリオンを三月訪れた。いずれも快晴の日だったが、十二時台、十六時台、十九時台と異なる時間帯を体験し、合計で三時間ほど滞在し、思い至ったのは幽霊のような建築であること。もちろん、オリジナルは一九二九年のバルセロナ万博のドイツ館として建てられたが、閉幕後に解体されたために、神話的な存在となり、一九六〇年代から再建のはなしが浮上し、一九八六年に同じ敷地でレプリカが完成したから、すでに死後の建築だ。また現在、ここでは展覧会も行われるのだが、アンドレ・ジャックの「ファントム（幽霊）」展（二〇一三）において、パヴィリオンの地下に隠された様々な備品が露わにされた。すなわち、地上に余計なものを出さないために、ディズニーランドや京都迎賓館のように、サービス関係は地下に収められている。それゆえ、完璧に美しい建築が成立する、どこか実体がない幽霊というわけだ。

だが、上記のような意味ではなく、現地で信じられないくらい多様なリフレクションの現象が起き、虚像だらけの建築になっていることを幽霊のようだと感じた。これは写真ではわかりにくいが、時間や場所が変わると、万華鏡のように、刻々とイメージが移ろう。現代建築でこれと類似した体験をもたらすのは、SANAAの二人による作品ではないか。例えば、湾曲したガラスを多用し、不思議な映り込みが発生する妹島和世の鬼石多目的ホール（二〇〇五）や豊田市の逢妻交流館（二〇一〇）。あるいは、ガラスを一部歪ませた西沢立衛の永井画廊（二〇〇八）。実は二〇一一年にSANAAとしてバルセロナ・パヴィリオンの展示プロジェクトに参加しており、直交座標系の空間にぐるぐる曲線を描く、アクリル製の透明なカーテンによるインスタレーションを挿入している。これはイメージを様々に乱反射し、ミースの空間がもつリフレクションの効果を、現代的な手法によって、さらに増幅させる試みと言えるだろう。

SANAAの建築は、ミースが近代的な素材を活用してつくりだしたリフレクションの現象をアップデートさせている。なお、バルセロナ・パヴィリオンは空間そのものが展示品であることから、ミースの家具以外に展示物がなく（ゆえに、スペイン国王がこれは完成しているのか？と質問したらしい）、中庭側はドアを閉めることができず、開きっぱなしだ。これはやはり内外を隔てる要素がない、西沢による豊島美術館を想起させる。こうした空間の開放性もSANAAと共通しているかもしれない。厳格なデザインをもつバルセロナ・パヴィリオンは、都市スケールのバロック的な会場計画に沿った配置になっているとはいえ、前面の広場のような大空間に対し、遮蔽せず、あっけらかんとむき出しの状態で存在する。ただし、大きな基壇の上に建築の構成を展開さ

16時に二重化した壁

12時の影

19時の映り込み

16時のエントランス周辺

バルセロナ・パヴィリオン

せ、レベル差によって、周囲との切り離しも行う。公園のような建築をめざすSANAAであれば、こうした段差は設けないはずだ。

最後にバルセロナ・パヴィリオンに出現する虚像群を列挙しよう。十二時台にくっきりと刻み込まれるのは影だ。二つの水面は垂直方向の鏡のように反射する。ガラスに周囲の風景が映ると同時に向うが透過して見え、二枚挟まれると、外―内―外の空間イメージが虚実重なりあう。このガラスに壁、すなわち建築自身が映り込むと、ややこしくて、本物の壁とイメージの壁がダブって見える角度が生じる。ガラスも透明、乳白色など異なるものが使われ、それぞれに異なる効果をもたらす。石の壁は目を凝らすと、わずかにリフレクションが起き、ときにはガラスの反射と絡みあう。また白い天井やトラバーチンの床も影や反射の現象が認められる。そしてクロームメッキの柱も反射性だ。建築としては単純な構成に思えるが、以上のリフレクションが重なり、干渉することで、驚くほど複雑で多様な虚像がちらつく。ゆえに、こうしたイメージが実体を凌駕し、幽霊のような建築となる。

4.
超豪邸としての近代建築——トゥーゲンハット邸

以前、ユニオン造形デザイン賞の審査員をつとめ、アイデア・コンペのテーマを「超豪邸」と決めたことがあった。以下がそのときに書いた文章である。

「超豪邸とは、文字通り、豪邸を超えた建築である。メディアでとりあげられる豪邸は、なぜか建築的に興味深いと思えるものが少ない。建築の豊かさよりも、土地や所有しているモノの値段がいかに高いか、あるいは、見かけのゴージャスさや大理石という記号ばかりが話題になるからだろう。……おそらく現実的な欲望を延長したものにとどまっているからだろう。……だから、こうした「豪邸」を突き抜ける建築を提案してほしい。超豪邸とは、限られた予算のなかで、建築を組み立てるという合理的な枠組を外すことだから、本来、住宅の常識をつき破る可能性をもっている。コストを度外視したとき、世界は変わるはずだ。桂離宮や落水荘が建築史に残っているのは、それらが超豪邸だったからではないか」。

かつて磯崎新は、小住宅はすべてnLDKであり、「建築」ではないと挑発し、その例外としてはパラディオによるヴィラを挙げていた。すなわち、神殿のファサードをもった古典主義の邸宅である。一方で篠原一男は「住宅は芸術である」と宣言したが、同時に住宅は大きければ、大きいほどよいと述べたように、機能主義によって解かれる小住宅とは異なる立場を掲げている。

さて、超豪邸というキーワードを思い出したのが、ミースのトゥーゲンハット邸(一九三〇)を訪れたときだった。ここはツアー形式でのみ見学が可能なため、二回参加し、合計で三時間ほど滞在した。とんでもない傑作である。モダニズムは貧困の美学だと考えられがちだが、これは超超超豪邸だ。研究書によると、この住宅の工事費は当時のかなり贅沢なアパートの住戸で八戸分相当するとか、サヴォア邸の約十倍の建設費だと記されている。近年、きれいに修復されたおかげで、後の改変による不純な要素がほとんどない状態で見ることができたからだろう。実際の内部空間を体験しないと全然わからない性質をもち、修復前だとかなり印象が違うはずだ。

トゥーゲンハット邸は、ブルノ郊外にある住宅地の傾斜地にたち、上の街路面のファサードはとても淡泊な表情だが、室内に入ると、フルハイトのドアと什器が同一のレベルで存在し、緩衝帯としての小さな正方形の前室は四方向に接続し、それぞれの部屋へとアクセスする。また家族や使用人(このエリアもしっかりとインテリアがデザインされている!)が暮らす上階は、計画的にもよく練られた動線や構成だった。円弧を描く階段を下りると、リビングやダイニングが出迎え、バルセロナ・パヴィリオン風の魅力的な空間が広がる。庭に面した大ガラスが電動で上下する最新技術も導入された。なお、バルセロナ・パヴィリオン(一九二九)ほど、リフレクションの効果は強くないが、脇のガラスのサンルームの内部に植物が充填され、空間が生活の場であることがトゥーゲンハット邸の特徴だろう。石上純也によるヴェネツィア・ビエンナーレ２００８の温室群に補助線が引ける空間だった。

さらに下のフロアは、洗濯場、多目的室、機械室など、サービスのための機能をあてがわれて

トゥーゲンハット邸　温室
外の風景・室内の風景が混ざる

ガラスが上下移動するトゥーゲンハット邸
左が半分まで降りている

いたが、現在は資料を展示したり、売店が入っている。結局、この住宅は、施主が数年しか暮すことができず、歴史に翻弄された。ナチスの侵攻によってドイツ軍、その次はソ連軍が占拠した後、しばらくはダンス・スクールなどに使われ、相当改変された。しかし、それでも壊されなかったのは、住宅としては大き過ぎる空間の冗長性ゆえに、様々な転用が可能であり、サバイバルしたからなのだろう。ル・コルビュジエの建築は、粗い白黒の写真や図面でも、空間のアイデアがかなり理解できるし、本人が自ら建築の五原則というふうに刺激的な言説を添えているが、ミースの建築における精度の高い素材のデザインが生む光や反射、空間の雰囲気は、現在の写真でも不十分にしか捉えられず、メディアで伝達しにくい。おそらく、当時の技術ならば、さらに困難だったはずだ。

5. 時代を超越するプレチニック

プラハは豊饒な建築の文化を蓄積してきた。例えば、ディーツェンホーファーの建築一族による華麗なるバロックの教会群。繊細な曲線を使いこなす、アール・ヌーヴォーの市民会館やカフェ。プラハの建築の歴史において、ひときわ鮮やかに輝いているのは、ピカソのキュビスムの絵のように、カクカクとした幾何学的な構成によって立体感を強調したチェコ・キュビスムだろう。なぜなら、ここが中心地になって発信したプラハ・オリジナルの建築であり、しかも最初期のアヴァンギャルドのデザイン運動のひとつだからだ。「未来派建築宣言」は一九一四年だから、それよりも早い。また現代建築に目を向けると、ジョン・ヘイダックによる剣山のような作品「自殺者の家」(一九九二)、巨大な天使の影をガラス面にプリントしたジャン・ヌーヴェルの百貨店(二〇〇一)、そしてフランク・ゲーリーによる踊る建築「ダンシング・ハウス/ジンジャーとフレッド」(一九九六、現在はホテルに改装)なども楽しめる。

この都市では、スロベニア出身のヨジェ・プレチニックが、トゥーゲンハット邸と同時代に作品を残していたことに気がついた。プラハ城の改修（一九二四―三一）や聖心教会（一九三二）などである。気がついた、と書いたのは、あまりに作風が違うからだ。すなわち、歴史を振り返ると、ミースは世界に先駆けて、モダニズムが切り開く新しい空間の可能性を提示し、後世に影響を与えたことがすぐに了解されるが、プレチニックは一体いつの時代の建築なのか、わからないような不思議なデザインを残している。これは新しいのか、古いのか？　いや、時代を超越する個性的な造形だ。あえて言えば、ポストモダンを先取りしたと解釈できるかもしれない。また彼はオットー・ワグナーに学び、彼の事務所でも働いたので、幾分かワグナー風の残滓を認めることができる。とはいえ、プレチニックの後に彼のスタイルが広く流布したわけではなく、歴史の特異点だった。

およそ二十年ぶりに訪れたプラハ城では、広域のエリアにおいて、あちこちにヘンなデザインを挿入している。建築単体をつくっているわけでなく、細部に散りばめられており、くまなく歩きまわると、前回見落としていた箇所が複数あった。純粋な幾何学ではなく、歴史的な要素に触発された装飾や造形が多い。例えば、エジプト、ギリシア、クレタ、ローマ、トスカナなどの地域である。が、そのまま採用しているわけではない。これらは変形され、奇妙なプロポーションになっている。近代以降の自意識を感じるデザインだ。またプラハ城の古典主義やゴシックなどの様式に一致させてもいない。建築史を知るものから見れば、意図的に異物としてのディテールを混入させている。とはいえ、膨大な数の観光客でにぎわうプラハ城において、プレチニックが介入したデザインを注視している人はいなかった。素人でもわかるガウディほど明らかにヘンでもない、ぎりぎりのラインなのかもしれない。

ともあれ、もし日本で古建築のある環境において、プレチニック的な操作をすれば、間違いなく非難を浴びそうだ（大江宏なら可能？）。彼とその弟子が継承した改修のデザイン展も、ちょうどプラハ城の一角で開催中だったが、そこだけ見事に誰もいなかった。歴史建築に滑り込ませた密かなデザインの断片に対し、聖心教会は完全な新築である。これはペディメントをもち、古典主義の神殿風だが、鐘屋の両脇にオベリスクを加えるなど、やはり自由な解釈を加えている。ま

プレチニック　プラハ聖心教会（改修中）

プレチニック　プラハ城の増改築

た外壁は垂直の点線状に連続する突起物に覆われ、遠くから眺めると、建物が汗をかいているかのようだ。鐘塔の正面には大きなガラス張りの時計を設置し、内部のスロープが透けて見える。礼拝堂の屋内は、天井から球体を吊るし、無数の球が浮かぶ、幻想的な空間だ。モダニズムやポストモダンといった大きな枠組に基づく呼称を無効にしてしまう。プレチニック・スタイルとしか形容できない。

6.
ガウディ再訪

大学の卒業旅行のとき以来だから、二十七年ぶりにバルセロナ訪問だった。午後に到着し、最初に向かったサグラダ・ファミリア（一八八二―）は、入場するための凄まじい行列で驚かされた。前は天井もなかったし、巨大なコンクリートの塊が並ぶ土木現場のように、正面のファサードもすでに着工していたが、最新のコンピューター技術をとりいれた造形は面白いけれども、やはりどこかヘンで、アントニオ・ガウディ（一八五二―一九二六）のオーセンティシティ（真正性）という意味ではもう微妙な建築だ。

実際、彼が死去した後も継続された工事には、ル・コルビュジエ、ミロ、ペヴスナーらが反対声明を出している。ともあれ、現在の新しい彫刻の表現をめぐってクレームがつくという問題が起きている。すなわち、スペインの内戦によって工事が中断し、残された多くの資料も焼けたのだが、建設が再開されたことから、多くの人が関わりながら、それぞれのガウディが接ぎ木されている。

ともあれ、現在のサグラダ・ファミリアはガウディ個人の作品というよりも、様々な人の熱狂的な思惑と新技術が入り、別の意味で興味深いモニュメントに変貌した。むろん、一週間ほどバルセロナに滞在し、これは本当に街のあちこちから見える高層建築であることを確認したが、都市の精神的な支柱としての意義は大きい。

入場料が高く、サグラダ・ファミリアほかいくつかの住宅をまわると、かなりの金額になってしまう。昔はただで入れたように記憶しているグエル公園も、時間指定入場のテーマパーク化している。ガウディの建築は、バルセロナという都市に世界各地から大量のお金を落としにくるドル箱だ。やはり、建築の専門でなくとも、誰もが一目で特徴を覚えるほど、変わったデザインであるからだろう。ガウディに近い資質をもつ現代の建築家を挙げるとすれば、フランク・ゲーリーやザハ・ハディドではないか。さて、現地の建築家として、エンリック・ミラージェスは、生前しばしばガウディからの影響を質問されたという。なるほど、彼のうねる造形はそうした背景を想像させるかもしれない。が、ミラージェスは形態の影響はないと答えている。むしろ、ガウディのおかげでバルセロナは建築家がリスペクトされ、挑戦的なデザインに理解があることを感謝したらしい。

確かに、ここはカラトラヴァ、ラファエル・モネオ、リカルド・ボフィル、ヘルツォーク&ド・ムーロン、ジャン・ヌーヴェル、磯崎新など、数多くの現代建築が楽しめる街だ。人は自分が生まれる時代を選ぶことはできないが、ガウディが忘れがたいデザインを達成した一因は、歴史的な過渡期に登場したことだろう。つまり、古さと新しさが同居しているのだ。例えば、前近代的な職人の手による装飾、グロッタの伝統を想起させるぐにゃぐにゃの細部、ゴシックの大聖堂の時代なら当たり前だった世紀をまたぐ建設工事。一方で、鉄筋コンクリート造も使えるようになり、カサ・ミラ（一九〇七）の自由な壁の配置や大きな開口はまさに近代の賜物だ。ル・コル

ガウディ　サグラダ・ファミリア

カサ・ミラの屋上より伊東豊雄設計のホテルを見る

ビュジエは新しい構造を近代建築の五原則という形式によって可視化させたが、ガウディは彼とは違う方法で近代を体現したのである。なお、個人的に空間の体験としては、サグラダ・ファミリアよりもカサ・ミラの方が印象深い。

とはいえ、ガウディが現代人にアピールしているのは、モダニズム的な要素ではないだろう。ある意味で時代錯誤的な装飾の強烈さがなければ、忘れ去られていたはずだ。それは同時代のドメニク・モンタネールの建築もそうだろう。ところで、カサ・ミラのはす向かいに伊東豊雄が手がけたホテル、スイーツ・アヴェニュー（二〇〇九）がある。建築のうねるマスクによってガウディへのオマージュを表現したものだ。実はせんだいメディアテークが構想されたとき、筆者はこれを情報化時代のガウディのような建築だと感じたことがある。新しい技術を背景としたまっすぐな線によらない造形、もしくは身体性を喚起するような空間をもつからだ。今回、カサ・ミラの屋上において、上り下りしながら、人工的な丘を散歩するような楽しさが、いかに人々に自然と笑みを与えるかを再認識させられた。こうしたランドスケープ的なデザインは確かに伊東も展開している。台中国家歌劇院（二〇一六）がまさにそうだ。

7.

北欧の建築を聴く

曲線のデザイン

北欧は、二十世紀の建築・デザインの領域において独特の存在感をもっていた。日本でもしばしば見かけるのは、家具だろう。例えば、ともにデンマークの建築家である、アルネ・ヤコブセンの椅子スワンやエッグ、ヴェルナー・パントンによるプラスチックのパントン・チェア。素材は異なるが、いずれも滑らかな曲線が特徴的である。フィンランドの建築家アルヴァ・アアルトがデザインした花瓶や食器、曲げ木の椅子も、手頃な値段で購入できるアイテムだ。彼の建築と同様、曲線のフォルムが美しい。

北欧の建築家によるもっとも有名な国外の作品は、観光のパンフレットなどに掲載されるシドニーのオペラハウス（一九七三）だろう。デンマークのヨーン・ウツソンが、国際コンペに勝利して手がけることになった作品であり、優美な弧を幾つも描く、海辺のヨットの帆のようなスカイラインゆえに、オーストラリアを代表するランドマークとなった。今や世界で一番若い世界遺産である。またフィンランドの代表的な建築家だったエリエール・サーリネンは、オーストラリアのキャンベラ都市計画（一九一二）に参加し、後にアメリカへ渡って活動を続けた。一緒に移住した息子エール・サーリネンは構造的な実験を伴うダイナミックな曲線美を建築に導入しながら、ワシントンのダレス国際空港（一九六二）やニューヨークのＪＦＫ空港のターミナル（一九六二）などを手がけている。

こうした曲線は、北欧建築の特徴のひとつと言えるだろう。モダニズムは機械のような建築をめざし、直線にもとづく合理主義をめざした。世界中に同じように建てられた四角いビルは後に冷たいと批判されるが、アアルトは暖かい曲線を内包した有機的な建築とみなされる。例えば、ヴィープリの図書館（一九三五）のうねる天井、ＭＩＴの学生寮ベーカー・ハウス（一九四九）の形態は蛇行し、ニューヨーク世界博（一九三八）のフィンランド館はオーロラのように波打つ壁面をもつ。ゆえに、近代を乗りこえるポストモダンの時代において、モダニズムの巨匠ミースやル・コルビュジエは批判されたが、ヘルシンキのフィンランディア・ホール（一九七一）のような複雑な造形ゆえに、アアルトは攻撃対象から外されていた。おそらく、彼は近代建築の良心として認知されている。

素材としての木と煉瓦

北欧の建築は、木や煉瓦などの伝統的な素材を有効に使う。森林資源が豊富なことに加え、戦後の鉄とコンクリート資材不足から煉瓦を用いたという事情もあったらしい。万博の建築は国家を表象するものだが、アアルトが設計したパリ万博（一九三七）とニューヨーク世界博（一九三八）のフィンランド館は、ともに木材を誇示し、特に後者はオーロラのように波打つ小角材の壁面が強い印象を与える。またヴィープリの図書館のうねる防音材の天井は、綿密な音響効果のスタディから導かれた。彼の傑作マイレア邸（一九三八）やセイナッツァロの役場（一九六六）では、木

エリエール・サーリネン　ヘルシンキ中央駅

アルヴァ・アアルト　フィンランディア・ホール

と煉瓦の織りなす絶妙のハーモニーが認められるだろう。

バウハウス流の鋼管を用いたメタリックな椅子とは対照的なアアルトの曲げ木による椅子も忘れてはならない（若き日のフランク・ゲーリーが、アアルトによる椅子の講演に感激したのは興味深い。後にゲーリーはダンボールの椅子をデザインし、有機的かつ分裂的な建築の造形に向かうからだ）。他にも彼は自国の製紙産業と関わり、その施設をデザインしたり、木造のプレハブ住宅の開発を手がけていたように、アアルトは木材をこよなく愛していた。ユハ・レヴィスカも有機的な平面を伝統的な素材で実現させた。デンマークに目を向けると、表現主義風のグルントヴィ記念教会（一九四〇）は煉瓦造の伝統を継承しているし、ヤコブセンなど純度の高いモダニストの多くが木と煉瓦の作品を生みだした。ノルウェーの現代建築も中世以来の木造技術の伝統を継承している。北欧の建築が日本で好まれるのは、両者が木造を多用する文化圏からだろう。

地域性を表現すること

歴史をさかのぼると、北欧における中世の個性的な装飾をもつ木造教会は、フランスからヨーロッパの各地に広がったゴシック様式による石造の大聖堂とはかなり異なるものだった。が、ルネサンス以降は古典主義の流行が遅れて到着し、十九世紀まで北欧建築は西ヨーロッパの影響下にあったために、教科書的な西洋建築の通史ではほとんど言及されない。もともと北欧の建築は、ヨーロッパとロシアの文化圏に挟まれた周縁の地に位置するために、それらの影響と反発から自己のアイデンティティを複雑に形成した。

世紀の変わり目には、文学・音楽・芸術の諸分野を巻き込み、民族文化を追求するナショナル・ロマンティシズムの運動が各国で起こり、建築の分野では、シンメトリーを崩しながら、古典主義・東方趣味・土着建築の様式を独創的に折衷させたコペンハーゲン市庁舎（一九〇五）やストックホルム市庁舎（一九二三）を生みだす。ロマン主義は遠い過去のイメージを提示することで、共同体の起源を想像させるだろう。特に一九一七年に独立を果たしたフィンランドでは、ロシア館と独立して設置したパリ万博のフィンランド館（一九〇〇）など、建築が国家を束ねるうえで重要な役割を果たす。この頃に作曲家シベリウスの住宅も、ラルス・ソンクによって、ロマン的な伝統の解釈に基づき設計された。同じ頃には、世界初の野外建築博物館（いわゆる民家園）がスウェーデンのスカンセンでオープンし、続いてヘルシンキ郊外にも創設された。

スウェーデンの建築家、アスプルンドはモダニズムと古典主義の感覚を巧みにブレンドし、一九三〇年代にニューヨークの近代美術館が定義した建築の世界標準というべき「インターナショナル・スタイル」として認められた。が、むしろ世界中に同じデザインを広めようとするモダニズムとは違う性格をもつことによって、北欧は注目された。実際、アアルトや彼を継ぐレイマ・ピエティラなど、北欧の建築家は、インターナショナルを志向した近代建築に接近しながら、常に地域性の表現が問われ、外部からもそれが期待されることになる。ただし、両者は単純に相反するわけではない。ナショナル・ロマンティシズムの特徴である非対称性や自由な構成も、近代建築の空間を準備したといえるのだから。

アアルトを高く評価したのが、建築史家のケネス・フランプトンだった。彼は、普遍的な文明と地域固有の文化をつなぐデザインを「批判的地域主義」と呼び、その事例として、ウッソンによるコペンハーゲン郊外のバウスヴェア教会(一九七六)や、アアルトのセイナッツァロの役場(一九六六)を挙げている。

セビリア万博のフィンランド館(一九九二)は、コンペに勝利したとき、全員が二十代の学生だった建築集団モナークによって設計された。そのデザインは二つのヴォリューム、すなわち鉄におおわれた直方体＝「機械」の空間と、松材による湾曲した「竜骨」の空間が、近代と伝統の二重性を体現しながら、両者が異常に接近することによって、フィンランドの険しい峡谷をイメージさせる。コンペが多い国とはいえ、大学生が万博のパヴィリオンを設計してしまうとは驚きだ。またアメリカのスティーブン・ホールによるヘルシンキ現代美術館(一九九八)は、平面図を優先させない設計手法が北欧の感覚に通じるし、彼が提案する様々な二項対立を縫いあわせるキアズムの概念は、モナークよりもさらに踏み込んでいる。

建築を聴くこと

デンマークはラスムッセン、ノルウェーは現象学的な空間論を展開するノルベルク・シュルツといった世界的な建築理論家を輩出した。とくにS・E・ラスムッセンの名著『経験としての建築』(一九五七)は、地域を限定しない一般的な建築論として書かれたものだが、結果的に北欧の感性がよく示されている。彼は、ルネサンスに通じる比例に基づく観念的な建築美の体系に疑問をもち、体験される空間の重要性を説く。例えば、色彩の効果、木材や煉瓦のテクスチャーのほか、建築がつくる自由なリズムである。そして光の量よりも、微妙な陰影を伴う光の質を考慮すべきだと語るが、北欧版の『陰翳礼讃』的な感覚は、強い陽光が建物にはっきりとした陰影をおとす地中海のものとは違う、やさしく繊細な光だ。

またラスムッセンは、音の反響によって、「建築を聴く」という表現を使う。なるほど、音の響きは、目を閉じていても、空間の広がりを感じさせる。前述したフランプトンも、批判的地域主義とは、視覚優位のデザインではなく、触覚や聴覚を動員した五感による経験をもたらす建築だと論じている。自然の中の素材感あふれるアアルトのセイナッツァロの役場では、床に響く靴の音、壁の手触りなどからも、豊かな空間が体験される。しばしば北欧建築の特徴は、経験主義的な方法だと指摘されるが、耳を澄まし、聴いても楽しむことができる建築なのだ。またラスムッセンの『北欧の建築』(一九四〇)は、「謙虚こそ誇り」の章において、極端なモニュメントや極端な個人主義に陥らず、日常生活と環境に溶けあう建築を挙げている。なるほど、ディコンストラクテヴィストの建築家もいるとはいえ、一見して派手な建築や奇をてらった作品は少ない。落ち着いた北欧の建築は、ポストバブルの日本の動向にとっても興味深いだろう。

8.
奇蹟の光――キンベル美術館

建築とは壁をつくることであり、それは光の侵入を遮るが、一方で開口部をつくることで光の入れ方を操作可能にする。すなわち、建築は光と影を生みだす。室内に導く光をただの採光ではなく、シンボリックなものに変えた古代建築は、ローマのパンテオンだろう。ドームの頂部に穿たれた円形のトップライトから差し込む光は、太陽の運行とともに室内の壁を照らす位置を刻々と変える。その結果、半球状の天井という形態も効果的だが、この建物の中にいるだけで宇宙が動いていることを想像させる。コスモロジーの空間と言えるだろう。中世になると、ゴシックの大聖堂は、構造の革命によって、極力壁を減らし、巨大なステンドグラスの窓を連続させることで、神秘的な光のスクリーンを出現させた。色ガラスとその図柄によって、光そのものを変換させた建築である。上部からの採光、あるいはステンドグラスは、日本の古建築では導入されなかった光との付き合い方だろう。

ル・コルビュジエは、建築とは光の下に集められたヴォリュームの戯れと述べたように、光と影の対比をはっきりと示す力強い造形を探求した。太陽の建築は、エジプト、ギリシアやローマにまでさかのぼる伝統的な態度だろう。ル・コルビュジエのブリーズ・ソレイユも、強い陽射しに対して工夫された立体的な開口部の装置である。一方、ジャン・ヌーヴェルは、月夜のなかで冷たい電光に照らされた曖昧な輪郭の空間をつくりだす。ネオンの建築である。彼は谷崎潤一郎の『陰翳礼讃』（一九三九）を愛読し、闇の光を操ることに興味を持ち、リヨンのオペラ座（一九九三）は夜になると、赤い光がなまめかしく黒地の空間を照らす。また映画監督のヴィム・ヴェンダースとの親交も厚く、大きなスクリーンをもつ映像的な空間を探求してきた。ベルリンのギャラリー・ラファイエット（一九九六）では、万華鏡のような円錐形の吹き抜けに人々のゆらめくイメージがリフレクションとして写り込む。またミラノのエクセルシオール百貨店（二〇一一）は、街路からも見える大きな電光スクリーン群、未来的に光るエスカレーターなどを設け、近未来SFのような空間になっている。

さて十二月末にルイス・カーンのキンベル美術館（一九七二）を訪れたとき、予想を超える光の効果を体験した。よく知られているのは、特徴的な断面形状によってヴォールト天井のトップライトからの光を直接室内に入れず、いったんアルミニウムの反射板に当てて、光を拡散させることだろう。またヴォールトが直列、ならびに並列で反復するシンプルかつ力強い構成は、古代建築にも通じ、光と影のコントラストをもたらす。確かに初日はそうだった。が、二日目は昼では

ルイス・カーン
キンベル美術館

キンベル美術館
水面をバウンドした光と
その反射

なく、閉館が近い夕方に訪れると、まったく別の様相に遭遇した。冬の低い西日がキンベル美術館を照らすとき、奇蹟のような光の現象が発生する。影は長く、またヴォールトの隙間から引きのばされた円弧状の光が建物を切り裂く。

が、それだけではない。美術館の前面にある水面に低い角度で光が進入することで、その反射光が下から上に向かって、美術館の壁の水平スリットを抜けて室内に差し込むのだ。この光はヴォールト天井にぶつかり、さらに反射して下向きに落ちる。しかも光の軌跡はくっきりと可視化される。スリットを通過し、ヴォールト天井に浮かびあがる光の帯は、もともと水面に反射したものなので、ゆらゆらとうごめく。まるで光のインスタレーションのようだ。水面に対して美術館が完全に壁で閉じていたら、光は入らない。逆に大きなガラスの開口を設けたら、このように絞った光にはならない。壁の上部に水平のスリットだけがあるために、水面を反射した光の帯をもたらす。また外に一列のヴォールト屋根があるため、上からスリットに光は進入できない。電気仕掛けの飛び道具を使わず、モノとしての建築の構成だけで、これまでに見たことがない光の動きを実現している。

9. ピロティ変奏曲

過去の建築の原理が現代の建築にどのように息づいているか。ル・コルビュジエが近代建築の五原則のひとつとして提示したピロティをとりあげよう。ピロティとは、一階を吹き放ちの柱だけの空間としながら、二階以上の部分を支える形式である。もともと建具をとりはらうと、柱が並ぶ吹き放ちになってしまう日本の伝統建築とは反対に、西洋では石や煉瓦を積む構造を主軸としていたため、ピロティは単に意匠の工夫ではなく、壁から解き放たれた構造の革命を明快に視覚化したものだった。また近代は衛生の概念を重要視するようになったが、ピロティはじめじめした地面から建築を切り離し、健康に役立つことも示唆していた。

ともあれ、建物があっても、避ける必要がなく、地上を自由に歩くことができる。こうした考えをさらに大きなスケールで展開したのが、一九五〇年代末から七〇年頃まで話題になった空中都市のアイデアだろう。ヨナ・フリードマンや磯崎新は、パリや東京など、既存の都市の上部につくる未来の建築を提案し、コンスタントのニュー・バビロン計画（一九五六―七四）や丹下健三による大阪万博のお祭り広場（一九七〇）は、空中で暮らし、地上に人々で賑わう空間をもたらそうとするものだった。菊竹清訓もピロティの可能性を広げた建築家だろう。自邸のスカイハウス（一九五八）は、四本の壁柱の上にワンルームの住宅をつくり、その下に増築として子供部屋を吊り下げた。持ち上げた床は、戦後に多くの土地を奪われた大地主の家に生まれた菊竹にとって、生涯こだわった人工地盤という意味ももっていた。空中に浮かぶ巨大な江戸東京博物館（一九九三）は、その帰結として登場したものである。

とはいえ、日本で広場としてのピロティが有効に使われる場はあまり遭遇しない。しかし、東南アジアの温暖な国を訪れると、別の受容がなされていることに気づく。タイ、ベトナム、インドネシアなどの学校で目撃したのだが、多くの校舎がピロティをもち、とくに食堂が生き生きと使われている。なるほど、空調機器なしに快適に過ごすのであれば、風がよく通るし、日陰にもなるピロティは、重要な空間になるだろう。そして休み時間には壁に閉ざされず、子供たちも開放感を味わえる。一方、オンデザインが設計したヨコハマアパートメント（二〇〇九）は、天井高五メートルの豊かな半屋外空間を実現した（外部と遮断するときは、大きなビニールカーテンで包む）。わずか四戸の部屋を持ち上げる賃貸住宅が、階段をひとつにまとめず、四本の三角柱の柱のそれぞれに沿って各戸への階段を設ける。これはコミュニティの場となることをめざす、拡大解釈したピロティと言えるだろう。

ル・コルビュジエに学んだ吉阪隆正によるヴェネツィア・ビエンナーレの日本館（一九五六）もピロティを用いているが、ジャルディーニ公園のパヴィリオン群において唯一傾斜地と密接に向きあうデザインだ。すなわち、建築を大地と切り離し、浮かせるためのピロティではなく、むしろ自然と断絶せず、異なる高さで地形と関係性をもつピロティになっている。坂倉準三のパリ万博の日本館(一九三七)も、やはり傾斜地にたつピロティであり、スロープを絡ませながら、地形と応答する。現代の東京において超高層ビルの足元にも、開放的なピロティのヴァリエーション

ホーチミン人文社会科学大学　憩いの場としてのピロティ

ヨコハマアパートメント　共有空間としてのピロティ

を見いだすことができるかもしれない。例えば、斜面を抱え、地下鉄との連結を意識した大空間が展開する、大成建設による大手町タワー（二〇一四）や日建設計の泉ガーデンタワー（二〇〇二）などである。近代にピロティという建築言語を獲得した後、われわれはその使い方を様々に試しており、いまだそのネタは尽きない。

吉阪隆正　ヴェネツィア・ビエンナーレ日本館

10.

地上から切り離されたユートピア

アンドレアス・ベルナルトの『金持ちは、なぜ高いところに住むのか』（柏書房、二〇一六）という興味深い本が刊行された。邦訳の題名が誤解を招くのだが、オリジナルのタイトルは「エレベーターの歴史」であるように、十九世紀に登場した新しい機械装置がどのように空間を革命的に変えたのかを論じている。なるほど、ヨーロッパではすでに古代ローマの時代から中層の住宅が建てられていたが、上階に行くほど条件が悪かった。つまり、構造的に高い建築が実現しても、階段だけでは上層部は使い物にならない。が、エレベーターによって非衛生的な上階や屋根裏が、富裕者のための最上階やペントハウスになり、社会階層の序列が逆転する。なお、日本建築の場合、昔の住宅はほとんど平屋だった。近代になって二階建ての暮らしが始まり、家のプロポーションとともに街並みの景観も変わった。戦後に中層の団地が普及し、近年は一気にタワーマンションが増えている。

ル・コルビュジエによる近代建築の五原則でも、屋上庭園が掲げられた。三角屋根の下の暗い部屋ではなく、陸屋根の上に新しい活動領域が増えること。ピロティと同様、これも健康的な生活のイメージと結びついていた。丹下健三による香川県庁舎（一九五八）も、かつては屋上を積極的に活用していた。現代の建築家も、屋上庭園のヴォキャブラリーを発展させている。手塚建築研究所は、屋上の体験を演出する名手だ。ふじようちえん（二〇〇七）は、休み時間になると、楕円の中庭を囲む円環状の屋上を子供たちが一斉にぐるぐる走りまわる。また屋根の家（二〇〇一）は、屋上で食事ができる設備をもつが、あえて傾いた屋根ゆえに経験の独自性を増す。

大きなスケールの事例では以下が挙げられるだろう。長谷川逸子による新潟市民芸術文化会館（一九九八）は、緑の浮島と呼ぶ屋上庭園のネットワークを形成した。中村拓志による東急プラザ表参道原宿（二〇一二）は、六階の屋上テラスにおもはらの森をつくり、商業施設ながら都市に潤いを与えている。こうした屋上庭園は、地上の俗世間から切り離されたユートピアを連想させるだろう。いわゆるバビロンの空中庭園の系譜である。植栽にしても娯楽の施設にしても、あえて高い場所で維持することは困難が伴う。幻想的なイメージを実現するには、金や権力が必要だった。そして今では観光名所となる。例えば、原広司が設計した梅田スカイビル（一九九三）のツインタワーをつなぐ浮かぶリング、空中庭園。あるいは、プールを備えた巨大なスカイパークによって、三つの超高層ビルを連結するシンガポールのマリーナベイ・サンズ（二〇一〇）。モシェ・サフディが手がけたものだ。これはまだ船の甲板が屋上にあるような空間だった。

ル・コルビュジエ　サヴォア邸の屋上庭園

インドネシアのコムニタス・サリハラ

11.
インドネシアのトロピカル・モダニズム

二〇一六年三月末、インドネシアに一週間滞在したが、東北大学の五十嵐研究室の博士課程に所属するハリー・クュアニアワンがコーディネイトしたおかげで、住宅をメインに様々な現代建築を見学することができた。激しい交通渋滞に悩まされる大都市のジャカルタは、ポストモダン的な高層ビル、伝統的な屋根をのせた公共施設が目立つ。だが、一九九八年に長期独裁政権が崩壊し、民主化してから、民間に興味深い現代建築が登場している。また古都のジョグジャカルタには、古材をリサイクルするプロジェクトに注目すべき作品が見受けられた。

とくに印象的だったのは、温暖な気候を生かし、モダニズムを独自に展開させた建築である。例えば、強い日射を避けて影だまりとなる居場所をつくるピロティ、たくましい成長力が感じられる植栽に覆われた屋上庭園、そしてエアコンを設けていたとしても、意図的にスキマをつくり、完全に密閉できない半屋外の部屋、全開放的な空間がめずらしくないことだ。これらはいわばモダニズムが発明した建築の要素である。壁がないフレームとスラブだけの空間も、まるでル・コルビュジエのドミノそのものだ。屋上庭園は日光浴や健康な体操の場、ピロティは建築を大地と切り離して、自由な動きをもたらし、壁に頼らない造形原理を示すものだった。が、インドネシアではそれをさらに先に進め、発祥の地であるヨーロッパでは想像できない応用がなされている。確かに沖縄ならば、ある程度可能かもしれないが、台風の影響を考えると、ここまで屋上やピロティを使い倒すことはできない。ともあれ、熱帯が建築を自由にしているのだ。

スタジオ・トントン、ダニー・ウィカクソノ、マモ・スタジオなど、いろいろな建築家の作品を訪れたが、とくに一九九八年以降のインドネシアの建築シーンを牽引しているアンドラ・マーティンの自邸（二〇一三）を紹介しよう。一階のピロティには日本庭園風の小さな池があり、書斎として使う木箱が斜めに挿入されている。スロープを登った二階は気持ちがいい吹き放ちの空間であり、そこにオープンキッチンや横にプールを設けている。三階は横にスリットが入ったラフな仕上げのコンクリートの壁に囲まれた子供部屋であり、押入れの奥のように一段上がった小さな寝室が二つ。そして屋上はランダムにトップライトの穴が設けられた庭園だ。また盛り土した住宅の側面に夫妻の棟を置く。全体として親密なスケール感をもち、つい長居したくなる空間だった。これは、やたら高気密が奨励される日本とは真逆のおおらかさと生活の豊かさをもったトロピカル・モダンのひとつの傑作だろう。

4

モダニズムの理論とその限界

1. 建築理論の系譜

モダニズム以降の建築理論の系譜をたどると、おおむね二十世紀の前半は新しい時代を迎え、いかにつくるか、そして二十世紀の後半はすでに存在する建築や都市をいかに解読するか、という方向性をもっていたと言えるだろう。例えば、ル・コルビュジエ。彼は、ピロティ、水平連続窓、自由な立面や平面、屋上庭園など、近代建築の五原則を掲げた。すなわち、構造の建築的な可能性をル・コルビュジエ的な美学によって提示したのである。またバウハウスの近代的な教育システムは、色彩や素材など、さまざまな側面において科学的なデザインの訓練を開発しつつ、幾何学的なヴォリュームの組み合わせによる建築のスタディを流布させた。こうしたボザール流の様式に頼らない方法論は、現在にいたるまで世界の建築教育に大きな影響を与えた。

では、言説はどのようにモダニズムの動向をサポートしたか。ニューヨークの近代美術館（MoMA）は、一九三二年に「近代建築：国際展覧会」を企画し、関連する書籍によって、インターナショナル・スタイルという言葉を生みだす。その美学的な原理としては、ヴォリューム（薄い面に包まれた空間）、シンメトリーに代わる規則性、装飾に代わる材料、技術、プロポーションの洗練が挙げられた。ヨーロッパのさまざまな近代建築をアメリカに輸入し、インターナショナル・スタイルというパッケージをつけて、世界に向けての再度送りだそうとしたのである。ちょうど、ヨーロッパ発のスローフードやエコロジーなどが、アメリカで「ロハス」というラベルを張られるのと近いだろう。またＣＩＡＭ（近代建築国際会議）に参加したモダニズムの宣伝部長というべき批評家のジークフリート・ギーディオンは、『空間 時間 建築』（一九四一）を刊行し、「空間」というキーワードの重要性を決定づけた。あまりにも常識的な言葉のように思われるかもしれないが、空間こそがもっとも重要なデザインの要素であるという考え方は、近代以前には必ずしも普遍的なものではなかった。

一九六〇年代以降、モダニズムにおけるつくる側の理論を批判する動きが見受けられるようになった。つまり、いかに計画するかという方法論よりも、むしろ空間を受容する使用者の視点を組み込んだ理論である。とりわけ興味深いのは、そうした論客がヨーロッパではなく、アメリカから登場したことだ。ケヴィン・リンチは『都市のイメージ』（一九六〇）において、住民がどう都市の構造を認識しているかを調査し、イメージしやすい空間を評価する。またジャーナリストのジェーン・ジェイコブズは、『アメリカ大都市の死と生』（一九六一）において、街の観察を通じて、機能主義的なゾーニングを批判し、複数の用途が出会う都市空間を推奨した。クリストファー・アレグザンダーの論文「都市はツリーではない」（一九六五）も、単純なヒエラルキー構造の都市を批判している。また彼はパターン・ランゲージという空間の類型を用いて、一般人も参加できるデザインの方法論を模索した。日本初の建築論として唯一世界中で知られるようになったメタボリズムの思想も、一度設計して終わりではなく、使い続けることで、変化を許容できるシステムをめざしたものである。

ポストモダンの建築論においてもっとも重要なのは、二冊もの名著を発表したロバート・ヴェンチューリだろう。彼の『建築の多様性と対立性』（一九六六）は、ローマ留学時の古典主義研究の成果を反映したものだが、ピュアなモダニズムに対して、矛盾や複雑さを抱えた重層的なデザインへの道を切り開いた。一方、ヴェンチューリらの『ラスベガスから学ぶこと』（一九七二）は、アメリカのカジノ街のフィールドワークを行い、ロードサイドでは形態の奇抜さよりもサインによる情報のコミュニケーションの方がすぐれていると論じている。やはり、自動車に乗ったドライバーからの視点を重視しているのだ。チャールズ・ジェンクスの『ポストモダニズムの建築言語』（一九七七）は、記号論的な構えを導入した建築論である。彼は、近代建築が使用者を考慮しない、専門家のための一義的なデザインであることを攻撃し、大衆を意識しながら、多義的な意味を生成する方向性を提示した。

ニューヨーク近代美術館の「ディコンストラクティヴィストの建築」展（一九八八）に参加したベルナール・チュミやレム・コールハースは、過激なプログラム論を通じて、「形態は機能に従う」（ルイス・サリヴァン）という近代のアフォリズムを否定した。彼らのヴィジョンでは、人々は設計者の意図を裏切り、好きなように空間を使い倒す。ビアトリス・コロミーナらを含む、一九九〇年代に興隆した一連の建築系のジェンダー論でも、使用者はニュートラルではなく、

「誰が」どのように空間に関与するのか、という社会的、もしくは政治的な問題が議論された。

二十一世紀に突入し、なお最大級の影響力を与えているのは、コールハースである。彼は、獰猛なグローバル資本主義をあえて否定せず、旧来の建築やアーバニズムを超えていく与件とみなし、善悪の彼岸に向かう。かつてモダニズムは美しいユートピアをめざした。しかし、ニヒルなリアリストであるコールハースは、欲望がもたらす制御不能の新しい事態を注視する。

2. 近代建築を広報した男——ジークフリード・ギーディオン

歴史

ときとして激動期に遭遇した歴史家は、新しい歴史の叙述を通して、自ら歴史の形成に参与する。一八八八年にプラハで生まれ、美術史家として歩みを始めたジークフリード・ギーディオン(一八八八—一九六八)もそうした人物にほかならない。彼はジャーナリズムを通して建築界に参入し、モダニズムを牽引したCIAM(近代建築国際会議)の書記長をつとめ、「空間」の歴史論から近代建築の方向性を導くことになる。[1] 一九二五年に彼とル・コルビュジエは出会い、CIAMの方向性を決めたのだった。ギーディオンの活動範囲は広く、実験的なプロジェクトや近代家具の会社、自著の宣伝計画、展覧会の企画や建築写真に関わり、詩や戯曲も制作している。おそらく彼は近代の建築運動に最大級の影響をあたえた歴史家だった。一九九〇年代以降も、ギーディオンの『フランスの建物』(一九二八)の英訳版が出たり、彼のアーカイブがチューリッヒの建築学校ETHで公開され、研究書が刊行されるなど、彼への関心は継続している。[2]

ギーディオンは「歴史と建築家」の関係について、教育の問題に触れながら、以下のように述べている。[3]「客観的な歴史家などというものはないのである。……すべての偉大な歴史家は、かれら自身の時代の産物であった。そうであればあるほど、よい歴史家であった」。ゆえに「歴史とは、次々と移りゆく世代の視点によって、たえず変化するプロセスである」。彼によれば、十九世紀の「建築史の百科全書的な扱いは、学生に、世間に認められた主要建築作品の在庫目録といったものを与えていた。……それは若い建築家に様式の歴史を呈示し、それはクラシック、ロマネスク、ゴチック、またはルネサンスの銀行、市庁舎、裁判所等々の設計に非常に役立った」。しかし、折衷主義の建築が崩壊し、こうした唯物的な研究はもはや有害でさえあるようになったという。そこで二十世紀においては、現代建築の研究法に合致するよう空間と時間の概念から歴史は教えられねばならない。彼は「もし建築史が、空間構想にもとづいて教えられるならば、それは、現在、建築理論、建築哲学などに分けられた科目で取り扱われている素材の多くを含められるであろう」と指摘し、細部化された諸分野を再び統合させる学問として建築史を書き換えようと試みる。つまり、製図室の課題と密接に関わる歴史の必要性を説くのだが、そうした意味では十九世紀モデルの建築史から彼は逃れていないともいえよう。

ギーディオンの圧倒的な存在感は、二十世紀の著名な歴史家や批評家にどこかしら反ギーディオン的な立場が認められることによって、逆説的に説明しうるかもしれない。たとえば、ニコラウス・ペヴスナーの近代建築史におけるイギリス重視や、エミール・カウフマンによる十八世紀フランスの幻視の建築家の評価は、ギーディオンがとりあげなかった部分である。ハンス・ゼードルマイヤー『中心の喪失』（一九四八）は、近代を諸芸術が分裂した時代とみなしたが、ギーディオンは建築や美術などの各分野を統合する視点として空間と時間の概念に注目した。レイナー・バンハムの『第一機械時代の理論とデザイン』（一九六〇）は、未来派や表現派を復権させたが、これらはギーディオンがさしたるページを割り当てなかったものだ。チャールズ・ジェンクスは空間よりも意味論に、ケネス・フランプトンは地域性に注目するだろう。日本の建築史家では、桐敷真次郎は「反空間論」を掲げ、壁面の処理とディテールが重要であることを主張したし、鈴木博之は十九世紀イギリスの研究から空間に対抗して装飾の復権や場所性の概念を唱えている。[4]そして透明性をめぐるコーリン・ロウのギーディオン批判は後で触れることにしたい。彼はその巨大さゆえに一群の反ギーディオンの星座をかたちづくっている。

では、一九七〇年代頃まで必読書だったギーディオンの空間論を検討しよう。

空間

建築の文脈において、空間を語り、構想する重要性を認識させたのが、ギーディオンだったのは間違いない。建築界は今や当たり前のように「空間」のことを論じているが、それ自体きわめて二十世紀的な現象である。[5]なるほど空間の概念によって過去の建築を読むことはできるが、十九世紀以前に「空間」という言葉を考えることはさほど慣習的ではなく、むしろ比例や配置、様式やシンメトリーなどの問題が重要だった。それゆえ、ギーディオンこそが十九世紀の終わりからドイツ系の建築論で練りあげられた空間の概念を引き受けて、一気に二十世紀建築のパラダイムとして提出したのである。彼は、特に師匠である美術史家のハインリッヒ・ヴェルフリン、アロイス・リーグル、そしてアウグスト・シュマルゾウが唯物的な研究法にとって代わる空間研究を用意したと考えている。

ギーディオンの空間論は考古学的な関心とも結びつき、いくつかの著作にまたがって繰り広げられているが、空間の展開を三段階に分類するという基本的な構図をもつ。すなわち第一段階では、いわゆる内部空間が未発達であり、外部の彫刻的な形態や光の下のヴォリュームの戯れが重要だった。彼によれば、エジプトとシュメールの建築からギリシア時代までがこれに相当する。(6) 第二段階では、パンテオンに代表されるように、くり抜かれた内部空間の構成が発展する。古代ローマ時代から十八世紀までがそうだ。(7) そして第三段階は、十九世紀より徐々に生成し、彫刻的な外観と豊かな内部空間をあわせもち、外部と内部の空間の相互貫入が認められる。要するに、第一段階と第二段階の特徴を融合させたのが第三段階であり、これを彼は近代建築の基本原理として掲げたのであった。したがって、第三段階を詳述した彼の主著『空間 時間 建築』(一九四一)を見てみよう。(8)

本書は、おそらくグロピウスの招きで一九三八年から翌年にかけてギーディオンがハーヴァード大学の客員教授をつとめた際のチャールズ・エリオット・ノートン記念講座の連続講義「建築の生命」を出版したものである。その後、多くの言語に翻訳され、近代建築の動向に従い、改訂や増補が行われた。本書はまず近代の前段階としてルネサンスの透視図法、イタリアやフランスにおけるバロックの外部空間の組織化などを概観し、十九世紀の様式建築を批判しながら同時代の新しい構造技術が新しい空間形式を用意したことを論じ、エッフェル塔は連続的に移り変わる視点の相互貫入によって、四次元的な経験への一歩になったと位置づける。そして一八九〇年代に古いモデルの建築は限界に達し、現代建築の先駆的な動きがオランダやベルギーに起こる一方で、アメリカは熟練労働者の不足からすでに工業化住宅と平坦なファサードを、プラグマティズムは自由な平面を準備し、シカゴ派は純粋な形態と近代的なオフィスビルを生み、フランク・ロイド・ライトにそうした遺産が受け継がれたという。

ギーディオンによれば、三次元的な透視図法を破壊する新しい四次元的な空間概念は、芸術家が最初に表現し、一九一〇年代のキュビスムが一点から対象を眺めるのではなく、複数の視点から対象を相対的に描いて再構成する時間―空間の表現形式を提示した。そしてこれは近代の時代精神であり、一九〇五年にアインシュタインが同時性の定義とともに「運動体の電気力学」研究を開始したことと無関係ではない。こうした時間―空間を建築的に展開した建築家として、ギーディオンはスイスの技術家マイヤール、グロピウス、ル・コルビュジエ、ミース、アアルトを検討し、一九五〇年代以降は、風景や環境に配慮する第三世代の建築家ヨーン・ウッツオンに注目している。最後は都市計画のレベルで、同様の空間の展開を追跡し、単一視点に包含されるイタリアのボローニャから眼の移動を伴う多視点によって理解されるアメリカのロックフェラーセンターへの推移が確認される。こうして「近代建築を過去と再結合させ、その将来的な発展の指標とし」、計画＝投企を行うギーディオンの強引な歴史を、マンフレッド・タフーリは操作的批評であるという。(9) タフーリは現代を意識したイデオロギー的な過去の読解にいかなる歪曲や見落としがあったかを具体的に指摘し、その限界も示唆している。すなわち『空間 時間 建築』が構想された時期や、実際に本書がよく読まれた時期を考えれば、様式建築の亡霊が猛威をふるうナチスの新古典主義や社会主義リアリズムに対抗する、抽象的な空間概念をプロパガンダする役割を果たしていたとも考えられる。

空間の発展を三段階に分けるギーディオンの思考は、同時にヘーゲル的な大きな物語を想起させよう。ヘーゲルは建築の弁証法的発展を次のように論じていた。第一段階は、彫刻のようなバベルの塔やオベリスクなど、象徴的・自立的建築である。第二段階は、ギリシア・ローマの住居や公共施設など、役立つ内部空間をもつ古典的・有用的建築である。そして第三段階のロマン的建築は、自立的な外部と有用的な内部の合一であり、神を象徴しつつ人々に奉仕するゴシックの大聖堂に代表される。ギーディオンが理想とした建築は異なるが、論法は明らかに類似する。世界観に言及しつつ、古代芸術の発展を三段階に設定したリーグルや、その影響を受けて空間論を展開したダゴベルト・フライとの関連も認められるだろう。とはいえ、ギーディオンは次段階への移行が単に世界観の変化や自律的な形態の発展のみに起因すると考えているわけではなく、ヴォールトやドーム、鉄とコンクリートなど、新しい構造技術の登場を重視している点は留意しておきたい。アンソニー・ヴィドラーは、ギーディオンの歴史観を空間的想像＋構造的発明＝進歩という方程式でまとめながら、フランク・ゲーリーの空間を「ここ二十年間の視覚的で身体的な運動の概念における連続的な変容を、もっと意図的に表現」するものと位置づけている。[10]

一九九〇年代に入り、歴史主義的なポストモダンがもつ不透明性の反動として、ジャン・ヌーヴェルやドミニク・ペローなど、モダニズム回帰と共に軽くて透明な建築がメディアをにぎわせたが、かつて近代建築の特徴として透明性を指摘したのは、まさにギーディオンだった。彼はグロピウスのバウハウスの校舎（一九二六）に対し、「工作室の隅角部。ここで、同時的に表現されているのは、建物の内部と外部である。外方に張り出された透明な部分は、隅角部を非物質化することによって、各種の面の間に舞い立つような釣合関係や、現代絵画に見られる〃オーヴァラッピング〃（重合）のような効果を与えている」と指摘している。またケルンの工場については、「全面ガラスで包みこまれたこの廻り階段は、空間に捕捉されて固定された運動そのもののように見える」という。ギーディオンによれば、「内部と外部とが同時に見られるような広大な透明性」は、正面と側面を同じ構図に入れるピカソの絵と共通するものであり、同時性や時間—空間の概念が表現されているのだ。つまり、重苦しい組積造の壁に代わる、ガラスのカーテン・ウォールという新しい素材の大々的な使用が、いかなる空間の体験を生むかを考察したのである。

こうしたギーディオン版の透明性をコーリン・ロウが批判的に言及したのは、よく知られていよう。[11]ロウの論文はTransparencyとTransparentの辞書の定義から開始し、「同時性」、「相互貫入」、「重ね合せ」、「時間—空間」、「透明性」などの言葉が現代建築の特徴と指摘されながらも、意味が曖昧なまま使われてきたことや、「批評家は建築における透明性をもっぱら素材の透明性に結びつけたがる傾向にあった」ことを批判したが、これは明らかにギーディオンを念頭においた発言だろう。ロウの場合は、リテラルな透明性とフェノメナルな透明性を分類しており、前者はガラスや金網などの使用による物理的なまたは文字通りに透明な状態であり、後者は複数の層が重なり合い、知覚によって事後的に生じる透明の概念となる。具体例で言えば、リテラルな透明性はグロピウスやピカソに認められ、ギーディオンが称賛したものであるのに対し、フェノメナルな透明性はル・コルビュジエの建築やブラックの絵画において発見され、ロウの議論はこれの分析を主眼としていた。ちなみに、ギーディオンはル・コルビュジエにも「近代画家の仕事の中になしとげられた浮き漂う透明性」を指摘しているが、決してロウ的な意味の透明性ではなく、内外空間の相互貫入を確認するのみである。

とはいえ、ギーディオン自身も別の著書『永遠の現在』（一九六二）で先史時代の洞窟壁画を論じながら、現代美術に共通する透明性や同時性の特徴を指摘し、二種類の透明性を区別していた[12]。彼によれば、「第一の方法は異なった形――本体あるいは線――をたがいに重ね書きすることであるが、その場合対象のいかなる部分も損なわれず、また除去されない。……身体を透明的にあらわす第二の方法はその内部と外部とを同時にあらわすことである」。前者は線が複雑に絡みあう重ね書きの絵であり、後者はX線のように動物の内臓が見えるものだ。したがって、第一の方法は事例としてブラックを名指ししているように、おおむねロウのいうフェノメナルな透明性に、第二の方法はリテラルな透明性に対応するといえよう。ギーディオンはロウの批判を受けて、透明性を分類したのか？　ロウの論文は一九六三年に発表されたものだが、一九五〇年代の半ばに書かれていたから、一九五七年の講義をもとに一九六二年に出版されたギーディオンの『永遠の現在』が参考にした可能性がないとはいえない。ただし、『永遠の現在』はジョルジ・ケペッシュから示唆を受けていることを最初に記し、ロウも彼の著書『視覚の言語』（一九四四）から大きな影響を受けており、ともにケペッシュが着想源になっているのではないか。

さて、ギーディオンがグロピウス、ロウがル・コルビュジエに透明性のモデルを求めたとすれば、アンソニー・ヴィドラーはより複雑な透明性をレム・コールハースに見いだした。[13] ヴィドラーは、ギーディオンや彼を引用したベンヤミンを紹介しつつ、空気が通過し、見通せる透明な空間が近代的な主体の構築に関わったことを確認するが、リテラルな透明性は達成が困難であり、すぐに不明瞭性や反射性に変化するという。そしてコールハースのフランス国立図書館のコンペ案（一九八九）は、モダニズムの主体を不安定にするガラスの立方体であり、「内部のヴォリュームがクリスタルのブロックから彫り出されて、なかでアメーバ的に宙ぶらりんになったかたちで、透明性は真空ではなく固体として概念化されている」。ヴィドラーによれば、「立方体の表面にこれらが影のような現前として表象され、無定形の濃淡の戯れのうちに、互いに重ね合わされて、三次元性は曖昧に平たく見せられる。こうして透明性は半透明性に転換され、さらにそれが闇と不明瞭に転換される。絶対的な透明性に内在する、反対物つまり反射性に変わろうとする特性が、疑いをかけられる」。かくしてコールハースの透明性は、四次元性の効果を生まず、透明性そのものを批判する。

戦前、ギーディオンは二回アメリカに滞在したが、一度目は短い期間に『空間 時間 建築』を生み、二度目は大戦中の一九四一年から一九四五年までの調査研究の成果を『機械化の文化史』(一九四八)にまとめている。[14] 彼はアメリカでは熱狂的に受け入れられたが、ヨーロッパでは思うような名声を得ることができなかった。『機械化の文化史』は彼の空間論三部作とは違う視点によって書かれ、様々な道具や家具と人間の関係史を追跡した。「ある時代の絵画や彫刻や建築を取り上げるだけでなく、その日常生活の社会的諸制度をも顧慮することによって、ある一つの時代を全体として取扱う方法を始めて提示した」[15] ブルクハルトの影響かもしれないが、ここでは有名建築家の歴史ではなく、重要性を認識されず資料が散逸していく「ものいわぬものの歴史」を描き、ときとしてアナール学派の歴史書すら想起させる瞬間がある。いわば近代を論じるにあたって、メタファーとして機械に言及するのではなく、文字通りに機械化との関わりを明らかにしようとしたのだ。たとえば、ル・コルビュジエは船を近代建築のモデルとみなしたが、ギーディオンは住宅の諸施設の機械化に際して、汽船や列車の調理室や寝台が具体的に参照されたことを注目する。ギーディオンによる空間の大きな物語はわかりやすく、人口に膾炙したのに対し、本書は微視的な方法論をとり、いささか全体の一貫性に欠けるものの、その余剰ゆえに可能性がいまだ開かれているように思われる。

簡単に『機械化の文化史』の内容をレビューしておこう。最初にギーディオンは方法論を述べ、運動や技術を機械に置き換える過程を錠前を事例に検討し、工場をひとつの有機体に統合した流れ作業の洗練に全面的な機械化の徴候をみる。続いて第四部「機械化が有機体におよぶ」では、農業の革命、パンの均一化と大衆の嗜好の変化、食肉の大量生産と死の自動化など、生活の基礎となる各分野の機械化がどう人間に働きかけたかを追う。第五部「機械化が環境におよぶ」では、中世に未発達な快適さが空間の雰囲気で演出されたこと、十八世紀のロココの時代に近代的な快適さと清潔さが家具の工夫によって創造されたこと、十九世紀に支配的趣味が装飾の機械化と結びついた一方で発明的な家具が次々と登場し、二十世紀はヨーロッパの建築家による構成的な家具が実験されたことを論じている。第六部「機械化が家事におよぶ」では、やはり作業過程の機械化と組織化を料理、洗濯、掃除などから分析しつつ、女性の社会的地位や宗教思想の影響にも一瞥を与えた。そして第七部「入浴の機械化」では、入浴の歴史とその効用観を古代からたどり、一九〇〇年頃に固定型のコンパクトな浴室が近代の範型として登場し、アメリカではホテルがモデルになったことを指摘する。最後に彼は機械化を「単純に肯定したり、否定したりすることはできない」と述べながら、動的な均衡状態をもつ新しい人間の創出を語っている。

戦後に態度を硬直化したルイス・マンフォードの反機械主義がやや素朴なヒューマニズムに思われる分、ギーディオンによる『機械化の文化史』の視線は冷徹であり、操作的批評とも距離を置いているようだ。ケネス・フランプトンによれば、『機械化の文化史』の分析法は、快適さや衛生観の変容など、自然に関する欲望の極と、機械による要求への応答など、必要と経済の極の二つの間を揺れ動き、両者の重なる家具の分析が説得力をもつという(16)。ともあれ、本書は解剖学的な手続きにより、建築を全体的にとらえるのではなく、ばらばらの部分に解体し、それぞれの動向を検証する契機をあたえたのだが、水面下の変化は今なお止まってはいない。バンハムのいう第二機械時代は過ぎて、情報化がわれわれの生活の細部に侵入しているからだ。メタファーとして情報を語るのではなく、情報化がもたらす細部のグロテスクな変容を凝視すること。そのとき、建築はもはや統合された全体像を維持しきれなくなるかもしれない。だが、ギーディオンの遺産はこうして受け継がれるのではないだろうか。

（1）S. Giedion, ed., *A Decade of New Architecture*, GIRSBERGER,1951, S. Giedion Walter Gropius, Teufen und Hatje, 1954.
（2）S. Giedion, "Building in France, Building in iron, Building in Ferroconcrete", The Getty Center for the History of Art and the Humanities, 1995. および"*Jsah*"（1998, June）のJ-L.Cohenによる文章を参照。
（3）S.ギーディオン『現代建築の発展』生田勉・樋口清訳、みすず書房、一九六一年。
（4）桐敷真次郎「反空間論」『カラム』86号。
（5）五十嵐太郎「空間の終焉?-」『AXO』六号、一九九三年。
（6）S. Giedion, *The Beginnings of Architecture*, Princeton Univ. Press, 1957.
（7）S・ギーディオン『建築、その変遷』前川道郎他訳、みすず書房、一九七八年。
（8）S・ギーディオン『空間、時間、建築』太田実訳、丸善、一九六九年。
（9）M・タフーリ『建築のテオリア』八束はじめ訳、朝日出版社、一九八五年。
（10）A・ヴィドラー「空間、時間、運動」『建築の20世紀』デルファイ研究所、一九九八年。
（11）C・ロウ『マニエリスムと近代建築』伊東豊雄・松永安光訳、彰国社、一九八一年。

（12）Ｓ・ギーディオン『永遠の現在』江上波夫・木村重信訳、東京大学出版会、一九六八年。
（13）Ａ・ヴィドラー「透明性」浅田彰訳、『ANYONE』ＮＴＴ出版、一九九二年。
（14）Ｓ・ギーディオン『機械化の文化史』ＧＫ研究所他訳、鹿島出版会、一九七七年。
（15）Ｓ・ギーディオン『空間・時間・建築』に同じ。
（16）K.Frampton, "Giedion in America", *On The Methodology of Architectural History, Architectural Design*,1981.

3. 起源への問いを通して近代を思考する歴史家——ジョセフ・リクワート

なぜリクワートの本は翻訳されないのか

未邦訳の大著がある。

五八〇ページを超える建築史家ジョセフ・リクワート（一九二六—）の『ファースト・モダンズ』（一九八〇）だ。[1] 近代が題名に含まれているものの、本書は直接に二十世紀の近代建築を論じていない。[2] むしろ近代の曙光としての十八世紀ヨーロッパの状況が対象となる。近代を準備した十八世紀の建築と言えば、エミール・カウフマンの一連の著作が思い浮かぶかもしれない。彼が紹介するフランス革命期のルドゥーやブレーは大胆な幾何学的デザインを行い、磯崎新やルイス・カーンの好む建築家だったこともあって、研究書は比較的よく読まれたし、一九九〇年代に邦訳が刊行された。そしてニコラウス・ペヴスナーが近代のはじまりを十九世紀のイギリスのアーツ・アンド・クラフト運動などに求めたのに対し、カウフマンは十八世紀のフランスに遡らせた。

では、リクワートはカウフマンと何が違うのか？

乱暴に要約すれば、カウフマンは形態に注目するのに対し、リクワートは建築の理念を問題にする。もちろんカウフマンも理念に触れているが、(実はほとんどル・コルビュジエに言及しない)『ルドゥーからル・コルビュジエまで』(一九三三)の刺激的な書名が示すように、彼には強烈な形態や視覚的な類似性に訴える部分が認められる。一方、リクワートはおそらく意図的にフランスの特異な建築家をとりあげない(「『空想的建築家』や『ユートピア建築家』についての評論や書籍の洪水を見てきた」と批判的である)[3]。彼は他のエピソードを記述しつつ同時代の文化的な背景を分析し、それがいかに建築の理念を変えたかを論じる。ゆえにリクワートの本は、形態のわかりやすい面白さをあまり紹介しない。さらにページ数の多さや博覧強記的な叙述が、邦訳しにくい状況を生んでいる。

近代を考える際に重要な本でありながら、邦訳の刊行されていないものは少なくない。例えば、研究のアイデアの玉手箱というべきピーター・コリンズの『近代建築における理想の変化』(一九六五)は結局、全訳の機会を失ったままだ[4]。リクワートの『ファースト・モダンズ』も、そうした一冊といえるだろう。

古代の都市論から現代の建築論まで

リクワートは一九二六年にポーランドで生まれ、一九三九年に渡英し、ロンドン大学やAAスクールで学び、一九四七年より設計に携わった。そして一九五一年からは多くの国で教鞭をとり、一九八八年からペンシルヴァニア大学で建築史や設計を教えている。彼は何ヵ国語も操り、膨大な資料を駆使して論を組み立てる、文献派の学者といえよう。実際、その仕事からは学識の深さとヨーロッパ文化の重層性が感じられる。

リクワートの著述は多岐にわたる。アルベルティからゼンパーまで、建築史研究はもちろんのこと、現代建築の評論も行う。(5) 例えば、近代以降の装飾やアイリーン・グレイについての短文も書いている。(5) が、とりわけ重要なのは、さほど重要なものではない。(6) リクワートの特徴は人類学的・民族学的なまなざしをもつ歴史学的な記述を通して、空間の起源をめぐる言説を狩猟する姿勢だろう。『〈まち〉のイデア』(一九六三)は、レヴィ＝ストロースの『悲しき熱帯』(一九五五)におけるボロロ族の空間モデルなどにヒントを得て、古代ローマ都市の神話的な儀礼を中心に中国、インド、各部族の事例も参照しつつ、人間の内にある都市の概念モデルを考察する。(7) これは二十世紀の機能主義的または統計学的な都市計画を批判しつつ、単に分析的で建設的ではない都市計画批判にも不満を表明し、都市のパターンの重要性を唱えるものだ。また『アダムの家』(一九七二)は、ウィトルウィウスからル・コルビュジエやロース、ライトまで、原始の小屋の概念をたどりながら、各時代の建築への意志を読む。(8)

『ダンシング・コラム』(一九九六)は、建築の基本要素である円柱の様々な解釈を遊歩しながら、抑圧された多義的な意味を解放する。(9) リクワートは建築そのものを実証的な研究で分析するのではなく、大いなる誤解も含めた建築と人間の関係性を描き出しているのだ。(10) さて『ファースト・モダンズ』は、さまざまな現象を網羅し、要約は困難なので、特に次の二点を抽出して議論を展開させよう。

古典主義を脱構築する建築のソクラテス

第一に十八世紀ヴェネツィアの神父カルロ・ロードリを論じた八章である。原始の小屋を想像した同時代のロージエほどの知名度はないが、ロードリは装飾を否定する厳格主義の先駆者として言及されることがある。ちなみに、日本では建築家の岡田哲史と研究者の横手義洋もロードリに注目しており、筆者は彼らから大きな示唆を得ている。[11] ロードリは確かに近代建築を予見したが、ややこしいのは彼がテクストを残さなかったことだ。ゆえにしばしば彼は、弟子の著作を通して後世に名を残した哲学者ソクラテスに比せられる。ロードリの場合は、アルガロッティやメンモの記述によって歴史化されることになった。特に当時の乱れた建築を攻撃し、虚偽の装飾を排除する「最初の機能主義の提唱者」(カウフマン)としてのロードリ像は、アルガロッティの『建築論』(一七五九)が広めた現代に通じるイメージである。しかし、メンモの『ロードリ建築の基礎的原理』(一七八六)が伝えるロードリ像は、決して装飾を否定しておらず、アルガロッティがロードリの思想を故意に歪めたことをうかがわせるものだった。どういうことか?

ロードリ像は分裂する。カウフマンとは違い、リクワートはロードリを都合よく近代主義者のイメージに還元せずに、メンモを通じて曖昧な側面を描きだした。ロードリは装飾を建築に不可欠な要素とみなし、科学的な原理に基づく装飾を認めていたのである。過去の規範を逃れて真理に向かう、より普遍的な建築の探求は、必ずしも装飾と矛盾するものではない。ロードリは力学を関数的に表現し、数少ないデザインであるサン・フランチェスコ・デッラ・ヴィーニャ教会のホスピスの壁の窓は、石材が装飾的にも見える懸垂線を下方に描く。古典主義の絶対的な規範が揺らぎはじめた時代に、その聖書であるウィトルウィウスの機能主義的な部分を過激に読みかえ、ロードリは二人の弟子を媒介して内部から古典主義を解体し、近代の曙光を導くことになった。しかし、ロードリの直接の声は失われており、決定不能な起源になっている。ソクラテスとプラトンの関係のように、アルガロッティもメンモも、ロードリを伝えようとして師匠を裏切ったかもしれない。だが、裏切りを通してしかロードリは後代に伝わらなかったのではないか。『ファースト・モダンズ』の第一章は、ゆれ動く古典主義の意味を概観したことが思い出される。ロードリは真実を追求する徹底的な古典主義者になり、死後にテクストを残さないことにより解釈の剰余を引き起こし、古典主義を破壊したのである。そうした瓦礫のうえに近代建築は立ち上がったのだ。

古典主義の他者と起源への問い

「モダンズ」と複数形になっているように、同書は複数の近代を扱うが、ここでは古典主義を相対化する要素を第二の論点としよう。リクワートは十七世紀後半から十八世紀の知の変動を記述するにあたって、第三章と第七章では西洋と東洋の出会い、そして考古学的な発見を重視しているように思われる。[12] 当時の活発化した東西交通により異国の断片的な情報が伝わり、東洋趣味がヴェルサイユの空間やエルラッハの建築書における世界認識に侵入した。誤解に基づくものとはいえ、驚くべき東洋の世界はまったく違う建築体系の存在可能性を示し、絶対規範としての古典主義に小さな揺らぎを与えたのではないか。また東洋趣味は都市生活を営む人々に新しさへの渇望を喚起し、ネオフィリアは時代の歯車を早めるだろう。一方、トルコの弱体化によりギリシアの実測調査が可能となり、ポンペイやエルコラーノなどローマ時代の都市遺跡が発見され、発掘されたことは、より精度の高い建築の記録をうながした。これは絶対のものと思われたウィトルウィウスの古代建築の記述が不正確であることを明らかにし、その権威にひびを入れるだろう。

十七世紀後半の文学界では、過去を模範とする古代派と理性を重視する現代派の論争があったことは知られていよう。だが、リクワートの研究は十八世紀の建築界にも以下のような事件が起きたことを再考させる。すなわち、古典主義が有していた合理主義の徹底遂行によって古典主義をのりこえるロードリのような思想家が現れ、正確な古代の建築の情報が広まることによって理念先行だった古典主義が疑わしいものとなり、不正確な異国の情報が導入されることによって古典主義のみが真実ではない世界が知られるようになった文化的な背景である。また異国は変化の少ない冷たい社会と理解されていたし、空間的な距離は時間的な隔たりに変換されやすいから、当時の異国をもうひとつの古代とみなすこともできよう。もちろん、近代への萌芽はほかにも様々に指摘しうる。

ところで、なぜリクワートは起源論を問題とするのか？　原始の小屋、まちのイデア、そして近代の始まり。それは起源への関心が再生への欲求を秘めているからにほかならない。彼によれば、「起源に帰ることには、われわれが習慣的に行っている事柄を再考するいとなみが常に含まれている。それは毎日の行為の意味を再び新たなものにする試み」である。(13)つまり起源を思考することは回顧的な作業ではなく、希望への手続きなのだ。それゆえ、始まりを問いながら、近代を生き直すのは決して無意味なことではない。

（1）J.Rykwert, *The First Moderns*, The MIT Press, 1980.

（2）近代建築史家のW・J・カーティスは、近代の起源を遡行する試みに対し、突きつめれば、ギリシアにたどりつくと皮肉を語っている。

（3）J・リクワート「現代建築におけるさまざまなパラドックス」『a+u』一九七九年四月号。

（4）P. Collins, *Changing Ideals in Architectur*（Faber and Faber 1965）なお、同書は一九六七年の『国際建築』にて一部訳出連載された。一方、フランプトンの著作は、『a+u』の一九八五年一月号から八八年七月号まで中村敏男氏によって翻訳連載された。

（5）建築史研究としては、ほかに、J. Rykwert, *The Necessity of Artifice*, Academy Editions, 1982. J. Rykwert "The Ecole des Beaux-arts and the Classical Tradition", The Beaux-arts, The MIT Press, 1982 などがある。

（6）J・リクワート「装飾は罪ではない」『a+u』一九七八年三月号。J・リクワート「アイリーン・グレイ」『a+u』一九七八年八月号。

（7）J・リクワート『〈まち〉のイデア』前川道郎・小野育雄訳、みすず書房、一九九一年。

（8）J・リクワート『アダムの家』黒石いずみ訳、鹿島出版会、一九九五年。

（9）J. Rykwert, *The Dancing Column*, The MIT Press, 1996.

（10）J. Rykwert, "On an（Egypitan?）Misleading by Franchesco di Giorgio", *AA Files*, No.2, 1982. などを参

照。

（11）横手義洋『カルロ・ロードリ建築思想の受容に関する研究』一九九五年。

岡田哲史「隠された石の意味」『建築文化』一九九三年三月号。

（12）五十嵐太郎「近代のはじまりとしての他者、オリエンタリズム」「建築はいかに社会と回路をつなぐのか」彩流社、二〇一〇年。

（13）J・リクワート『マダムの家』。

4.

生き生きとした日本の建築史──太田博太郎

歴史学を含む建築の分野

日本の場合、建築学科は一般的に工学部に所属している。だが、工学部において、建築学科がきわめて特異なのは、歴史学が含まれていることだろう。ちょっと古くなったパソコンやケータイが急速に色褪せて見えるように、テクノロジーが常に進化していくのに対し、建築は最新のものが必ずしもベストとは限らない。もちろん、世界一高いビルといった物理的な記録は更新を続けている。しかし、古代から現代まで、人間の身体がさほど変わっていないように、過去のすぐれた空間や芸術的に特筆すべき建築は、今なお大きなインパクトをわれわれに与えてくれるだろう。高層ビルを見慣れた現代人にとっても、古代ローマのコロッセウムや中世のゴシックの大聖堂は驚くべき存在感をもっている。これらは石造という技術体系、あるいは当時の社会背景のなかで究めた建築であり、そもそも鉄やコンクリートでつくる現代の建築とは異なる価値を生みだしているからだ。

日本の木造建築も、同様である。例えば、法隆寺や東大寺、伊勢神宮や桂離宮などの古建築は、現代建築に劣ることがないデザインをもち、二十一世紀の世界を生きるわれわれをいまだに魅了している。それゆえ、建築は工学部でありながら、例外的に歴史学の分野が存在するのだ。一九八〇年代の後半、筆者が大学で日本建築史を学んだときの教科書が、太田博太郎（一九一二―二〇〇七）の『日本建築史序説』（彰国社）だった。これは一九四七年に初版が刊行され、その後、改訂や増補をしつつ、半世紀以上にわたって、日本建築史の定番になっている。太田自身、これを最初に執筆したのが一九三九年だというから、他のジャンルの歴史書と比べて、おそろしく息が長い通史と言えるだろう。戦前は足立康や関野貞らによる日本建築史の通史が書かれていた。が、太田以降は研究が細分化し、しばらく日本建築の通史そのものが登場していない。共著の形式による通史は少し刊行されているが、一人による通史はほとんどないのだ。最近、ようやく新しい通史も刊行されるようになったが、まだ太田に代わるほどポピュラーなものになっていない。

ところで、西洋においても、ニコラウス・ペヴスナーやジークフリート・ギーディオンらが広く読まれた通史を執筆したのは、二十世紀の中頃である。これが興味深いのは、世界中にモダニズムが流布していく時期と重なっていることだ。もっとも、近代建築は過去を否定し、歴史と断絶する新しいデザインである。一見矛盾するように思われるかもしれないが、モダニズムは歴史の最先端にいるという意識が強かった。したがって、ギーディオンがそう振るまったように、古代から近代までを記述する建築史は、モダニズムの正統な出生証明書としても機能した。つまり、近代建築の興隆と通史の整備は相補的な関係にあったのである。実際、『日本建築史序説』からは、「構造のもつ力学的な美しさ」、「簡素清純な表現」、「無装飾の美」、「非相称性」、「直線的」など、モダニズムと共通した評価軸を指摘できるだろう。また同書は、中国建築との差異から日本建築の特性を論じる手続き上、日本らしさを追求するナショナリズム的な側面もないわけではない。もちろん、中国から影響を受けていた日本の建築は、明らかに類似点と相違点がある。

ところで、学部時代に筆者が読んでいた『日本建築史序説』は、東京芸術大学の芸術学科で学んでいた両親のお下がりだった。本棚から探して、その本を改めて調べてみると、一九六二年に刊行された第10版第1刷である。全部で二六九ページ。日本建築史のバイブルだけあって、四半世紀前と変わらず、同じ本を使うことができたわけだ。その後、大学院時代に新しく購入したのが、一九八九年に刊行された増補第2版であり、三六九ページに膨れている。本文が加筆されたわけではない。では、なぜ一〇〇ページも増えたのかと言うと、巻末の「日本建築史の文献」のデータベースが、最新の研究も含んで拡大されているからである。同じ本の最新版を購入した理由も、この部分の資料性が目的だった。いわば戦後の日本建築史研究の発展は、そのまま『日本建築史序説』という一冊の本に組み込まれている。日本建築史の創始者が慶応三年（一八六七）生まれの伊東忠太だとすれば、大正元年（一九一二）生まれの太田博太郎は戦後における日本建築史の代名詞というべき人物なのだ。

『日本の建築』について

建築史家の鈴木博之によれば、『日本建築史序説』は「日本建築史の全貌を把握し続け、その全体像をわかりやすく示すことが、太田先生の大きな目的であった」(「太田博太郎先生を悼む」『建築雑誌』二〇〇七年四月号)。なるほど、これは概説書として、一通りの知識をシステマティックに得るのには便利で、かつコンパクトにまとまっている本だが、後から巻頭に加えられたエッセイ風の「日本建築の特質」以外は、古代から幕末までを網羅的に記述するために、やや急ぎ足になっている感も否めない。最初に教科書として手にとったせいもあるが、学部時代にすんなり読めなかったのをよく覚えている。

読み物としては、太田博太郎があちこちで発表した論考をひとつに束ねた本書、『日本の建築歴史と伝統』(ちくま学芸文庫、二〇一三)の方がおもしろい。現在も多くの大学で使われている日本を代表する通史を背負うのではなく、もっと好きなように書いているからだ。はしがきでも記されたように、各章の重複は幾らかあるものの、それゆえ、どこからでも読める内容になっている。また要点が繰り返し記述されることで、彼にとって大事な日本建築史の構図が明快に強調されている。そして何よりも結果だけが示されているのではなく、彼が具体的にどのようにモノを考えているのかを追体験できるのが、本書の魅力だろう。半世紀近くも前に刊行された本とは思えない輝きをいまだに放っている。

冒頭の「原始住居の復原」では、想像上のプリミティブ・ハットである天地根元宮造から始まり、考古学的な成果や民俗学的な観察を踏まえて、貴族住宅・庶民住宅、高床・土間、切妻・寄棟、ハシラーサス、垂木の平行配置・放射配置など、住宅の空間を二系統に整理しつつ、竪穴住居の屋根構造を推測している。本来の日本はこうあるべきというイデオロギーではない。構造合理主義的なアプローチの考察は、モダニズム的でさえある。読み進めると、遺構を発掘する考古学だけでもなく、かといって当時のテクストがないために、文献史料に基づく歴史学ではなく、時代性は曖昧だが、民族史料も活用しながら、建築的に論じるプロセスがうかがえる。建築史というジャンルになじみがない読者にとっては、こうした思考の軌跡を通じて、建築史という学問を理解することになるはずだ。

基本的に『日本の建築』は時代順に各章が並んでいるが、教科書的な通史ではないから、必ずしも網羅的ではない。おおむね時代区分で言うと、1章と2章が建築の起源に関する考察、3章～5章が古代（ただし、5章は古代から中世への推移）、6章～8章が中世、9章～11章が近世、そして近現代における建築保存を扱う12章～14章である。建築史学の始まりと展開、また今まさに起きている出来事について同時代的な立場から論じた最後の部分は、他の章とはやや趣が異なるが、後に太田が『歴史的風土の保存』（彰国社、一九八一）をまとめているように、重要なライフワークだった。この本では、自身が高校、大学とサッカーに打ち込んだ性格から、理論よりも実践的に動くタイプだと述べ、急速な近代化によって都市が個性を失う状況に危機感を覚え、史跡、町並みから明治建築や地名まで、様々なレベルで保存運動を推進したことを振り返る。

近現代もまた歴史の外部ではない。逆に言えば、歴史も過去のものではなく、現代に生きている。太田は大学を卒業後、数年の軍隊生活を送り、研究が分断されていた。戦後、落ち着いて建築史の研究を再開したとき、今度はアメリカの爆撃ではなく、日本の経済成長によって近代の様式建築が壊されていくのを目撃する。彼が明治時代の法隆寺と呼ぶ三菱一号館（一八九四）も、一九六八年に解体された。もっとも、二十一世紀に入り、この建物は復元されている。太田は14章の「平城宮跡の保存」において、未来に平城京跡をどう残すかを三つの方法に分けて論じながら、復原の重要性を説いているが、二〇一〇年の平城遷都一三〇〇年祭では、実際に大極殿と朱雀門が復原された。失われた歴史が現代に甦っている。

『日本の建築』において、建物の種類では神社が少ない。5章の「入母屋造本殿の成立」だけだが、純粋に神社建築を論じたというよりも、仏教建築の影響を射程に入れて、古代の形式がどのように変化したかを考察している。また法隆寺や薬師寺など、古代の寺院に関する章も含まれていない。とはいえ、関心がないわけではなく、太田博太郎による別の著作『奈良の寺々　古建築の見かた』（岩波書店、一九八二）を刊行している。同書では、七、八世紀の古建築が日本建築の基本であるとし、禅宗の影響を受けていない奈良の寺院を詳しく解説しているので、古代寺院に興味のある方は、こちらを参照されたい。

ところで、奈良に関連して、太田博太郎編による『奈良の宿・日吉館』（講談社、一九八〇）という書物が刊行されている。今はもう建物が解体されてしまったが、かつて建築史や美術史の研究者、あるいは芸術家がよく泊まっていた大正時代に創業した伝説の宿を仕切った田村きよの半生記と、宿泊した学者らが日吉館に寄せた文章から構成されているものだ。太田は、日本建築史を一生の仕事にしようと大学に入り、毎年の夏休みをすべて古建築の見学に費やしていたが、初めて日吉館に泊まったのは一九三七年で、後に東京大学の関西の古建築旅行で毎年使うようになったという。筆者もこの小さな宿が完全に営業を停止する直前の九〇年代に何度か宿泊したことがある。当時、大学院生だった筆者は、宿帳を見せてもらい、昔のものをめくりながら、太田を含む名だたる建築史家が泊まっていたことを改めて確認し、身が引き締まる思いをした。

中世という時代への関心

本書の中でも、7章の「和様と宋様」における浄土寺浄土堂の描写から始まる出だしは、外観から内観の説明、空間や細部の特徴、また重源の個人史から彼がデザインに込めたと思われる考え方に至るまで、とりわけ魅力的な筆致だろう。そして観念論としてではなく、中世に中国から輸入した最新の建築様式の受容をめぐって、具体的なディテールの取捨選択において日本的な感性を説明している。この章は筆者が大学院のとき、指導教官の横山正先生に指定されて、ゼミで読んだ論文だったこともあり印象深い。6章の「鎌倉時代の建築と工匠」は、デザインの背後を探り、興福寺の和様と東大寺の大仏様は、それぞれ工匠集団の新勢力と旧勢力、あるいは両者の経済基盤や建設体制の違いなどを反映したことを指摘している。太田は自ら唯物史観と機能主義の影響を認めているように、デザインそのものの分析だけではなく、それが導きだされる必然性や社会状況をていねいに考察している(『太田博太郎と語る　日本建築の歴史と魅力』彰国社、一九九六)。

太田は著作『中世の建築』(彰国社、一九五七)において、中世が自分の心をとらえたと述べ、その理由として、大仏様、禅宗様、折衷様など、いろいろな動きがダイナミックに生起した大きな変革期だったことや、寺院以外に書院造など住宅史的にも面白い時代であることを挙げている。また別の座談会において、こう回想していた(『日本建築の歴史と魅力』)。バウハウスや分離派など、近代の建築運動をリアルタイムで目撃してきたからこそ、中世建築の流れを面白く叙述することに関心をもったのかもしれない、と。中世へのこだわりは、『建築学大系4　日本建築史』(彰国社、一九五七)からもうかがえる。同書において、彼は古代と近世はイントロダクションと本文のごく一部だけを執筆しているが、中世のパートは全体的に自ら書いているからだ。そして中央集権体制が崩壊した中世は、古代にはない複雑な発展の様相を展開し、明治維新による西洋建築の伝来があるまで、これに匹敵する大きな変化はないと位置づけている。

中世の関連では、『書院造』(東京大学出版会、一九六六)や『床の間』(岩波書店、一九七八)などの単著も刊行している。後者の本では、床の間が現代の日本住宅に残る象徴的な要素であり、その起源をたどると、寝殿造から書院造に変化する途中で登場した押板にまでさかのぼるという。言うまでもなく、当時の人々の生活がどうであったかと深く関わるテーマだ。本書でも、4章、8章、9章、10章を読むと、家族、男女、社会の様子と絡めて、古代から中世、そして近世の住宅史の流れを追うことができる。『書院造』では、二十世紀の日本住宅の大部分はまだ中世初期から近世初期にかけて成立した書院造のうちに含まれており、住宅を考える原点となるとみなす。そして茶室の美学の影響や贅沢をしない経済状勢が、飾りの少ない和風建築の室内意匠を生んだという。すなわち、現代と地続きになっている歴史として、中世の住宅をとらえているのだ。なお、太田は『住宅近代史』(雄山閣、一九六九)において、明治時代以降の生活改善運動から、プライヴァシーの重視による中廊下住宅の誕生、戦後の2DKまでを論じた序文を寄せている。こうした日常の延長にある住宅史は、一般の人にもなじみが深い内容だろう。

太田は、もともと数学者になりたいと思っていたことから、原理やルールを発見することに興味があったという。また建築史家の藤井恵介は、太田の記述する歴史の特徴を「大づかみな、ダイナミックな発展過程」の記述だと指摘している（『日本建築の歴史と魅力』）。実際、しばしば二項対立的に流れを整理することも多く、例えば、本書の10章「桂離宮」では、貴族住宅と民家の二系統を挙げながら考察しているが、こうした明快な構図は丹下健三による桂離宮論にも影響を与えたのではないか。また2章の「日本建築様式の成立」では、「中心に向かう、集約的な空間構成と、左右に拡がっていく羅列的な空間構成」などの対比によって特徴づけているが、西洋美術史のヴェルフリンによるルネサンスとバロックの比較手法を想起させるだろう。伊東忠太がプロポーションや地域的な進化論によって日本建築を論じたのに対し、太田の世代では別のフェイズに移行していた。しかし、決して硬直した歴史ではない。当時の人々の考えやふるまい、社会や制度などの時代背景を含めて、生き生きと描く日本建築史になっているところに、時代を超えた本書の魅力があるのだろう。

5. デザイナーズ住宅批判の向こうにある社会革命――西山夘三

『新建築』における発言

建築計画学の大家として知られる西山夘三（一九一一―一九九四）は、いわゆる論文以外の文章も数多く執筆し、同時代の建築の状況に対して物申す論客としても活躍した。学会誌である『建築雑誌』に寄稿しているのはもちろんだが、『新建築』でも度々、彼の文章が掲載されていたのは興味深い。現在の『新建築』は批評の分量が少ないうえに、新作を発表する建築家のための専門誌となっているからだ。例えば、戦災で休刊になり、敗戦後に復刊した『新建築』一九四六年一月号は、まるまる一冊が「特集・新日本の住宅建設―都市再建と住宅政策の展開に資する基礎的研究―」になっており、一ヵ月弱で急いで執筆した西山の文章だけで構成されている。むろん、当時は紹介できる新しい物件などなかっただろう。

同号の編集後記では、以下のように記されていた。「敗戦の廃墟の中に我々が……周囲に見出すものは何であろうか。飢餓と失業と、そして家なき人々の姿である。目前に解決を迫られているこれらの重要な諸問題の中で我々建築家に課せられている課題が何であるかは自明であろう。国民生活の切実な「住」の問題に焦眉の策をとる義務を感じる」。西山のあとがきの日付が一九四五年十月五日だから、新建築社の吉岡社長の依頼を受けて、悲惨な住宅事情の中で急いで書かれたものだとわかる。むろん、戦時下のときから国民住宅の必要性を唱えていたから、彼は今こそ国民経済をもとに生活の指針を示すべきだと考えたのだろう。これを発展させて、著作『これからのすまい』(一九四七)が刊行された。

時代の趨勢にあわせて、一九五〇年代には住宅論、一九六〇年代には都市論を主として『新建築』に寄稿していたが、丹下健三の「東京計画1960」に対しては辛辣な批判を行った(『新建築』一九六一年五月号)。例えば、彼は建築家が都市計画を発表する機会をつくったことは評価しつつも、都市の巨大化や自動車社会への疑問、造形のイメージが前提であり、それにあわせて統計や理論がつくられていること、万人のためのものではなく、本当の都市の矛盾を隠蔽していることを述べている。同号では、彼以外の研究者、批評家、建築家らも「東京計画1960」を批判しており、現在の『新建築』と比べて、隔世の感があるが、明快なイデオロギーをもち、一貫してブレないのが西山だった。その後、彼は地域計画論や景観論を絡めながら、様々な媒体で京都タワーや大阪万博のほか、民主主義を擬装し、権力に奉仕させるために、スター建築家を利用する反国民性のモニュメントとしての東京都庁舎や京都駅のコンペを批判している(「都市景観について」『建築雑誌』一九九一年九月号など)。

現代日本をどう考えたか

もし西山夘三が現代日本の建築界を目撃したら、どのように語るだろうか。彼の思想が明快なだけに比較的、想像しやすい。新国立競技場のコンペをめぐっては、その条件にまでさかのぼって批判し、乱立するタワーマンションや、地域の商店街を破壊する巨大なショッピングモールのほか、ファッションのように建築をとりあげる雑誌『カーサ・ブルータス』にも疑問を投げかけただろう。資本主義をあえて肯定するレム・コールハース的な態度には真っ向から対決したに違いない。おそらく世界を席巻する獰猛なグローバル資本主義にもとづく大規模な再開発や華やかな商業建築には舌鋒鋭く攻撃したはずだ。今や公共施設にも民間の経済原理が侵入している。また産学連携に疑問を呈しただろうし、日本学術会議の会員もつとめたから、学問の自由を唱え、戦争を目的とする研究に従わない決意表明にも関わったのではないか。

一方で東日本大震災の後、とくに注目されるようになったコミュニティ・デザインやまちづくり、あるいは地域に根ざした建築家の活動に対しては好意的な見解を示したかもしれない。経済原理が支配する東京中心ではなく、疲弊している地方の問題に向きあうからだ。また西山は、家のことを親身になって相談できる近所の大工のような「地域に密着した小建築業の仕事を確立していかなくてはなりません」と述べている（『都市とすまい』東方出版、一九九七）。とはいえ、モードとして消費されるようなコミュニティ・デザインならば、苦言を呈するだろう。実際、リサーチにもとづくデータを使った科学的な態度を重視する西山からすれば、ワークショップの手法や成果、またその評価は、方法論として不十分かもしれない。

建築家への不満

西山は「住空間の型―小住宅における―」（『新建築』一九五九年五月号）において、戦後に登場し、マスコミもとりあげる新しい住宅の型を「モダン・リビング」と呼び、進歩的なホワイトカラーには良いかもしれないが、「それがわれわれの住宅の理想型であるか――と問いつめてみると、にわかにそうだとは断言できない」という。その後、新建築住宅設計競技1967のコンペの出題者となり、「現代の理想住宅」を寄稿している（『新建築』一九六七年七月号）。彼によれば、理想住宅像は三つの型がある。第一に支配者の住居が理想とされる「階級模倣像」、第二に日本文化の特徴とも言える外来文化に憧れる「先進国像」、そして第三に現実の矛盾を克服するような「脱出像」だ。当然、彼が評価するのは最後のタイプであり、これは決して空想住宅ではなく、実現へのアプローチもはっきりと示されるものだという。だが、彼はこれにとりくむべき建築家の活動を不満に抱いていた。

西山は建築家批判を繰り返していた。彼らはメディアの流行にとびつき、目先のことしか考えておらず、「奇形住宅」を生みだし、社会の全体から構想していない、と。またこうした背景をつくりだす建築教育やメディアも槍玉にあがった。例えば、「我が国の明治以来の建築教育の罪でもある。我が国の建築デザイン教育は建築を周辺環境と調和させるという自明の原則さえ強く教えることを怠ってきた。」（「京都のまちづくり運動と歴史的景観」『建築雑誌』一九九二年六月号）。「現在まだ根強く存在するフリー・アーキテクトないしスター・アーキテクト幻想」、そして「建築教育がアーキテクト幻想にあやまらされている」こと（「建築教育の課題」『建築雑誌』一九七四年十月号）。彼自身、若き日は建築デザインに憧れた時期もあったようだが、それでは解決できない社会問題が存在することから、計画学の道に進んでいた。

また論考「政治の怠慢とヴィジョンの欠如」（『建築雑誌』一九六六年五月号）では、日本の住宅政策に対して「支配権力のインポテンツ・「能力喪失」」を責める一方、建築家の社会的責務を果たしていないという。すなわち、未来都市の提案に心を奪われているが、「戦争直後の「清貧」から解放されてそこに登場してくるものは、たいていかつての金もちの大邸宅のモダナイズされた「芸術味豊かな」ものであり、いまこそ切実に求められている住宅の国民的理想像の造形化という重大な問題は、ほとんどとりあげられていない」。

バブル経済に踊らされた時期、西山は住まいのファッション化を懸念し、住民の「流民化」に建築家が動員されていると述べている（「都市における居住思想」『建築雑誌』一九八八年三月号）。これは黒川紀章が唱えたカプセル建築を駆使したホモ・モーベンスへの批判でもあり、具体的には言及していないが、「東京遊牧少女の包」（一九八五）のような伊東豊雄による都市のノマド的なイメージなども含むだろう。西山によれば、自分が住むところに主体的に関わるのが正常な人間である。再び、建築家が東京改造に関わろうとする機運に対しては、大規模開発には科学的なアセスメントが必要だと釘を刺し、ポストモダンがどうのこうのと言っても、結局は企業に使われる駒に過ぎないという。またＪＩＡ（日本建築家協会）の活動に対しても、会員の権利ばかりではなく、社会的な責任を意識すべきだと提言した。

資本主義との対決？

一見、住宅と関係ないような風俗的な現象に対しても、西山はその背後に社会の構造的な問題を見据えていた。例えば、敗戦後に姫路城や皇居前広場がアベックのたまり場となって「特殊ホテル」になりかねない異様な状況は、極端な住宅不足に起因すること（『日本の住宅問題』岩波書店、一九五二）。ラブホテルの様子を調べたのも、その存在理由が住宅難の表れではないかと考えていたからだ（「統合する建築計画」『建築雑誌』一九八六年二月号）。ならば、対処療法的に小さなお城として極端な住宅を設計する建築家に不満をもっていたのも当然だろう。一九五〇年代から七〇年代にかけての戦後日本住宅は、世界的に見ても特殊な発展を遂げ、東孝光による塔の家（一九六六）、篠原一男の白の家（一九六六）、安藤忠雄による住吉の長屋（一九九六）などの名作を生みだしたが、西山が彼らをまったく評価していないのは興味深い。そもそも彼は、こうした状況をもたらした持ち家政策に批判的だった。為政者や資本家には都合良いが、質よりも量の目標が掲げられ、劣悪な住宅を増やすからである。

結局、問題は資本主義なのだ。西山によれば、支配階級は人民の住まいの状況を引き下げようとするから、「資本主義社会で人民の住まいが粗悪であるのは必然である」（「住宅問題のありか」『建築雑誌』一九四八年一月号）。そしてプランニングやローコストの提案だけでは現状を追認するだけであり、「現在の住宅問題の根本的解決は資本主義制度のもとではできない」という（「住宅問題と建築家」『建築雑誌』一九五五年一月号）。もっとも建築家としては為政者に働きかけ、望ましい住宅政策をとらせるべきだと述べている。それゆえ、建築家の連携を呼びかけ、建築運動に共感を寄せたのだろう。が、税金から給料をもらえる研究者ではない、在野の建築家にデザインの小さな工夫ではどうにもならないと指摘しても、彼らにとってはひとつひとつをていねいに手がけることが死活問題である。人民のために建築をつくると宣言し、一九四七年に結成されたＮＡＵ（新日本建築家集団）でさえ、本領を発揮することができなかった。

ソ連の建築に対する西山の見解が興味深い（『現代の建築』岩波書店、一九五六）。古典主義の装飾がついたスターリン様式の高層建築や地下宮殿のような地下鉄は、モダニズムの価値観からすると、古臭いと批判されることに違和感を抱いている。彼らは前川國男の日本相互銀行本店を一生懸命褒めるけれど、テクニカル・アプローチにもとづく抽象的な構成の造形が本当に人を感動させるのだろうか？　また近代建築の新しいモードを一体誰が求めてるのか？　と問う。建築家は「民衆とは関係ないモダニズムの美」を導入しただけではないか。伝統論が叫ばれ、堀口捨己の八勝館御幸の間が学会賞を受賞したが、民衆の生活からすると、あまりに浮世離れではないか。ゆえに、マスコミがつくった商業的な美でもなく、所有者階級だけが建築を芸術として利用するのでもなく、国民の生活に結びついた建築の美が求められるべきだ。少なくとも社会主義の建築は、モダニズムとは別の論理をもち、国民の建築という問題提起をしているのではないか。

西山のヴィジョンをつきつめれば、政治の体制が変わらなければならない。その上で適切に建築行政が実行されること。だが、これはきわめてハードルが高い理想論である。デザイナーズ住宅批判は、建築家が嫌いだからではなく、国民住宅を求めるがゆえの発言だった。正直、筆者は必ずしも西山のデザインに対する見解にすべて同意するわけではない。しかし、これだけ筋が通った建築批判は痛快ですらある。現在、建築のメディアにおいて、そうした耳の痛い批評が不在になっているからだ。

6. ジェイコブズと都市論の転回

モーゼスとの対決

二〇一八年、日本でドキュメンタリー映画『ジェイン・ジェイコブズ：ニューヨーク都市計画革命』が公開された。メディアが好む政争の報道ではなく、われわれが暮らす都市はどうあるべきかを考え、思想にまで昇華したのが、かつてニューヨークで立ち上がった市民派の論客、ジェイン・ジェイコブズ（一九一六―二〇〇六）だった。映画は近代的な都市計画を強引に推進する役人、ロバート・モーゼス（一八八八―一九八一）との闘いを軸に紹介するが、いかにも悪人のごとくふんぞり返っている敵役のモーゼスとよくしゃべるおばちゃんのジェイコブズ、二人のふるまいが対比的である。もっとも、興味本位の人間ドラマではなく、あくまでも都市論の衝突として描かれている。なお、映画のプロデューサー、ロバート・ハモンドは、ニューヨークのハイラインのNPOの立役者でもある。ハイラインとは、古い高架の線路を誰もが空中散歩を楽しめる細長い公園に転用したプロジェクトだが、いまや多くの観光客が訪れる場所だ。つまり、高速道路を通してコミュニティを破壊するモーゼスとは違い、むしろ鉄道のインフラを人々が集うコミュニティの場に変えてしまう考えは、ジェイコブズを継承している。

鳥の目か、虫の目か。二人の対決については、二〇一一年に刊行されたアンソニー・フリントの著作『ジェイコブズ対モーゼス』(鹿島出版会)が詳しい。以前、筆者は万博の歴史を調べていたとき、自動車が牽引する未来都市の姿を提示したニューヨーク世界博の立役者として初めてモーゼスの名前を知ったが、本書は、マンハッタンの再開発をめぐる壮絶なバトルを通じて、両者の対照的な役割を浮かびあがらせる。これは映画の内容ともかぶるもので、まずこの本を紹介しよう。

構成は以下の通り。第一章では、田舎から上京し、街をつぶさに観察するジャーナリストの仕事を始めたジェイコブズが、建築雑誌の編集部で働くようになって、モダニズムの都市計画に疑問をもつようになったこと。第二章は、政治家の道は挫折したものの、市長が何度変わっても、都市計画を実行する地位を確保し、リンカーンセンター、公園、道路、橋など、ニューヨークで多くのプロジェクトを手がけたモーゼスの半生。そして第三・四・五章は、ワンシントン・スクエア・パークの道路計画、グリニッジ・ヴィレッジ、高速道路建設における二人の対決の記録である。ジェイコブズは市民運動に巻き込まれ、頭角をあらわし、メディアを利用しながら、モーゼスの野望を粉砕していく。終章は、七〇年代以降、彼女の手法が全米に広がり、いまや都市計画の古典になったことを紹介する。

一人の主婦が都市計画に革命をもたらしたわけだが、改めて六〇年代の権力への異議申し立ての世相とジェイコブズが共振していたことがわかる。失墜したモーゼスは隠遁生活を送ったが、今後、彼の再評価も進むという。大きなヴィジョンによる都市計画と市民の目から見る街づくりが相互補完的になること。日本では、東日本大震災の後、すさまじい土木工事で巨大防潮堤が出現し、被災前のまちの記憶と断絶するような復興計画が遂行されたが、失われた街に対するジェイコブズ的なまなざしも必要だったはずだ。

さて、映画の背景を整理しておこう。二十世紀初頭に登場したモダニズムは、最初こそ簡単には社会が受け容れられない前衛だったが、第二次世界大戦の後は世界各地に広がっていた。モーゼスの手法も、基本的にはスラムをつぶして団地を並べたり、都市を切り裂き、新しい高速道路を整備している。これは映画でも紹介されていたように、ル・コルビュジエが唱えた「輝く都市」のお手軽なバージョンといえよう。幸いというべきか、パリの中心部を大改造する（＝歴史的な街区を破壊する）未来都市は実現されなかったが、ニューヨークではモーゼスが権力をもち、次々と大型の開発を成し遂げていた。こうしたモダニズムの理論とデザインに疑問を投げかけたのが、ジャーナリストとして都市をていねいに観察し、街の鼓動を感じていたジェイコブズである。単純な外科手術をすると、都市は死んでしまう。なぜなら、都市は複雑な秩序をもち、多様性や人々が出会うストリートこそが重要だからである。

モダニズムの失敗とその批判

一九六〇年代は、モダニズムを批判的に乗り越える建築論や都市論が出現した。作り手から使用者へ。モダニズムが効率的に供給する論理になっていったのに対し、ポストモダンは受容者の視点を重視した。ジェイコブズの名著『アメリカ大都市の死と生』（一九六〇）も、そうした新しい時代を牽引したものといえる。ポストモダンの議論では、観念的な理想を創造するのではなく、現実の観察やフィールドワークにもとづき、単純なものよりも複雑性を、純粋よりも混在を、画一性よりも多様性をめざす方向性が共通していた。もちろん、なかでもジェイコブズは、異議申し立ての時代と連動しつつ、運動家として頭角をあらわし、実際にモーゼスの野望を砕いたことで注目された。

映画ならではの表現として印象的だったのは、スラム化した団地が次々と爆破されるシーンだった。そのひとつには、モダニズムの失敗例として紹介されるプルーイット・アイゴー団地（一九五四）も含まれている。これはチャールズ・ジェンクスの『ポスト・モダニズムの建築言語』（一九七七）の冒頭でもとりあげられたものだ。同書は、専門家による専門家のためのモダニズム建築が住民とのコミュニケーションに失敗したと批判し、ポストモダンの建築は様々なレベルで一般の人々にも語りかけるという。そして彼は、この団地に貧困が集中し、スラム化した挙げ句、一九七二年にダイナマイトで爆破された日を、モダニズム建築が死亡したときだと宣告している。余談だが、設計者は日系アメリカ人のミノル・ヤマサキであり、9・11の同時多発テロで消滅した世界貿易センタービル（一九七六）も手がけた建築家だ。作品の破壊が、二度も歴史化されたのは、数奇な運命である。ともあれ、愛されなかった建築の末路は悲惨だ。モノだけが作られても、人々のアクティビティが充填されなければ、すぐに廃墟のようになってしまう。

映画の冒頭で、渋谷のスクランブル交差点が映しだされるが、外国の観光客にとって、信号が青になると、一斉に大勢の人がばらばらに動いていく非広場の風景は驚異的らしい。が、これもまさに表面上は無秩序に見えても、秩序ある複雑性が成立している事例だろう。日本におけるジェイコブズの受容では、黒川紀章が『アメリカ大都市の死と生』を翻訳したことが興味深い。ストリートや多様性の重要性を唱えたかった黒川にとって、それだけ魅力的な書物だったのだろう。彼はポストモダンの空間論を展開するなかで、西洋の広場とは違う、東洋における「道の建築」を掲げ、自作のデザインでも試みている。黒川にとって初の単著は『都市デザイン』（紀伊国屋新書、一九六五）であり、生涯にわたって都市を考えていた建築家だった。ゆえに、都知事選の立候補はにわかに思いついたものではない。

オリンピック直前の東京都は小池都知事によって様々なプロジェクトが揺れ動いた。ただ、残念なのは、メディア受けや前任者の否定などが要因になっているようで、確固たる都市ヴィジョンが感じられないことだ。築地市場移転の反対派にしても、ジェイコブズのような芯のある理論家が見あたらない。そしてメディアは相変わらず、政局中心の報道が続く。しかし、これは都市問題なのだ。また東日本大震災の復興が進むなか、被災した街は高台移転を余儀なくされ、海岸線では巨大な防潮堤が建設されている。建築家は様々な提案を行ったが、ほとんど顧みられることがなかった。住人の声を聞くコミュニティ・デザインは注目されるようになったが、ときには理不尽な計画と対決するような現代のジェイコブズはあらわれていない。この映画を見終わった後、彼女が最初に実践したように、今度はあなたが暮らすまちの風景をじっくりと観察して欲しい。

そこから学ぶべきことがあるはずだ。

7. ポストモダン建築論からジェイコブズを斜め読みする

挿図がない本と出会う

初めてジェイコブズの本を読んだのは、大学院のときだった。当時、設計を志望するメンバーと、『エデフィカーレ』という同人誌を制作しており、現在は建築家となった南泰裕の発案で、都市デザインの系譜をまとめようと考えていたからだった。結果的にこの企画を雑誌『建築文化』に売り込んで、その成果は一九九六年二月号の特集に掲載されることになった。筆者はとくに都市論を担当し、未邦訳だったレム・コールハースの『錯乱のニューヨーク』(一九七八)ほか、まとめて古典的な名著を読む機会を得た。大学院のときは建築史を研究していたので、正直それまで都市論と呼ばれるジャンルの本はあまり読んだことがなかった。そのなかで出会ったのが、黒い装幀の本『アメリカ大都市の死と生』(鹿島出版会、一九七七)である。まず冒頭の言葉が印象的だった。

「図版　われわれの回りにあるすべてがこの本のさし絵である。挿図のかわりに現実の都市をよく見てほしい。見ている間に、あなたはまた、聞き、ぶらつき、そして見ているものについて考えるだろう」（黒川紀章訳）

人文系の書籍ならそうめずらしくないかもしれないが、建築系、あるいは都市デザインに関する本は、視覚的な題材を扱うため、通常は多くの写真や図版が挿入されている。だが、この本には一切それがない。ひたすらおしゃべりというべきテクストが続くのだ。建築の立場からすると特異な本である。その後、同じ鹿島出版会から、二〇一〇年に山形浩生による新訳が刊行されているが、原著にない図版類は一切入れてはならないと指示されたという。ゆえに、さまざまな具体的な事例をとりあげながら、やはり挿図がない。不親切かもしれない。だが、この単純なメッセージにこそ、本書の核心はある。

多くの建築を見学していると、つい写真を撮影することに夢中になり、気づくと、ちゃんと現場で自分の目で見ていなかったという経験をすることがある。あるいは本や雑誌に掲載された美しい建築写真を見て、その空間をわかった気になってしまう。だが、実際に訪れると、かなり印象が違ったり、明らかにフォトジェニックな建築が存在することを再認識することも少なくない。実際、こうしたイメージは、お見合い写真と似ていよう。また個人的に強く思うのは、書籍の写真で伝わらないのは、写真の外側の風景であることだ。両隣、もしくは向かいにどんな建物があるのか。最寄りの駅から歩いたときに、どんな街並みを体験してから、現場に到着するのか。その建築にどんな人が出入りしているのか。当然ながら、いわゆる建築写真は、切りとられたアングルしかないために、本や雑誌では周囲の状況はあまり再現されない。そもそも人がいないシーンばかりだ。ジェイコブズは建築雑誌『アーキテクチュラル・フォーラム』の編集部で働いていた経験があったから、メディアにおける表象と現実の差に敏感だったのかもしれない。

路上観察学でさえ、最終的には写真の羅列によって表現されてしまう。確かに街を歩いて、興味深い事例を採集しているのだが、超芸術のトマソン階段になると、結局は意味（機能）の喪失という記号論的な解釈であり、その背後の社会システムには切り込まない。建築ガイドや旅行ガイドにおいて、いくら写真を増やしても、便利にはなるかもしれないが、所詮都市をまるごと表象することはできない。建築や都市の本は、こうしたパラドックスを抱えている。だが、ジェイコブズはあっさりと、ならば一切写真も図解も入れなければよいとしたのだ。本から顔をあげて、あなたのまわりに広がっている現実の都市空間を体験せよ、と。彼女が紹介しているニューヨークの事例だけが学びの源泉ではない。あなたが今生きている都市からも多くのことを考えることができるのだ、と。すなわち、すでに本の形式がアンチ建築書になっている。そして確かに、彼女自身が冒頭のメッセージを実践し、都市とそこで起きる出来事についてつぶさに観察し、思考をめぐらせ、『アメリカ大都市の死と生』を執筆した。

当然、図解、地図、都市計画図などの類もない。ジェイコブズは、都市計画家が俯瞰的なまなざしで都市をとらえ、デザインしてしまうことを攻撃していた。また研究者が現実を抽象化し、図解してしまうことにも批判的だった。あらゆる視覚的なイメージを本に入れないことは、こうした態度とすべてつながっている。また壮大なパースペクティブで都市の変遷を論じたルイス・マンフォードのように、大きな歴史を物語るのでもない。あくまでも隣人の視点である。例えば、ハドソン通りで繰り広げられる踊り、笛の演奏、ベランダからの拍手、あるいは窓から落ちた怪我人がいると、バーから男がやってきて止血を行い、それを目撃した婦人がバス停の男から硬貨をひったくり、電話ボックスに飛び込み、病院に連絡したエピソードを語りながら、生きられた都市を回復しようと試みる。彼女は、これを都市のバレエと呼ぶ。一連のシークエンスが偶然、映像で記録されることは難しいだろう。写真の連続でも説明しにくい。徹底した細部を見つめるリアリズムにこだわるからこそ、言葉による語りという手法をとったのだろう。

一九六〇年代における都市論の革命

『アメリカ大都市の死と生』の原著は、一九六一年に刊行された。ジェイコブズが四十五歳のときである。すでに彼女は都市計画の役人、ロバート・モーゼスと対決し、彼の車道計画を撤回させるなど、市民運動家として頭角をあらわしていた。現在から振り返ると、一九六〇年代は建築論と都市論にとって、大きな転回点だった。世界的に既成の権威に対する異議申し立てが広がった時代であるが、デザインの分野では、モダニズム的な考え方に疑義を提出し、それを批判的に乗りこえようとする運動が起きている。例えば、近代建築国際会議のＣＩＡＭは、一九二八年に創立され、約三十年にわたって世界的にモダニズムの運動を牽引していたが、やがて制度疲労を起こし、新世代の突き上げによって一九五六年に解体した。新しい気運が求められていたタイミングである。ル・コルビュジエ、ミース、グロピウスらの近代建築の巨匠も、一九六〇年代に亡くなり、世代交替が進んでいた。

モダニズムがいかにつくるのかに主軸を置いた計画者サイドの議論だったのに対し、新しく登場したのは、受容者サイドがいかにそれを把握し、使うのかという視点だった。言うまでもなく、大学で専門的なデザイン教育を受けず、ジャーナリストとして活動をはじめたジェイコブズは、都市を受容する一般人の立場を代弁している。

都市論の分野では、ジェイコブズとほぼ同時期に重要な著作が刊行されている。ケヴィン・リンチの『都市のイメージ』（一九六〇）である。これは都市を物理的な実体ではなく、イメージとして読解する試みだった。リンチは都市のリジビリティ（わかりやすさ）を重視し、明快な形態をもつボストンや特徴のないロスアンジェルスなどの各都市で聞き込み調査を行い、環境イメージのマッピングを行う。そして住人にとってより良き環境を創造するための、五つのイメージのエレメントを概念化した。すなわち、鳥瞰的なまなざしで作る論理ばかりが先行した都市計画に対し、一般的な住人がどのように都市の姿や構造をイメージしているかを問題にした。磯崎新は、日本における六〇年代の都市論ブームの契機となった『建築文化』の一九六三年十二月号の特集「日本の都市空間」に寄稿した論文「都市デザインの方法」においてリンチに言及している。彼は都市計画の発展を四段階に分け、「実体」、「機能」、「構造」による計画概念が、もはや有効ではないとしたうえで、日本の概念〈かいわい〉など、霧のように揺れ動いて固定しないイメージを「見えない都市」と呼び、最後の象徴論的段階に可能性を見出した。

物理的な実体としての都市ではない。テクスト＝織物として都市を読む態度は、ロラン・バルトの『エッフェル塔』（一九六四）や『表徴の帝国』（一九七〇）などの記号論的なアプローチを経由し、その後、広く共有されるようになった。こうして考えると、一九六〇年代の初頭にジェイコブズとリンチの都市論がそろって登場したのは興味深い。いずれも計画者ではなく、居住者の視点から都市を考える先駆的な著作と言えるからだ。むろん、研究者のリンチはマッピングを重視し、都市を図解するノーテーションを作成するのに対し、ジェイコブズは徹底的にそれを嫌う。彼女は下町から叛旗をひるがえし、都市の囁きに耳を傾けた。

ポストモダン建築論との共通性

ジェイコブズが提唱した魅力的な都市の姿とは何か。

彼女は近代の都市計画に真っ向から批判した。またMITやハーヴァード大学の都市計画の課題を揶揄《やゆ》した。そしてCIAMが掲げたようなテーゼをひっくり返し、単一機能のゾーニングに対しては多様性を、人口の分散に対しては高密度が重要であると指摘した。すなわち、働く場所、遊ぶ場所、暮らす場所など、各エリアにひとつの機能を割り振るゾーニングは、ル・コルビュジエの「輝く都市」をはじめてとして、モダニズムの典型的な考え方だが、彼女はむしろそれらが都心において混ざっていることが良いと述べたのである。例えば、ニューヨークの日常生活を観察しながら、都市に多様性を生じさせるための四つの条件を挙げている。第一に、地区内は二つ以上の機能をもつこと。第二に、大きなブロックをつくらず、複数の街路によって細分化すること。第三に、異なる時代の建物が混在していること。そして第四に、人々が密集していることである。

一九六〇年代初頭は、まだポストモダンという言葉が語られなかった。だが、『アメリカ大都市の死と生』において議論されている内容は、後に頭角をあらわすポストモダンの空間論の特徴を確かに先取りしている。例えば、同じニューヨークを舞台とする痛烈なモダニズム批判の書、レム・コールハースの『錯乱のニューヨーク』（一九七八）が思い出されるだろう。たまたま筆者は都市論の読書会を通じて、ほぼ同時期にこの二冊に出会ったこともあり、なおさら類似点が気になった。ただし、ジェイコブズが住み手のふるまいをおしゃべりするかのように語るのに対し、彼は自らがマンハッタンのゴーストライターとなり、挑発的な言葉を乱射しながら、ビルそのものが自律的な主人公となったかのように物語をつむぎだす。藤森照信のように、建築の設計にまつわる人物伝を語るのとも違う。ともあれ、結果として、二人ともに、高密度や多様性などの条件を肯定的に導き出しているのは興味深い。

コールハースは、マンハッタンが過密の文化であると指摘し、二十世紀初頭に出現した新しい摩天楼の内部においては、オフィス、アスレチック・ジム、バーなど、上下階に異なる用途のテナントが入ることを重視した。それは単一機能を良しとするモダニズムの建築とは、全然違う空間である。アメリカの資本主義は、狭い土地に広い面積、つまりフロアを積層させることを要請し、経済原理がもたらした高層ビルの複合施設化だった。ジェイコブズは同時代のニューヨークを観察し、現場から机上の空論を批判したのに対し、コールハースはモダニズムと同時代であるアメリカの過去の状況を掘り起こしながら、すでにポストモダン的な状況が存在していたことを回顧的に発見する。またジェイコブズが古き良きコミュニティに回帰しおそらく、水平方向の用途混在を推奨したのに対し、コールハースのベクトルは逆を向き、独身者こそがメトロポリスにふさわしい新人類だと主張する。

単一の機能ではなく、用途を複合させるというプログラムのあり方は、ポストモダン建築論の重要な方向性だった。例えば、ベルナール・チュミの『建築と断絶』(一九九四)も、パリの五月革命の経験に影響されながら、シュルレアリスム的に異なる用途が衝突する建築のプログラミング論を展開している。また一九九六年に始まったアトリエ・ワンらによる「メイド・イン・トーキョー」のリサーチ・プロジェクトは、東京のフィールドワークを通じて、スーパーマーケットの屋上が自動車教習所になった「スーパーカースクール」など、無名の建築家が設計した超機能主義的な用途の組み合わせの事例を拾いあげていく。チュミの場合は、アート的な態度をもち、ジェットコースター+プラネタリウムなど、馬鹿らしい機能の組み合わせを積極的に提示した。一方、メイド・イン・トーキョーは、東京の土地の値段の高さや経済の論理が生みだしたものであり、コールハースの態度に近い。

もっとも、現代の巨大開発は、こうした動向も組み込む。例えば、六本木ヒルズや虎ノ門ヒルズなどを手がける森ビルのプロジェクトは、都心に高層建築をつくりながら、広場や緑地を足元に設ける基本方針は、ル・コルビュジエのヴィジョンを継承しているが、オフィス、商業施設、文化施設、居住施設などを組み合わせる考え方は、ポストモダン的だろう。キャナルシティ博多に代表されるように、ジョン・ジャーディーの商業施設も、単調な箱型のスーパーマーケットではなく、ストリートの感覚を持ち込み、わざと曲がった動線を設けて、迷宮性をかもしだしながら、街のような空間を演出している。倉庫などの古い建物をリノベーションする開発もめずらしくない。とはいえ、ジェイコブズのキーワードを確認できるのは、表層的なレベルにおいてである。本来、彼女はそこにもっと生活感のある様々な人が暮らし、小企業や個人事業主も活躍するような都市を理想としたわけだから、やはりポストモダン的な現代の開発はテーマパーク的だろう。

黒川紀章とジェイコブズ

建築家に対しても攻撃的だったジェイコブズの著作が、スター建築家の黒川紀章によって翻訳されたのは、少し意外に思われるかもしれない。二〇〇七年に亡くなる直前、都知事選や参議院選挙に立候補し、メディアはそれをおもしろおかしく、奇行のように伝えたからである。しかし、彼はずっと都市デザインを目標としており、最後は究極の手段として自らが政治家になることで、それを遂行しようとした。黒川は生涯において膨大な著作を刊行したが、最初の単著は『都市デザイン』（紀伊国屋新書、一九六五）である。そもそも一九六〇年代は建築家が新しい都市をつくることができると信じられ、丹下健三の「東京計画１９６０」をはじめとして多くの提案がなされた。黒川もその一人である。ＣＩＡＭの解体後、一九六〇年に東京で世界デザイン会議が開催され、そこで彼は菊竹清訓や槇文彦らと、メタボリズムの建築グループをデビューさせた。

黒川がジェイコブズの本を最初に知ったのは、一九六一年の夏、アメリカのイェール大学で学生の議論に参加したときだった。彼は一九六二年に二十八歳で事務所を設立するが、その一年前だから、まだ駆け出し以前である。訳者あとがきによれば、本屋で重い本を購入し、飛行機に乗り込むときはいつも抱えて読んだらしい。そして「都市空間の多様性の条件とは、……時間的な空間の変化や新陳代謝に耐えながら、古い建築をも共存させていくメタボリックな条件にも一致するように思われる」という。彼が提唱していたメタボリズムの建築論、すなわち完成して終わりではなく、部分の取り替え可能性をもったデザインに引き寄せている。この指摘は我田引水に感じられるが、いずれにしろ、近代批判をしていた黒川にとっても、アイデアのネタ本になっていたことは想像に難くない。曲沼美恵は『メディア・モンスター』（草思社、二〇一五）において、多様性のある密集をつくる都市として今度は東京が重要になると、黒川が考えたのではないかと指摘している。

『アメリカ大都市の死と生』がもうひとつ彼に自信を与えたのは、ストリートの復権だろう。ジェイコブズは自動車中心の生活空間になる郊外ではなく、都心における歩行者がいる街路の豊かさを生き生きと描いている。当時、黒川も「道の建築」がもつ可能性を論じていた。そしてこう述べている。「都市とは、流動の建築化である。……夏の夜、夕涼みの人びとであふれ、格子ごしに歩く人と住む人が歓談する〈道〉は人びとの流動する生活をかたちづくる建築空間であった」（『都市デザイン』）。彼は西洋の広場に対して、東洋における道という二項対立の枠組を用いたが、こうした街の描写はジェイコブズを連想させるだろう。なお、黒川の処女作、西陣労働センター

（一九六二）は、生活空間としての通り抜けができる道を組み込み、将来的にこうした手法によっ
て歩道のネットワークを広げていくことを意識した建築である。
建築家である黒川は、いかに海外の話題作を実際のデザインに使えるか、すなわちフィード
バックできるかを考えていた。彼はこう指摘している。「混合用途地域とか、小規模ブロック制
による多様性といった方法は、私にとって全面的に指示できるのだが、問題は、それを構造づけ
る建築的な手法がいかにして発見されるかという点にあるのではないだろうか」。『アメリカ大都
市の死と生』の初邦訳でありながら、前半の二部だけを収録したことも、後に問題視されている。
原書のヴォリュームが大きいことや黒川が忙しかったこともあるだろうが、「多様性の自滅」か
ら始まる後半がないのは恣意的だろう。だいぶ遅れて邦訳が刊行されたのは、一九六九年である。
若手ながら大阪万博で三つもパヴィリオンを手がけることが決まっており、すでに彼が有名に
なった後だ。おそらく、ジェイコブズの本は、メタボリズム、道の建築、『都市デザイン』など
で提唱した議論を補強する役目を担わされることになったのではないか。正しい読み方ではない
かもしれない。だが、そうした建築界における独自の受容もまた実際の現実をつくりだしたので
ある。

あとがき

これまで多くの本を刊行してきたが、今回は筆者にとって、実はモダニズムに焦点をあてた初の著作となる。すなわち、ル・コルビュジエを中心として、近代の建築家とその作品、ならびに歴史と理論について執筆した論考をまとめたものだ。なぜ、初めてのモダニズム論なのか。もともと筆者は、新宗教の建築と都市についての博士論文を書き、それが新書になったように、むしろ輝かしいモダニズムの背後に隠れて、忘れ去られていた歴史を調べたことが出発点だった。実際、近代建築の研究が細分化しても、誰も手をださなかったのが、新宗教の空間である。モダニズムについては、研究者だけでなく、建築家も興味をもっており、すでに数多くの論考がある。だから、わざわざ自分が書かなくてもよいのではないかと思っていた。とはいえ、ル・コルビュジエの特集などが組まれると、モダニズムに関する原稿は依頼されており、まったく書いてこなかったわけではない。

今回の本は、青土社の編集者、西館一郎さんから、ル・コルビュジエを含む、近現代建築に関する筆者の論考を並べた企画案を提示されたことから始まった。この場を借りて、本書の生みの親に御礼を申し上げたい。さて、そのリストを見ながら、過去に執筆した関連する原稿を思い出しながら追加し、様々な論考を書いていたことに改めて気がついた。なにしろ、さすがに二十年前のテキストになると、ほとんど忘れている。筆者にとってモダニズムも断続的に論じていたことが明らかになり、興味深い発掘作業だった。ともあれ、目次の構成案が予想以上に膨らんだことから、近代編と現代編の二冊に分けることになった。したがって、本書はル・コルビュジエを軸とした近代編にあたる。当初はモダニズムだけで十分なヴォリュームを確保できるかと心配したが、杞憂に終わった。続けて、ポストモダン以降から二十一世紀までの建築を論じた現代編も、すぐに刊行される予定だ。

改めてル・コルビュジエに関する文章を眺めると、メディア論的な視点のものが多い。ビアトリス・コロミーナの画期的な著作『マスメディアとしての近代建築—アドルフ・ロースとル・コルビュジエ』（鹿島出版会、一九九六）の影響が大きかったからだ。大学院のとき、この本が邦訳される前に原書で読み、写真や映像などを媒介してモダニズムを鮮やかに分析する彼女の切り口に感銘を受けたことをよく覚えている。実際、一九九〇年代の建築界では、他の人文学と同様、メディア、ジェンダー、ポストコロニアリズムなどの視点が導入され、新しい知の領野を開拓していた。そうした動向は、当時の建築雑誌「10＋

1」や「建築文化」にも反映されている。二十一世紀に入り、紙の雑誌が減り、建築の分野でも積極的に批評を展開するメディアはほとんどなくなった。とはいえ、メディア論が無効になったわけではなく、分析の手法のひとつとして、今なお重要である。

本書の構成について説明しよう。序の二編は、もともと一般向けにル・コルビュジエを説明した口語体の文章である。すでにある程度の知識をもつ読者は、ここを飛ばしてもかまわないだろう。続く第1章は、ル・コルビュジエに関する論考である。もう少し細かく分節すると、都市計画、旅行、身体など、重要と思われるトピック、作品論、ル・コルビュジエをめぐる言説、彼と関わりがあった二人の女性建築家をとりあげている。第2章の「日本のモダニズム」は、前川國男や丹下健三など、ル・コルビュジエの影響を受けた建築家、ならびに一九五〇年代のモダニズムの諸相を論じたものだ。戦後の日本において、モダニズムが大きく花開いた時代である。ちなみに、本書と対となる現代編では、時代区分から言うと、ちょうど一九六〇年代以降の建築を扱う予定である。

第3章の「海外のモダニズム」では、ミース・ファン・デル・ローエ、ジュゼッペ・テラーニ、アントニオ・ガウディらの巨匠の作品のほか、北欧やインドネシアの建築など、モダニズムの世界的な展開と変容をたどる。なかでもテラーニ論は、メタフィクション的な実験をしており、いささかトリッキーな仕立てのテキストになっている。最後の第4章は、歴史家、批評家、研究者など、言説のレベルからモダニズムと関わりをもった人物をとりあげた。具体的には、ジークフリート・ギーディオン、ジョセフ・リクワート、太田博太郎、西山卯三、そしてモダニズムの都市計画を厳しく批判したジェイン・ジェイコブズである。モダニズムはこうした強力な理論とともに登場し、また逆に新しい理論によって攻撃された。これは現代の建築界において、一番欠けている要素かもしれない。本書が、かつては影響力があった言説の力が見直される一助になれば、幸いである。

本書の校正と校閲に協力してもらった東北大学の都市建築理論研究室の博士課程に所属する菊地尊也くんにも感謝の意を表したい。

二〇一八年六月二十五日　横浜にて

五十嵐太郎

初出一覧

序

1　ル・コルビュジエは何者だったのか？　「美術手帖」2007年6月号

2　ル・コルビュジエと日本　NHK「視点・論点」2016年8月5日放送

第1章　ル・コルビュジエがめざしたもの

1　歴史の変わり目に飛翔するル・コルビュジエ　「建築文化」2001年2月号

2　都市計画という新しい問題系　「建築文化」2001年2月号

3　旅行が建築家に与えた影響　「建築文化」2001年2月号

4　メディア・アーキテクトの誕生　「建築文化」2001年2月号

5　プロモーション・ビデオとしての『今日の芸術』　「ル・コルビュジエ　パリ、白の時代」（エクスナレッジムック）2004年

6　ル・コルビュジエを撮影した写真家たち　「10＋1」23号、2001年

7　近代における身体のイメージ　「ユリイカ」2007年5月号

8　ルクーからル・コルビュジエまで　「建築文化」1996年10月号

9　空中浮遊する住宅―サヴォア邸　未詳

10　インドへの贈り物―繊維業者会館　「建築文化」2001年2月号

11　建築と音楽の交差―フィリプス館　「建築文化」2001年2月号

12　空間をつくる屋根―ル・コルビュジエ・センター　「建築東京」2017年8月号

13　モダニズム受容の記念碑―国立西洋美術館　「東京人」2017年5月号

14　モダニズムとパラモダンをつなぐ船　「船→建築　ル・コルビュジエがめざしたもの」展パンフレット、日本郵船歴史博物館、2010年

15　『建築をめざして』を読む　「インターコミュニケーション」17号、1996年

16　ル・コルビュジエをめぐる新世紀の言説　『建築・都市ブックガイド21世紀』彰国社、2010年
17　過去の素描、色彩の鍵盤　「X-KNOWLEDGE　HOME」2003年3月号
18「世界遺産　ル・コルビュジエ作品群」を読む　「東京人」2018年7月号
19　ふたりのための建築レッスン　CD-ROM「Houses of the Century VOL.5」プランネット・デジタルデザイン、2005年
20　再評価されるアイリーン・グレイ　「建築ジャーナル」2018年1月号
21「シャルロット・ペリアン自伝」を読む　『出版ダイジェスト』2009年3月17日

第2章　日本のモダニズム

1　日本の近現代建築とル・コルビュジエ　「ル・コルビュジエ×日本　国立西洋美術館を建てた3人の弟子を中心に」展パンフレット、国立近現代建築資料館、2015年
2　神奈川県立近代美術館が誕生した1950年代を振り返る　「美術手帖」2016年4月号
3　前川國男の怒り　「日経アーキテクチュア」2017年3月9日号
4　丹下健三がもたらしたもの　「グッドエイジング倶楽部」2015年春号
5　戦後庁舎建築のかたち　『日本の名建築167　日本建築学会賞受賞作品集1950-2013』技報堂出版、2014年
6　見えない廃墟―建築のシンボル性について　『丹下健三　伝統と創造―瀬戸内から世界へ』美術出版社、2013年
7　近代日本における慰霊の建築と空間　「ゲンロン」2、ゲンロン、2016年4月
8　スローアーキテクチャーの歩み―代官山ヒルサイドテラス　槇文彦編著『ヒルサイドテラス＋ウエストの世界』鹿島出版会、2006年
9　モダニズムを更新する谷口吉生　「10 ＋ 1」41号、2005年
10　空間論としての日土小学校　「建築ジャーナル」2016年8月号

11　最小限住居から九坪ハウスへ　「10 ＋ 1」30 号、2003 年
12　1950 年代の国鉄建築はいかに優れていたか　「ユリイカ」2004 年 6 月号
13　東京タワーが意味するもの　『LIXIL eye』1 号、2012 年

第 3 章　海外のモダニズム
1　建築家 R 氏の部屋　『ジュゼッペ・テラーニ　時代を駆け抜けた建築』INAX 出版、1998 年
2　モダン・マスターズという物語　「スタジオヴォイス」1998 年 1 月号
3　幽霊のような建築　「建築東京」2017 年 6 月号
4　超豪邸としての近代建築―トゥーゲンハット邸　「建築東京」2018 年
5　時代を超越するプレチニック　「建築東京」2017 年 12 月号
6　ガウディ再訪　「建築東京」2017 年 7 月号
7　北欧の建築を聴く　NHK 交響楽団ホームページ「カレイドスコープ」2014 年 3 月
8　奇蹟の光―キンベル美術館　「建築東京」2017 年 4 月号
9　ピロティ変奏曲　「建築東京」2017 年 1 月号
10　地上から切り離されたユートピア　「建築東京」2017 年 2 月号
11　インドネシアのトロピカル・モダニズム　「建築ジャーナル」2016 年 5 月号

第 4 章　モダニズムの理論とその限界
1　建築理論の系譜　「現代建築家 99」新書館、2010 年
2　近代建築を広報した男―ジークフリート・ギーディオン　「建築文化」1999 年 5 月号
3　起源への問いを通して近代を思考する歴史家―ジョセフ・リクワート　「建築文化」1999 年 5 月号
4　生き生きとした日本の建築史　太田博太郎『日本の建築　歴史と伝統』2013 年　ちくま学芸文庫解説
5　デザイナーズ住宅批判の向こうにある社会革命　『超絶記録！西山

卯三のすまい採集帖』LIXIL出版、2017年
6　ジェイコブズと都市論の転回　映画「ジェイン・ジェイコブズの都市計画革命」パンフレット、2018年
7　ポストモダン建築論からジェイコブズを斜め読みする　『ジェイン・ジェイコブズの世界』藤原書店、2016年

特記事項なき写真は、すべて五十嵐太郎が撮影したものである。

＊

ル・コルビュジエの作品と著作について、本文中の年表記は、以下の書籍に従った。
○作品の竣工／制作年は、中村研一『サヴォア邸／ル・コルビュジエ』東京書籍、2008年
○著作は、ジャック・リュカン監修『ル・コルビュジエ事典』中央公論美術出版社、2007年

ル・コルビュジエがめざしたもの

近代建築の理論と展開

2018 年 8 月 10 日　第 1 刷印刷
2018 年 8 月 15 日　第 1 刷発行

著者――五十嵐太郎

発行人――清水一人
発行所――青土社
東京都千代田区神田神保町 1-29　市瀬ビル　〒 101-0051
電話　03-3291-9831（編集）、03-3294-7829（営業）
振替　00190-7-192955

組版――Flexart
印刷・製本――シナノ印刷

装幀――戸田ツトム＋今垣知沙子

ISBN978-4-7917-7085-4　　Printed in Japan